# 周恩来永远的榜样

李洪峰 著

人民出版社

1949 年 10 月 1 日，周恩来在天安门城楼上参加中华人民共和国成立盛典。

（新华社供稿）

1953年，周恩来与毛泽东在中央人民政府委员会会议上。（新华社供稿）

　　1962 年 2 月，毛泽东、刘少奇、周恩来、朱德、陈云、邓小平在中共中央工作会议（七千人大会）上。　　　　　　　　　　　（杜修贤摄）

　　1975 年 1 月 13 日，周恩来抱病在第四届全国人民代表大会第一次会议上作《政府工作报告》，提出了我国在 20 世纪末实现四个现代化的宏伟目标。

（杜修贤摄）

　　1950 年 2 月 14 日，周恩来作为中华人民共和国中央人民政府全权代表在莫斯科签订了《中苏友好同盟互助条约》。　　　　　　（新华社供稿）

1972 年 2 月 21 日，美国总统理查德·尼克松到达北京。这是美国总统第一次访问中国。图为周恩来和尼克松在机场握手。　　（杜修贤摄）

　　1960 年 4 月，周恩来访问缅甸时，身着缅甸民族服装，手持银碗，同缅甸人民欢庆泼水节。　　　　　　　　　　　　　　　　　　（杜修贤摄）

    1953年1月7日，中华全国美术工作者协会和中央美术学院联合举
行宴会，为齐白石93岁生日祝寿。周恩来出席祝贺。　　　　（齐观山摄）

1952 年，周恩来和著名科学家李四光在一起。 （吕厚民摄）

周恩来、邓颖超结婚 25 周年纪念照。　　　　　　（新华社供稿）

人民英雄紀念碑

三年以来在人民解放战争和人民革命中牺牲的人民英雄们永垂不朽

三十年以来在人民解放战争和人民革命中牺牲的人民英雄们永垂不朽

由此上溯到一千八百四十年从那时起为了反对内外敌人争取民族独立和人民自由幸福在历次斗争中牺牲的人民英雄们永垂不朽

一九四九年九月三十日 中国人民政治协商会议第一届全体会议建立

毛泽东撰文、周恩来手书的人民英雄纪念碑碑文。

中国共产党是伟大、光荣、正确的党。我们党的伟大、光荣、正确，不仅因为我们党能够制定正确的路线和方针政策，能够始终不忘初心、砥砺奋进，始终同人民同呼吸、共命运、心连心，始终把人民对美好生活的向往作为奋斗目标，还因为我们党在领导中国站起来、富起来、强起来的伟大历史进程中，能够适应时代、实践和人民的需求，造就一代又一代群星灿烂般的领袖人物、伟大人物、英雄人物，从而赢得人民群众的崇敬和爱戴。敬爱的周恩来总理，就是其中的卓越代表。

历史的发展，有时迂回曲折，有时平淡无奇，有时波澜壮阔，有时群星灿烂。历史在它的重要节点，造就它的代表人物，其中最杰出的，我们称之为伟人。伟人或因他们的业绩，或因他们的思想，或因他们的人格，而超越时空和国界、超越种族和文化，产生广泛深远的世界影响。历史由于伟人的出现而异彩纷呈、魅力四射。能够造就伟人的时代和国家是幸运的，能够感受伟人的智慧和光辉是幸福的。中国共产党、中国人民和中华民族是幸运的、幸福的。中华民族五千年历史，一以贯之，涌现了无数杰出人物和以孔子、老子、孙子为代表的世界名人。中国共产党作为中国人民的杰出代表，继承中华民族的优秀传统，开创了中华民族伟大复兴的新纪元，我们党不但创造了前无古人的伟大业绩，而且造就了毛泽东、周恩来、邓小平这样的世界伟人。

**第二章** 彪炳史册的丰功伟绩 /29

中国古代政治文化，历来讲修、齐、治、平。马克思主义者和共产党人，更加注重榜样作用、表率作用和先锋模范作用。周恩来在50多年的革命生涯中，始终坚持言行一致，始终坚持以身作则，始终坚持率先垂范，实现了治党、治国、治家、修身的有机结合和完美统一。"盛德在民长不没，天不能死地难埋。"赵朴初先生在周恩来逝世一周年时，曾满怀深情地写了一首词《周总理逝世周年感赋》（金缕曲），"转瞬周年矣。念年前伤心情景，谁能忘记？缓缓灵车经过路，万众号呼总理。泪尽也赎公无计。人似川流花似海，天安门尽足觇民意。愁鬼蜮，喜魑魅。古今相业谁堪比？为人民鞠躬尽瘁，死而后已。雪侮霜欺香益烈，公德长留天地，却身与云飞无际。乱眼妖氛今尽扫，笑蚍蜉撼树谈何易。迎日出，看霞起。"生动反映了举国送别周恩来的悲恸情景和人民对周总理的深切怀念。

**第三章** 享誉世界的伟大外交家 /52

周恩来是享誉世界的伟大外交家。早在民主革命时期，他就卓有成效地领导了党的外事工作。新中国成立以后，他以总理的身份兼任外交部长近9年之久，直接领导外交工作达26年之久，是新中国外交的创始人和奠基者之一。他以决策人、指挥者、实践家三位一体的身份，以异乎寻常的精力、才能和智慧，为新中国外交事业作出了最全面、最杰出的贡献。

　　伟人是一个国家的路标和里程碑。黑格尔说："一个时代的伟大人物是这样一种人，他能用言词把他的时代的意志表达出来，能告诉他的时代什么是那时代的意志，而且能去完成它。他所做的是他的时代的精髓与核心，他使他的时代现实化了。"普列汉诺夫说："一个伟大人物之所以伟大，并不是因为他的个人特点使伟大的历史事变具有个别的面貌，而是因为他所具备的特点，使他自己最能为当时在一般的和特殊的原因影响下所发生的伟大社会需要服务。"毛泽东在党的七届二中全会的总结中说道：新中国中央人民政府的主要人员配备，现在尚不能确定，还需要同民主人士商量，但恩来是一定要参加的，其性质是内阁总理。毛泽东这个选择是一个深思熟虑的选择，是一个战略性的选择。实践证明，这是一个完全正确的选择。新中国成立后，周恩来肩负着巨大的责任感和使命感，开始了他26年的共和国总理生涯。

　　毛泽东说过，人民群众是我们党的力量源泉和胜利之本。我们应当相信群众，我们应当相信党。邓小平说过，党离不开人民，人民也离不开党。习近平说过，要时刻把人民放在心中最高位置。这是讲的历史事实，也是讲的历史真理。共产党和党的领袖都是从人民群众中生长起来的，党和国家的根本宗旨是为人民服务。对待人民群众的态度问题，同人民群众的关系问题，是根本政治问题。周恩来说过，我们爱我们的民族，这是我们自信心的源泉。周恩来始终情系人民，一生以人民的疾苦为忧，以世界的前途为念，赢得了人民群众的衷心爱戴。

周恩来是党的统一战线的伟大奠基者和卓越领导人。毛泽东曾经赞誉周恩来的最大优点之一，就是同党内党外都有最广泛的联系，善于团结一切可以团结的人。周恩来在我们党内，从事统一战线时间最长，经验最丰富。周恩来统一战线的理论和实践，成为他领导艺术和我们党统一战线理论的重要组成部分，是他留给我们党和中华民族的宝贵精神财富。

老子说，合抱之木生于毫末；九层之台起于累土；千里之行始于足下。荀子说，不积跬步，无以至千里；不积小流，无以成江海。列宁说，要成就一件大事业，必须从小事做起。居里夫人说，那些很活泼而且很细心的蚕，那样自愿地、坚持地工作着，真正感动了我。我看着它们，觉得我和它们是同类，虽然在工作上我或许还不如他们组织得完密。我也是永远忍耐地向一个极好的目标努力，我知道生命很短促而且很脆弱，知道它不能留下什么，知道别人的看法不同，而且不能保证我的努力自有真理，但是我仍旧如此做。我如此做，无疑地是有使我不得不如此做的原因，正如蚕不得不做茧。周恩来给人们经常性的印象，是春风扑面，谈笑风生，儒雅得体，但贯穿、决定、影响他一生的则是其钢铁般的信念、钢铁般的意志、钢铁般的自制力。鞠躬尽瘁，死而后已，周恩来是说到做到了的。周恩来是巍峨的高山，是澎湃的大海；他也是一抔土，一只蚕。他是把伟大和平凡结合得完美的人。他几十年如一日，他的光辉体现在他一生的每个环节、每一天之中。

周恩来是历史上少有的一生信念如一、操守如一、言行如一、表里如一的人。于右任曾经写过一副联语：养天地正气，法古今完人。周恩来就是天地正气和古今完人优秀品德的最完美体现者。

从根本上说，周恩来高超的领导艺术，与他坚定的信念分不开，他一生坚定社会主义和共产主义的信念不动摇，坚定中华民族腾飞于世界的信念不动摇，坚定为人民服务的信念不动摇。信念的光辉照亮了他的一生。与他伟大的奉献分不开，他几十年如一日，鞠躬尽瘁，死而后已，他经常几天几夜不眠不休地工作，精力充沛，从来不知道疲倦。与他深厚的修养分不开，他具有深厚的理论修养与多方面的知识修养，集东西方智慧于一身，而且一生不停地学习，一生践行理论联系实际原则，一生坚持行重于言。更与他高尚的品德分不开，他对人民、对国家、对领袖始终忠心耿耿，越是在艰苦环境下，越是在危难局面下，越是在重大转折关头，他的大智慧和浩然正气越是充分显现。周恩来在长期领导革命和建设、治党治国治军中形成的独具特色的领导艺术，是中国共产党和中国人民、中华民族的宝贵思想财富。

历史早已证明，伟大的革命斗争会造就伟大人物，使过去不可能发挥的才能发挥出来。任何伟人的产生都不是孤立的，有他的时代条件，有他的社会背景，有他的群众基础，有他的组织依托。而作为政治领袖，相互之间的友谊和合作是极端重要的。艰苦卓绝、波澜壮阔的中国革命伟大实践，造就了毛泽东、周恩来这样的伟大人物。纵观毛泽东和周恩来一生的合作，一个精通理论，一个善于实践；一个高瞻远瞩，一个宽容大度；一个意志如山，一个变通如神；一个博大精深，一个海纳百川；一个格局宏大，一个气质非凡；一个举重若轻，一个举轻若重。两个人半个世纪的合作，堪称完美，古今中外绝无仅有。周恩来最离不开的是毛泽东，没有毛泽东，周恩来不会成为今天的周恩来；毛泽东最离不开的也是周恩来，没有周恩来，毛泽东也不会成为今天的毛泽东。他们的境界和格局、能力和智慧、风格和气质，相生相济，和谐互补，造就了党和国家领导力量中的控制机制和动力机制的有效结合，谱写了中国政治史上的辉煌篇章。列宁在谈到马克思和恩格斯的友谊时，曾经讲过，古老的传说中有各种非常动人的友谊的故事。欧洲无产阶级可以说，它的科学是由两位学者和战士创造的，他们的关系超过了古人关于人类友谊的一切最动人的传说。列宁的这个评价，用在毛泽东和周恩来的合作和友谊上，也是恰如其分的。

马克思从唯物史观的高度深刻指出："人格的本质不是人的胡子、血液、抽象的肉体的本性，而是人的社会本质。"习近平说："我们党作为马克思主义执政党，不但要有强大的真理力量，而且要有强大的人格力量；真理力量集中体现为我们党的正确理论，人格力量集中体现为我们党的优良作风。"罗曼·罗兰说，没有伟大的人格，就没有伟大的人，甚至也没有伟大的艺术家，伟大的行动者。鲁迅先生说："战士的日常生活，是并不全部可歌可泣的，然而又无不和可歌可泣相关联，这才是实际上的战士。"他又说："空谈之类，是谈不久的，也谈不出什么来的，它终必被事实的镜子照出原形，拖出尾巴而去。"周恩来用毕生追求和不懈奋斗，生动诠释了马克思主义的人格理论，在中国和世界树立了一座具有永久魅力的伟大人格丰碑。

# 周恩来：永远的榜样

李洪峰

　　中国共产党是伟大、光荣、正确的党。我们党的伟大、光荣、正确，不仅因为我们党能够制定正确的路线和方针政策，能够始终不忘初心、砥砺奋进，始终同人民同呼吸、共命运、心连心，始终把人民对美好生活的向往作为奋斗目标，还因为我们党在领导中国站起来、富起来、强起来的伟大历史进程中，能够适应时代、实践和人民的需求，造就一代又一代群星灿烂般的领袖人物、伟大人物、英雄人物，从而赢得人民群众的崇敬和爱戴。敬爱的周恩来总理，就是其中的卓越代表。

　　在全党为决胜全面建成小康社会，夺取新时代中国特色社会主义伟大胜利而努力奋斗的重要时刻，弘扬老一辈革命家的光辉榜样、崇高精神、优良作风和优秀品德，具有特别重要的意义。这部《周恩来：永远的榜样》，就是在这样的时代条件下，源于对周恩来总理崇敬和爱戴的真挚感情，在长期阅读和思考的点滴积累中，恭恭敬敬地写成的。

　　周恩来是古今中外少有的一生信念如一、操守如一的人。于右任先生曾经写过一副联语：养天地正气，法古今完人。周恩来就是集天地正气和古今完人优秀品德于一身的人。他的崇高精神特别是他为社会主义共产主义奋斗终生的坚定理想信念，谦虚谨慎、艰苦奋斗的优良作风，全心全意为人民服务的高尚品德，感召和哺育了一代又一代共产党人，在中国人民和中华民族心中树立起一座伟大精神丰碑，成为中国共产党和中国人民、中华民族永远的榜样、光辉的榜样。

## 不忘初心、矢志不渝，为社会主义共产主义理想信念奋斗终生的光辉榜样

习近平指出，全党同志要强化党员意识，"做到忠诚于组织，任何时候都与党同心同德"。在这方面，周恩来堪称全党的楷模。周恩来伟大光辉的一生，始终遵奉着青年时代立下的誓言："我认的主义一定是不变了，并且很坚决地要为它宣传奔走。"他说："人是应该有理想的，没有理想的生活就会变成盲目。""共产党人就是为不断克服困难、继续前进而存在的。畏难苟安，不是共产党人的品质。""在任何艰难困苦的情况下，都要以誓死不变的精神为共产主义奋斗到底。"他对党的事业无比忠诚，对自己的信仰无比坚定。他一生的奋斗和工作，始终坚持共产主义远大理想同脚踏实地的工作作风相结合，始终保持坚定的革命信念和旺盛的革命斗志。特别是在重大历史转折关头，他总是认准方向和目标，坚韧不拔。他在弥留之际，唱的还是"团结起来到明天，英特纳雄耐尔就一定要实现"。

作为伟大的革命家、军事家，周恩来青年时期就参加了革命。新民主主义革命时期，周恩来为我们党创建人民军队、创建

革命统一战线、创建人民当家作主的新中国建立了不朽功勋。他是我们党最早认识武装斗争重要性和最早从事军事工作的领导人之一。大革命失败后，他领导发动举世闻名的八一南昌起义，打响了武装反抗国民党反动派的第一枪。我们党领导的人民军队由此诞生。党的六大以后，他作为实际主持党中央工作的领导人，在极端险恶的条件下机智勇敢地保卫党的中央机关，保护党的大批领导骨干，发展党在白区的秘密工作，支持工农武装割据。在江西中央革命根据地，他同朱德等一起成功指挥了第四次反"围剿"斗争，创造了大兵团伏击歼灭战的新经验。红军长征途中，在具有深远意义的遵义会议上，他旗帜鲜明地支持毛泽东的正确主张，为确立毛泽东在红军和党中央的领导地位，为在危难中挽救红军、挽救党，发挥了重大作用。在长征和遵义会议中发挥的重大作用，成为周恩来革命生涯中最光辉的篇章之一。西安事变爆发后，在民族危亡的关键时刻，他根据党中央的既定方针，前往西安，为在极端复杂而艰难的环境中推动西安事变和平解决，促成国共合作，作出了彪炳史册的卓越贡献。抗日战争中，周恩来代表我们党长期坚持在国民党统治区工作，负责与国民党当局谈判，广泛团结社会各阶层爱国人士，坚持并发展抗日民族统一战线，同国民党顽固派进行了有勇有谋的斗争。抗日战争胜利后，为制止内战，他陪同毛泽东赴重庆与国民党进行和平谈判，而后又率领我党代表团与国民党当局开展了有理有节的政治斗争。解放战争期间，他协助毛泽东运筹帷幄，在世界上最小的指挥部里，指挥了世界上最大规模的战略大决战。

新中国成立后，周恩来担任共和国总理长达 26 年。26 年的总理生涯，是他为祖国为人民作出最大贡献的时期。他既是国家建设整体蓝图的设计者，又是将它付诸实施的卓越组织者和管理者。他在毛泽东领导下，日理万机，为积极探索符合我国国情的社会主义建设道路，全面组织和实施社会主义各项建设事业，倾注了大量心血，作出了奠基性贡献。开国之初，他领导繁重的经济恢复工作，扭转了国民党政府遗留下来的财政经济崩溃的局面。"大跃进"之后，我国面临严重的经济困难。周恩来坚决贯彻党中央、毛主席确定的"调整、巩固、充实、提高"的八字方针，进行了大量艰苦工作，使经济形势实现好转。在"文化大革命"那样混乱和艰难的环境中，周恩来坚持排除干扰，始终没有放松经济工作。周恩来是重视科学技术和尊重知识分子的典范。根据毛泽东的意见，他领导制定并组织落实 1956—1967 年的十二年科学技术发展远景规划。他组织领导"两弹一星"大规模科技攻坚取得重大突破，极大提升了我国的综合国力和国际地位。他在 1956 年 1 月作的《关于知识分子问题的报告》，在 1962 年 3 月作的《论知识分子》的讲话，有效地调动了广大知识分子建设社会主义祖国的积极性。周恩来赢得了广大知识分子由衷的信赖和爱戴。冰心说：周恩来是中国亘古以来赋予的爱最多，而且接受的爱也最多的一位人物，他是"十亿中国人民心目中的第一位完人"。林巧稚说：她过去信奉上帝，那不过是追求一种精神寄托，追求一种高尚的做人准则。上帝是什么样的？我没见过，谁也没见过。可是我从周总理身上看到了一种真正高尚无私的人格。就是他这种崇高的精神在影响着我，使我由信上帝变成信共产党。李四光说：周恩来是个了不起的人物，他胸怀宽阔，不计恩怨，广交朋友，用人唯贤，关心体贴，无微不至，为中国共产党团结了一大批人。周恩来是党的统一战线工作的卓越领导人。

他为统一战线的创建和发展做了大量工作。他认真贯彻执行了中国共产党和各民主党派长期共存，互相监督的方针，高举爱国主义、社会主义的旗帜，坚持中国共产党领导的多党合作和政治协商制度。他善于团结一切可以团结的力量，调动一切可以调动的积极因素为社会主义建设服务。他致力于祖国统一大业，为解决香港、澳门和台湾问题，进行了大量基础性、开拓性工作。

作为伟大的外交家，周恩来是我国外交事业的主要奠基者之一。周恩来是著名的和平共处五项原则的最早提出者。在党中央和毛泽东同志领导下，他以超乎寻常的精力、才能、勇气和智慧，致力于制定和贯彻独立自主的和平外交政策，领导清除帝国主义在华的一切特权，结束一百年来旧中国历届政府丧权辱国的外交屈辱史，为我国外交事业作出了全面的杰出的贡献。在繁忙的外事活动中，周恩来为促进世界和平，为维护祖国的独立、主权和中华民族的民族尊严，为增进我国同世界各国特别是广大发展中国家和人民的友谊，为提高我国的国际地位，为推动广泛的对外经济文化交流，付出了艰辛劳动，作出了历史性贡献。周恩来杰出的外交思想、丰富的外交经验、精湛的外交艺术、坦诚的外交风格，使每一个中国人引为自豪。他赢得了世界各国人民和国际友好人士的普遍尊敬。

在鲁迅逝世十周年纪念会上，周恩来曾援引过鲁迅先生的两句话："横眉冷对千夫指，俯首甘为孺子牛"。他说，我们应该像鲁迅先生所说的那样，"要诚诚恳恳、老老实实地为人民服务。我们要有所恨，有所怒，有所爱，有所为。过去历史上有多少暴君、皇帝、独裁者，都一个个地倒下去了。但是历史上的多少奴隶、被压迫者、农民还是牢牢地站住的，而且长大下去。人民的世纪到了，所以应该像头牛一样努力奋斗，团结一致，为人民服务而死。"在"文化大革命"极端复杂的特殊环境下，周恩来忍辱负重，苦撑危局，作出了常人难以想象的努力，全力维护国家正常工作的运转，全面维护党的团结统一，尽一切可能减少损失。他保护了一大批党的领导骨干、民主人士和知识分子；他协助毛泽东粉碎了林彪反革命集团妄图夺取最高政权的阴谋，并主持中央日常工作，批判和纠正极左思潮的错误，使各方面工作有了转机。他在四届全国人大一次会议上重申实现四个现代化的宏伟目标，极大地鼓舞了全党全国各族人民。

毛泽东一生，举重若轻。举重若轻是毛泽东领导风格的最大特点。周恩来一生，举轻若重。举轻若重是周恩来领导风格的最大特点。毛泽东和周恩来实现了举重若轻和举轻若重的完美结合，而他们两个人，又都实现了各自的举重若轻和举轻若重、举轻若重和举重若轻的完美统一。叶剑英生前讲过：他最佩服两个人，一个是毛泽东，一个是周恩来。毛泽东的格局，周恩来的气质。我曾经写过一副联语：主席格局昭日月，总理风范冠古今。吴玉章在《自励诗》中写道："春蚕到死丝方尽，人至期颐亦不休。一息尚存须努力，留作青年好范畴。"许多老一辈革命家都是怀抱这样的人生信念工作和奋斗的。周恩来伟大光辉的一生，是以身许党许国、献身党的事业的一生，除了党和国家利益，他没有丝毫个人利益。周恩来伟大光辉的一生，是鞠躬尽瘁、全心全意为人民服务的一生，他的有限的生命，在无限的为人民服务中获得了永生。周恩来伟大光辉的一生，又是为理想信念而矢志不渝、艰苦奋斗的一生，周恩来用毕生奋斗践行了社会主义共产主义的理想信念，理想信念的光辉照亮了他的一生。

## 谦虚谨慎、艰苦奋斗，保持和发扬党的优良传统作风的光辉榜样

周恩来是我们党的优良传统作风的主要培育者之一，也是以身作则、践行党的优良传统作风的最好榜样。如果说，毛泽东思想培育了几代共产党人，那么，周恩来作风则影响了几代共产党人。

1943 年 3 月 18 日，在延安整风之后，周恩来写下了《我的修养要则》：（一）加紧学习，抓住中心，宁精勿杂，宁专勿多。（二）努力工作，要有计划，有重点，有条理。（三）习作合一，要注意时间、空间和条件，使之配合适当，要注意检讨和整理，要有发现和创造。（四）要与自己的他人的一切不正确的思想意识作原则上坚决的斗争。（五）适当的发扬自己的长处，具体的纠正自己的短处。（六）永远不与群众隔离，向群众学习，并帮助他们。过集体生活，注意调研，遵守纪律。（七）健全自己身体，保持合理的规律生活，这是自我修养的物质基础。这七条修养要则，周恩来信守一生。他具有深厚的理论修养与多方面的知识修养，既注重学习博大精深的中华文化，又注重学习世界各国文化的精华，集东西方智慧于一身。他的座右铭是"活到老，学到老，改造到老"。他有一句名言："跟着新生的力量走，用发展的观点看问题并有不怕困难的精神，这才是正确的。"周恩来终其一生，永不懈怠、永不自满，始终保持思想的敏锐和精神的进取。

1949 年 3 月 5 日，在党的七届二中全会上的报告中，毛泽

东发出了著名的"两个务必"的伟大号召，他说：中国的革命是伟大的，但革命以后的路程更长，工作更伟大，更艰苦。这一点现在就必须向党内讲明白，务必使同志们继续地保持谦虚、谨慎、不骄、不躁的作风，务必使同志们继续地保持艰苦奋斗的作风。1949 年 3 月 23 日，毛泽东、朱德、刘少奇、周恩来、任弼时率领中共中央机关离开当时党中央所在地——河北省平山县西柏坡村，向北平出发。周恩来和毛泽东有一段著名的"赶考对"。临行前，周恩来对毛泽东说："多休息一会儿好，长途行军坐车也是很累的。"毛泽东说："今天是进京的日子，不睡党也高兴啊。今天是进京'赶考'嘛！"周恩来笑着说："我们应当都能考试及格，不要退回来。"毛泽东说："退回来就失败了。我们绝不能当李自成，我们都希望考个好成绩。"毛泽东"两个务必"的伟大号召和这段著名的"赶考对"，深深影响了周恩来。周恩来用一生的实践，践行了谦虚谨慎，不骄不躁，践行了艰苦奋斗；他同样用一生的实践，向党和人民交出了合格答卷，为全党作出了榜样。

　　周恩来严以修身、严以用权、严以律己，在严守党的纪律和规矩方面，堪称典范。他严守党的政治纪律，始终维护党中央权威，在任何时候任何情况下都同党中央保持高度一致。他严守党的组织纪律，维护党的团结，从不搞小圈子、小团体，在党安排的任何岗位上都竭尽全力工作，不计较个人名利得失。他严守党的工作纪律，重大问题该请示的请示，该汇报的汇报，从不超越权限办事。在国外参加会议或访问，每天不管多晚，都要向中央报告请示。他严守党的保密纪律，即使对最亲近的人，也绝不泄露半句，在生命的最后日子里，他对邓颖超说：我肚子里装着很多话没有对你说。

　　周恩来为党和人民作出了卓越贡献，但贡献越大，他越是谦虚谨慎。他说："我们每一个人，不管过去做了多少工作，现在担任什么职务，没有党和人民，就既不会有过去的成绩，也不会有今天的职务。党和人民是伟大的，我们个人是渺小的。"周恩来一生过着艰苦朴素的生活。有人称他是中国有史以来第一个平民宰相，是世界上最平民化的总理。为了节约，他的办公室椅背上经常挂着一件灰色的布上衣，一到办公室，他就换上这件上衣，有时还戴着两只套袖办公。周恩来的衬衣、睡衣、袜子都是补了又补。他穿的皮鞋、凉鞋都是一穿 20 多年。端饭菜的木盘有两个缺口。自从上海生产了手表后，周恩来就戴着这块上海手表直到临终。周恩来吃饭，大米、小米、白面、玉米、杂粮、白菜、芋头等什么都吃，吃红烧肉、狮子头是他的最高享受。早餐通常是一杯豆浆和一个鸡蛋，午饭、晚饭两菜一汤。他说："对自己应该自勉自励，应该严一点，对人家应该宽一点，'严以律己，宽以待人'。"他经常告诫领导干部过好思想关、政治关、社会关、亲属关和生活关，他一生两袖清风，一身正气，始终保持共产党人的政治操守和优良作风。

　　周恩来虽身居高位，但他从不以此自居，从不搞特殊化，凡是要求党员和群众做到的，他自己首先做到。他说：精神生活方面，我们应该把整个身心放在共产主义事业上，以人民的疾苦为忧，以世界的前途为念。这样我们的政治责任感就会加强，精神境界就会高尚。物质生活方面，我们领导干部应该知足常乐，要觉得自己的物质待遇够了，甚至于过了，觉得少一点好，人家分给我们的多了就应该居之不安，要使艰苦朴素成为我们的美德。周恩来没有孩子，延安时期，他收养了许多烈士子女。他和邓颖超，相濡以沫，互敬互爱，是家庭关系和夫妻关系的典范。他严格要求自己的亲属，给他们订立了"十条家规"。严以用权是周恩来对人民的庄严承诺，也是他对党的责任担当。他曾说过："我身为总理，带一个好头，影响一大片；带一个坏头，也会影响一大片。"在国家经济还困难的情况下，他坚决不允许修建政府大楼，不允许修理他住的西花厅。他退回家乡人送来的土特产，并附上中央关于不准请客送礼的文件。他从没有利用自己的权力为自己或亲朋好友谋过半点私利。他身后没有留下任何个人财产，他和邓颖超同志一生中的全部工资积蓄全部交了党费。他说："我们这一辈子和这一个时代的人多付出一点代价，是为后代更好地享受社会主义幸福。"

周恩来为国家的富强、人民的幸福呕心沥血，日夜操劳。他的工作日程总是以分秒来计算的。他没有节假日，每天工作都在十七八个小时以上，甚至昼夜不眠。1968 年，胡志明到北京时，向周恩来提出一个要求，希望他能为中国人民和世界人民的利益，每天多睡两小时。周恩来的回答是——"我做不到。"一位跟随周恩来 20 多年的同志回忆道：在我跟随总理的 20 多个年头里，很少见他在凌晨 3 点钟以前睡觉，更没有看见他休息过一个节假日，而连续几天几夜不睡觉则是经常的事情。每当我们提醒他老人家早点休息，他就语重心长地对我们说："一个人年纪大了，要争取时间为党为人民多做点事情。"据有关方面统计，1974 年 1 月到 6 月 1 日住院期间，除去在医院检查和重病休息的日子外，共 139 天。他抱病工作的情况是：工作 12 至 14 小时的 9 天；工作 14 至 18 小时的 74 天；工作 18 小时的 38 天；工作 24 小时的 6 天；工作近 30 个小时的一次。这就是说，他以

76 岁高龄的有病之身，工作 18 至 24 小时就有 44 天，是 139 天的 31%。其中有几天是连续工作不间断。直到四五月间，竟 4 次同因缺氧而引起昏迷，才不得不于 6 月 1 日住进医院，进行手术治疗。周恩来几十年如一日的工作和奋斗，完全达到了忘我的境界。

## 鞠躬尽瘁、死而后已，全心全意 为人民服务的光辉榜样

习近平说："不忘初心，方得始终。中国共产党人的初心和使命，就是为中国人民谋幸福，为中华民族谋复兴。这个初心和使命是激励中国共产党人不断前进的根本动力。"

周恩来一生情系国家和民族。他曾经说过，我们这些人一辈子就是为国家、为人民拉车啊！一息尚存，就得奋斗！他被人们亲切地称为"大地之子"。他时刻关心人民的安危冷暖，把自己看成人民的"总服务员"。在他胸前戴的徽章上，铭刻着"为人民服务"五个字，这是他一生践行的宗旨。

全心全意为人民服务，是共产党人高尚道德的集中体现。毛泽东在《纪念白求恩》中号召全党，学习白求恩同志毫无自私自利之心的精神，做"一个高尚的人，一个纯粹的人，一个有道德的人，一个脱离了低级趣味的人，一个有益于人民的人"。周恩来就是共产党人这些优秀品德的化身。他对祖国对人民忠心耿耿，越是在艰苦环境下，越是在危难局面下，越是在重大转折关头，他的大智慧和浩然正气越是充分显现。朱德说：总理为党、为国家、为人民鞠躬尽瘁，死而后已。是一个真正的彻底的革命

家。邓小平说，对我来说，他始终是一个兄长。我们差不多同时期走上了革命道路。他是同志们和人民很尊敬的人。

1964年冬，著名儒学大师马一浮先生在中南海怀仁堂曾经挥毫写下了两副诗联分别赠送毛泽东和周恩来。赠毛泽东的诗联是："使有菽粟如水火，能以天下为一家。"赠周恩来的诗联是："选贤与能讲信修睦，体国经野辅世长民。"这两副诗联表达了马一浮先生对毛泽东和周恩来的敬仰，也反映了他对两位伟人之间关系的深刻认识。郭沫若曾经称赞周恩来"思考事物的周密如水银泻地，处理问题的敏捷如电火行空"。周恩来为了让毛泽东集中精力思考战略性和理论上的重大问题，把大量精力放在处理具体事务、具体问题上。有一次，一位曾经在周恩来身边工作多年的同志问周恩来为什么这样做？周恩来严肃地说，你怎么也讲这个话？我们这么大一个国家，有那么多具体的事，总要有人去管它们。我多管些这类事，就可以让毛主席有更多的时间去考虑一些更大的问题。周恩来作为世界上人口最多的大国的总管家，是政务最繁忙的人。但他游刃有余，无论是复杂问题，还是简单问题，都处理得自然流畅，井井有条，节奏分明，有声有色。中国有一句古语："致广大而尽精微。"周恩来具有共产党人的崇高理想和博大襟怀，他的格局是广大的。他一生又养成了精益求精、细致入微的严谨作风。他一生工作的最显著特点是举轻若重、极端负责。他有关注细节的惊人才能。

周恩来一生倡导按唯物辩证法办事，他被称赞为运用唯物辩证法的大师。他认为"辩证唯物主义能够帮助我们更好地认识客观规律，更好地发挥主观能动性"。他是我们党内运用唯物辩证法的大师。他在外交工作中创造性地提出的求同存异原则，受到国际社会的高度赞誉。无论是对敌斗争还是处理人民内部的、党内的矛盾，无论是外交活动还是在国内工作中，周恩来总是善于把原则的坚定性和策略方法的灵活性统一起来。他说：正确的意见常常是要经过许多等待、迂回才能取得胜利。这中间有许多艰苦的、细致的工作，要灵活地处理许多问题，才能使真理具体化，为大家所接受。

周恩来一贯坚持实事求是。他号召大家"说真话，鼓真劲，做实事，收实效"。他抓工作深入细致，一丝不苟，既有超凡的远见卓识，又能够极为周密细致地考虑和处理问题。有一次，国家计委负责同志去向周恩来汇报工作。他拿出本子，一个数字一个数字地记。国家计委负责同志说，补一份书面材料，您就不用记了。周恩来同志回答说：张治中曾经给我写过一封信，说我应该持盈保泰。我说我和毛主席不一样。我是辅佐毛主席办事，我需要把这些情况都记下来，毛主席需要问时我能答得上来。他经常深入一线，深入群众，了解实际情况。作决策时，他善于听取不同意见，鼓励大家各抒己见。他强调"不要如浮云一样，过了就忘了"，做事情总是事必躬亲。

周恩来对工作一丝不苟、对同志极端负责。李鹏回忆说延安时期有两件事，周恩来给我留下了深刻印象。第一件事，有一次我到周恩来家，那是他刚回来的时候，正在整理书籍。我看到有一本西班牙名著《堂吉诃德》，就拿起来看了一下，然后又把它放在书架上了。不料第二次见到周恩来时，他问我那本书你是不是拿走了？我说：没有，我没有拿。他看我委屈的样子，也就不再说什么了。过了一段时间，我又一次去周恩来家。他告诉我，那本书找到了，委屈你了。停了停，他又说，但是我还是要批评你，你没有把书放回原来的位置，以至于我一时找不到。这件事给我留下了很深刻的印象，周恩来做事是那样的严谨，那样的有秩序，他这种一丝不苟的作风影响了我的一生。第二件事，我以后再去周恩来那里，总是看见他在接待来访的客人，好像是外调人员。那个时候延安的审干运动还没有结束，周恩来对党内的情况非常熟悉，许多同志都和他共过事或者有过接触。这些同志是被怀疑的对象，正在接受审查。我看见他每次接待来访的同志，总是那样热情，先请他们坐下来，然后认真听取他们提出来的问题，并用他那受过伤不能伸直的手臂认真地做记录，然后尽他所知，向来访者或来外调的人说明情况。他这种认真负责、实事求是的态度和工作作风，对于解放许多被怀疑的对象和平反许多冤假错案起到了积极作用。

1973 年 9 月 9 日夜间，一家外国民航班机在首都机场起飞后不久，一台发动机出了故障，要求返航。由于层层请示，飞机在空中延误了 33 分钟。为了这件事，周恩来于 9 月 10 日凌晨 1 时至 4 时 30 分，亲自召集所有有关人员开会。他十分严肃地查问每一个环节和每一级领导。对每个同志的对话，一一当面查证，发现有内外 13 个环节层层请示，却得不到及时处理。他严肃批评："简直是官僚主义！不负责任的官僚主义！这不但是关系飞行安全的重大问题，也是关系到国际影响的重大问题！不要说延误了 33 分钟，有时即使是延误了 3 秒钟，也会造成不堪设想的严重后果！"会议开了三个半小时，大家都极为惭愧地听取周恩来的批评，受到了一次终生难忘的教育。

周恩来一生诚恳待人，平等待人，关心同志，没有架子。他经常说自己是"一个普通共产党员，一个普通劳动者"。与民主人士交往，他尊重对方，礼贤下士，被尊称为"周公"。他喜欢与群众打成一片，水乳交融。到剧场看演出，他总是在开演后悄悄地进场，不打扰别人。周恩来一生会见外宾逾万人，一生全方位、多层次地结交了无数"畏友""诤友"。周恩来成为人们心中最受尊敬和最受信任的共产党人，根本在于一个"诚"字。他以诚待人，以诚持国。大至国家关系，小至人与人之间的往来，周恩来的诚信，感动了中国，感动了世界。

鞠躬尽瘁为人民，是周恩来伟大光辉一生的真实写照。他总是说：把我推上这个历史舞台，我得用一切精力把工作做好。所以一辈子都是贯彻这么一个主导思想，从没有考虑过自己。1971年6月28日，日本公明党委员长竹入义胜，曾经当面向他请教"养生之道"。周恩来说："在漫长的中国革命岁月中，有许多同志都牺牲了。我们这些活着的人，要加倍地工作。我每天都以此激励自己。这也可以算是我的'养生之道'吧！"这是多么高尚、多么伟大的养生之道。周恩来一生始终时刻把党的利益、人民的利益放在至高无上的地位。他是严格执行党的路线、方针、政策的模范，又是情系人民、关心群众的模范。作为共和国总理，他真诚地把自己看成是人民的"总服务员"，切切实实、兢兢业业，履行着"为人民服务而死"的诺言。他真心做到了对工作极端负责，对同志对人民极端热忱。在病重期间，他说："死我并不怕。古人说，人生七十古来稀，我已是77岁多的人了，也算得上是高寿了。可是这二十几年的时间，总应该把国家建设得好点，人民的生活多改善一些，去马克思那里报到，才感到安心。现在这种状况去报到，总感到内疚、羞愧。"逝世前他交代说："把我的骨灰撒到江河大地去做肥料，这也是为人民服务。活着为人民服务，死后也要为人民服务。"

周恩来青年时期曾经留下多篇激情洋溢的诗篇。其中最豪迈的是《大江歌罢掉头东》："大江歌罢掉头东，邃密群科济世穷。面壁十年图破壁，难酬蹈海亦英雄。"周恩来一生做的比说的多、做的比说的好。他青年时期的最高理想，是为"中华之崛起而读书"；"愿相会于中华腾飞于世界时"。经过几代共产党人的接续奋斗，近代以来久经磨难的中华民族已经迎来了从站起来、富起来到强起来的伟大飞跃，迎来了中华民族伟大复兴的光明前景。

世界上有两种宝藏。一种是物质宝藏，是可以穷尽的；另一种是精神宝藏，是不可穷尽的。毛泽东、周恩来、刘少奇、朱德、邓小平、陈云等老一辈革命家为我们留下的就是不可穷尽的伟大精神宝藏。这种伟大精神宝藏，同我们民族的一切精神宝藏一样，愈久远而愈珍贵，愈久远而愈光辉。

列宁说，榜样的力量是无穷的。毛泽东说，人类总得有所发现、有所发明、有所创造、有所前进，任何停止的论点、悲观的论点、无所作为和骄傲自满的论点，都是错误的。鲁迅说，其实地上本没有路，走的人多了，也便成了路。人类社会的历史、人类社会的发展前进，总是一代人带着一代人走，一代人开辟一代人的路。人类社会的本质，既是物质的实践的，也是思想的哲学的精神的人文的。物质变精神，精神变物质。正是实践造就的包括列宁、毛泽东、周恩来、鲁迅在内的这些璀璨的人类群星、这些永不熄灭的精神灯塔，不断丰富人类的精神宝藏，照亮人类前进的道路。

当代世界正处于大发展大变革大调整时期，当代中国已经进入中国特色社会主义新时代。我们党进行伟大斗争、建设伟大工程、推进伟大事业、实现伟大梦想，任重而道远，必须准备付出更为艰苦的努力，特别需要学习和发扬周恩来和老一辈革命家的伟大精神、崇高风范、优秀品德和优良作风。"高山仰止，景行行止。虽不能至，然心向往之。"让我们永远从老一辈革命家留下的伟大精神宝藏中汲取智慧和力量，更加紧密地团结在以习近平同志为核心的党中央周围，高举中国特色社会主义伟大旗帜，深入学习贯彻习近平新时代中国特色社会主义思想和党的十九大精神，解放思想，改革创新，锐意进取，埋头苦干，为决胜全面建成小康社会、夺取新时代中国特色社会主义伟大胜利，实现中华民族伟大复兴的中国梦而努力奋斗！

曾经担任过周恩来同志政治秘书的中共中央政治局原常委宋平同志，以百岁高龄而欣然命笔，题写书名"周恩来永远的榜样"，为本书增加了浓重色彩。我们由衷地向德高望重的宋平同志，致以最崇高的敬意！最美好的祝福！

不忘初心牢记使命　大道之行天下为公

不忘初心牢记使命　大道之行天下为公　李洪峰　书

# 第一章

## 感天动地的崇高风范

　　历史的发展，有时迂回曲折，有时平淡无奇，有时波澜壮阔，有时群星灿烂。历史在它的重要节点，造就它的代表人物，其中最杰出的，我们称之为伟人。伟人或因他们的业绩，或因他们的思想，或因他们的人格，而超越时空和国界、超越种族和文化，产生广泛深远的世界影响。历史由于伟人的出现而异彩纷呈、魅力四射。能够造就伟人的时代和国家是幸运的，能够感受伟人的智慧和光辉是幸福的。中国共产党、中国人民和中华民族是幸运的、幸福的。中华民族五千年历史，一以贯之，涌现了无数杰出人物和以孔子、老子、孙子为代表的世界名人。中国共产党作为中国人民的杰出代表，继承中华民族的优秀传统，开创了中华民族伟大复兴的新纪元，我们党不但创造了前无古人的伟大业绩，而且造就了毛泽东、周恩来、邓小平这样的世界伟人。

　　毛泽东在《纪念白求恩》中说："我们大家要学习他毫无自私自利之心的精神。从这点出发，就可以变为大有利于人民的人。一个人能力有大小，但只要有这点精神，就是一个高尚的人，一个纯粹的人，一个有道德的人，一个脱离了低级趣味的人，一个有益于人民的人。"刘少奇在《论共产党员的修养》中说："吃苦在前，享受在后，不同别人计较享受的优劣，而同别人比较革命工作的多少和艰苦奋斗的精神。"周恩来就是这样的人。

朱德说："总理为党、为国家、为人民鞠躬尽瘁、死而后已，是一个真正的彻底的革命家。"邓小平说："对我来说，他始终是一个兄长。我们差不多同时期走上了革命的道路。他是同志们和人民很尊敬的人。"

李先念说："中国共产党因为有周恩来而增添了光辉，中国人民因为有周恩来而增强了自豪感。""我们常讲要全心全意为人民服务，什么叫全心全意？我看恩来就是榜样！"

胡耀邦同志在瞻仰江苏淮安周恩来纪念馆后题词："全党楷模"。

陈毅说："真正廉洁奉公，以正治国，恩来也！"

钱学森说："许多党外人士说，我们是认识周恩来才认识共产党的，相信周恩来才相信共产党的。"

林巧稚曾说：她过去信奉上帝，"那不过是追求一种精神寄托，追求一种高尚的做人准则。上帝是什么样的？我没见过，谁也没有见过。可是我从周总理身上看到了一种真正高尚无私的人格。就是他这种崇高的精神在影响着我，使我由信上帝变成信共产党。"

张爱萍说："每当想起周恩来，就从心底产生一种意念：含辛茹苦，清贫安身的恩来原来是最富有的。"周恩来在党内党外、国内国外、上层下层都有许许多多的朋友，他在得到人民真心实意的爱戴方面确实是很富有的。

"三年困难时期"，毛泽东和周恩来带头不吃鱼、肉、蛋，与人民同甘共苦。一位文艺界人士回忆说，有一次到总理那开会，服务员送上水来，一看是白开水，大家不约而同地往总理的杯子那张望，总理开朗地笑了，说："我的杯子里也是白开水。国务院规定，内宾开会，一律不上茶，我们都严格地执行规定。但是白开水，并不妨碍我们谈出生动、深刻的内容呀！"后来国务院开会，桌上摆着两个盘子，一个盘里放着一小包一小包的茶叶，另一个盘子里放着一包一包的烟，茶叶和烟都标着价，谁用谁付钱。

冰心说：周恩来是中国亘古以来赋予的"爱"最多，而且接受的"爱"也最多的一位人物，他是"十亿中国人民心目中的第一位完人"。

马寅初说："周恩来总理是最得民心的共产党员。"

李四光说："周恩来是个了不起的人物，他胸怀宽阔，不计恩怨，广交朋友，用人唯贤，关心体贴，无微不至，为中国共产党团结了一大批人。"

抗战时期，美国军事观察组来华考察见到毛泽东、朱德、周恩来等后，得出一个结论：国民党占有着大片的土地，而共产党则占有大片的人心。

美国著名作家海明威，1941年在重庆和周恩来谈过一次话，他得出了这样一个印象："如果这个人代表了中国共产党人的形象，那么，中国的未来是属于他们的。"

曾经23次会见过周恩来的日本友人冈崎嘉平太先生讲过："从中学时代起我一直在想，假若我知道世界上哪里有像释迦、耶稣、老子或孔子那样的伟人还活着，不管是多么遥远的地方，我都会跑去聆听他的教诲，哪怕是一句话也好。""1962年10月末，我第一次见到周恩来总理……自从那日夜晚会谈以来，我便为周总理的深邃思想和对人的坦诚之美所打动。我觉得前面所述我所寻求的那个人不就是周恩来总理吗？从那以后，我从中国的书刊和朋友的谈话中，了解到周总理各种各样的卓越行动，时至今日，我已确信不疑，从年轻时我就一直寻求的'人'正是周恩来先生。我终生的希望业已达到"，"周恩来总理是我的人生之师"。

美国作家海伦·福斯特·斯诺说："在中国漫长革命的'三巨头'政治中，如果毛泽东是头脑，朱德是心脏，那么周恩来就是执行之手。""1949年，周恩来成为中华人民共和国的总理。据说，当他因工作劳累过度，患心脏病和癌症住院时，仍坚持工作。他的风度，像毛泽东一样，是极端中国式的——但又和毛相反。周是一位天生的外交家，终其一生对内对外都是起着这样的作用。当毛泽东愿意搅起人们心中的火山时，周恩来就像个工程师似的前来组织零部件，对细节给以最仔细的注意，在处理'中国的'形势时有超级才能。毛是个政治家，周也是，但他还是一个天生的善于同人民相处的政治家。周是协调合作中的主人，是同国民党搞统一战线的首要联络人。""在周恩来任总理的活跃时期，东西方能够缓和是不使人惊讶的。周是伟大的、自由的、温和的、高度文明的、有魅力的、开朗的、坦率的。"

尼克松说：周恩来是我所认识的最有天赋的人物之一。他回忆道：

周恩来既是一个共产主义革命家和具有儒家风度的君子，又是有献身精神的理想家和深谋远虑的现实主义者，还是一个政治斗争的能手和杰出的"和事佬"。一个能力和智慧不如他的人如果扮演这些错综复杂的角色，就会以思想和行动上的不知所措而告终。但是周恩来能担当任何一个角色，或者把所有各种角色同时担当起来而不给人以优柔寡断、出尔反尔的形象。对他来说，扮演这些角色并不是玩世不恭地伺机换上假面具的投机取巧，而是一个非常复杂而又思想深邃精明的人不同侧面的表现。而这些侧面也在很大程度上说明他的政治生涯如此漫长和政治经验如此丰富多彩的原因。

"恩来"译过来是"恩赐来临"的意思。这是一个简明地刻画出他的形象和性格的名字。周恩来没有架子，但却很沉着坚强。他通过他优雅的举止和挺立而又轻松的姿态显示出巨大的魅力和稳健。他忠实地保持着在个人关系和政治关系上从不"撕破脸皮"的中国老规矩。周恩来的外表给人以待人热情、非常坦率、极其沉着而又十分真挚的印象。

在正式会议上，他那轮廓鲜明的面貌一直异常安详。周恩来一面倾听着我发言，稍稍把头偏向一边，一面直接盯着我的眼睛。基辛格有一次把周恩来比作一条静静地待着、摆好姿态、伺机跃过来的眼镜蛇。有句过去常用来形容 19 世纪爱尔兰伟大的爱国者查理士·帕尔内的成语，对周恩来也是非常适用的：他是一座冰层覆盖着的火山。

我们的谈话从政治谈到历史、谈到哲学。所有这些，在谈论中周恩来始终都是游刃有余的。周恩来是一位学者转变成的造反者，他从未失去学者心灵的敏锐和思想的深度。

周恩来虽然是一位献身的革命家，但是看上去他和古老北京灿烂辉煌的皇宫并没有不协调的地方，他以皇朝时代的圣人所具有的那种沉静与优雅风度往来其间。没有一个人在这种环境里看到他之后会想到，他是这一场运动的领袖，其公开使命竟是征服世界、改造文明和改变人性。这里的装饰令人诧异地表现出对中国历史文化的尊重。宫殿是由名贵的中国风景画和古代金、银、玉制的手工艺品装饰起来的。这里看不到北京街头宣传牌上那种声嘶力竭的难听的标语的痕迹。

艺术和装饰巧妙精微，同周恩来的性格和处理国务的巧妙精微很相称。周恩来所具有的这种精微之处，大大超过了我所认识的其他世界领袖，这也是中国人独有的特性。这是由于中国文明多少世纪的发展和精炼造成的。这种精微之处也出现在和他的谈话中。周恩来细致地区分话语中隐晦的含义和字句的细微差别；在谈判中也可以看出，他迂回地绕过可能引起争论的地方。在外交上，他有时会通过似乎是微不足道的琐事来传达重要的信息。

周恩来还有一种既注意细节又避免陷入烦琐的罕见才能。就周而言，"伟大是注意小节的积累"这句箴言似乎确实有几分道理。然而，即使他事必躬亲，却从来都是"既见树木又见森林"的。

周恩来还有着中国人另一种明显的品质，即坚定不移的自信心。这种自信是中国人在他们的本土上由于享有数千年文化的最高成就而获得的。

中国可以把周恩来作为保住党和国家统一的伟大的调和者来追忆，而世界则将清楚地记得他是中国首屈一指的外交家。他是中国的梅特涅、莫洛托夫和杜勒斯。谈判中他表现出本能的敏捷，对国际政治的基本原则了如指掌，并且有热烈的思想信仰带来的一种道德信念；所有这一切再加上他对外国的深入了解，长期的历史洞察力以及个人的丰富经验，在他的身上完美地结合起来，就产生了我们时代最有造诣的外交家之一。

他的精力是非凡的。我注意到，在我们一些冗长的会谈中，双方年纪轻一点的人由于无间歇地开会而有睡意，翻译的声音也低沉了。但是73岁的周恩来却始终都很敏捷、顽强而又机警。他讲话从不离题，从不拖泥带水，从未要求中途休会。如果我们下午的会议解决不了联合公报措辞上的分歧，他也不把问题留给助手，而是亲自同基辛格不分昼夜地利用余暇消减分歧。第二天上午，他看上去还是好像刚从乡间度过悠闲的周末回来一样。他在处理涉及重大问题的艰苦工作中反而身心健旺起来。权力和责任感使他保持年轻。

他像我会见过的任何领袖一样，都是事先做好了充分准备。他在讨论之前就做好了种种研究，只是遇到一些高度技术性的问题才问助手。

周恩来的谈话并不像毛泽东的谈话那样富于色彩，但他多次用生动的形象来说明他的观点。在我们从机场乘车前往宾馆的途中，他简单明了地说过："你的手是从世界上最大的海洋那边伸过来的——双方没有往来整整25年。"

周恩来是一个有造诣的诗人，有时就用一首诗来表明一个具体观点。提到1972年的总统选举，并暗示我会获胜的希望时，周恩来谈到毛泽东的一首题为《咏梅》的诗。周恩来说，"在那首诗里，主席的意思是说，走出第一步的那个人，不一定总是伸出手来同你拉手的那个人。百花盛开的时候，也就是百花就要凋谢了。"周恩来继续说，"你是那个采取主动的人，你也许不会在现在岗位上看到它成功，不过我们当然会欢迎你再来。"

在我们于北京宾馆举行的最后一次长会上，周恩来再一次用诗阐明了一个观点。他说，"在你楼上的餐厅里，有一首毛主席书写的关于庐山的诗。最后一句是'无限风光在险峰'，你们来中国就担了某种风险。"周恩来的诗境同毛泽东的诗境一样，在伟大的领袖们中间并非不寻常的。政治学，从其最高的境界来讲，与其说是散文，毋宁说是诗。

他们两者之间的不同是很明显的。周恩来的眼光、谈吐和作为，都像一个高度文明的、彬彬有礼的外交家；毛泽东却是直爽的、质朴的、有棱角的，洋溢着一种天生的吸引力。毛泽东是政治局的主席，即使在风烛残年也仍然是公认的领袖；而周恩来是总执行官。

尼克松既是美国总统，又是著名的战略思想家。尼克松上述关于周恩来的系统而深刻的印象，是他第一次访问中国同周恩来的直接接触中完成的。毋庸讳言，像美国这样的大国元首，在他访问中国之前，必备的功课，是对毛泽东、周恩来作深入的研究。但百闻不如一见，同周恩来短短一周的接触，犹如石破天惊，一下子激活了尼克松关于周恩来的所有思想储备，他的印象是如此的强烈和鲜明、如此的深刻和生动，他展示给我们的是一个活生生的立体的高大的完美的周恩来形象。

基辛格说：周恩来是我平生所遇到的给我印象最深刻的人之一。他脸庞瘦削，颇带憔悴，但神采奕奕，双目炯炯，他的目光既坚毅又安详，既谨慎又满怀信心。他身穿一套剪裁精致的灰色毛式服装，显得简单朴素，却甚为优美。他举止娴雅庄重，他使举座注目的不是魁伟的身躯，而是他那外弛内张的精神、钢铁般的自制力，就像是一根绞紧了的弹簧一样。他似乎令人觉得轻松自如，但如小心观察就知并不尽然。他听英语时，不必等到翻译，脸上神情就显得明白语意，或立即露出微笑，这很清楚地表示他是听得懂英语的。他警觉性极高，令人一见就感觉得到。显然，半个世纪来烈火般激烈斗争的锻炼，已将那极度重要的沉着品格烙印在他身上。我在宾馆门口迎接他，特意把手伸出去。周恩来立即微笑着和我握手。这是将旧日嫌隙抛于脑后的第一步。

简而言之，我生平所遇到的两三个给我印象最深刻的人中，周恩来是其中之一。他是我们时代最伟大的政治家。他温文尔雅，耐心无尽，聪慧过人，机智敏捷。他在我们讨论之际，轻而易举地就点破了我们新关系的实质，似乎除此之外别无明智的选择。我们两国的社会，从意识形态到历史，差异是那么大，要把两国促合在一起，这的确是一个相当困难的问题。一般人的想法，也许认为最好是先消除造成两国紧张关系的某些具体问题的根源。台湾问题是这样一个问题，但这个问题又不能很快得到解决，至于其他问题，又太微不足道，不能成为我们两国持久关系的基础。所以结论是讨论根本问题：我们对全球事务特别是亚洲事务的看法，以此来澄清我们的目标和前景，这样就可以没有多少实际事务性问题要解决，建立相互之间的信任就必须从务虚开始。周恩来和我把时间主要花在这些能增进相互了解的看不见摸不着的问题上。

美国外交官约翰·S.谢伟思说：凡是见过周恩来的人，没有谁会忘记他。他精神饱满，富于魅力，长相漂亮，这是一个原因。他给人第一印象是他的眼睛。浓密的黑眉毛下边有一双炯炯发光的眼睛，在凝神看着你。你会感觉到他在全神贯注地看你，会记住你和你说过的话。这是一种使人立即感觉到亲切的罕有的天赋。你看到的是这样一个人：思想活跃，意志坚定，受过严格训练，头脑井井有条。当然，他在设法使我们趋向赞同他（和他的党）对中国和世界事务的看法。他自己对这些看法是深信不疑的。但是这样做，靠的是冷静的说理，清晰温和的措辞，广博的历史知识和对世界事务的了解及深入掌握的事实和细节。人们需要的是说服（或者受到教育），而不能压服他们，或者因为不同意就摒弃他们。

美国外交官戴维·布鲁斯说：中华人民共和国总理周恩来，无论用什么标准来衡量，都是当代最了不起的政治家之一。他的一生是经历风险并取得成就的一生。他以勇敢著称，曾多次在九死一生的情况下免遭于难。作为一个长征的参加者，他对军事有卓越的见解。作为一个干练的谈判者，他在蒋介石和毛泽东进行对抗的困难年代单独负责外交工作。当共产党人最后取得了正式统治地位时，周恩来在政府的管理工作中显示出近乎天才的能力。实际上，他掌管了国内经济和政府为他的数以亿计的同胞们所操心的事情，与此同时（始终在毛泽东同意的情况下），他还指导对外政策。

许多外国政治家都认为，周恩来具有许多难得的品德，而像他那样的德才兼备于一身，是在任何时代、任何政府首脑中都罕见的。周恩来的知识的力量和个人魅力使许多人着了迷，并为之倾倒。他在共产党内有独一无二的资历，同毛泽东保持亲密的工作关系；同部队息息相关；对国际事务有广博的知识，得到知识分子的信任；是年青一代不可多得的贴心人；多少年来善于交朋友，无论对友对敌，都能保持很好的个人关系；最后就是他毕生致力于做改造人性的工作。

英籍华裔女作家韩素音说，她之所以要写《周恩来与他的世纪》这本书，其中一个重要原因是："青年渴望英雄，渴望那些能够向他们揭示人生真谛的人物，而不是现在西方宣扬的那些被扭曲了的人生'价值'。"

尼赫鲁的妹夫胡特辛格写道："他那抑扬顿挫的声音，他那温文尔雅的姿态，青年人般有感染力的笑声，明亮的双眸，使同他会面的人都被他的翩翩风度迷住了。"假如毛泽东是红色中国的理论家，周恩来就是使毛泽东的理论添上生命力的实行家。

周恩来所具有的高度智慧，在各方面都有非常完美的体现。这里有两则周恩来同胡宗南、蒋介石打交道的小故事。

1943年7月10日下午，胡宗南在他的司令部举行酒会欢迎周恩来，企图把周恩来灌醉。他就让熊向晖到七贤庄八路军办事处去接周恩来。熊向晖就跟周恩来用英文讲了这个事情。胡宗南事先做了布置，在酒会上他的高级军官以及他们的夫人，分批地向周恩来敬酒，周恩来都很巧妙地回绝了。酒会要结束时，周恩来突然问胡宗南："我看到朱总司令的7·24电报，你要进攻延安，究竟是怎么回事情？"胡宗南说："没有这个事情，我没有进攻延安的意图。"周恩来说："这样好，我提议来敬一杯酒。"胡宗南让他的政治部主任提议："我们为领导全国抗战的蒋委员长干杯。"周恩来说："你提到全国抗战，我很欣赏。全国抗战，是以国共合作为基础。蒋委员长是国民党的总裁，毛泽东是共产党的主席。我作为共产党员，我愿意为蒋委员长的健康干杯，我也提议在座的为毛泽东主席的健康干杯！"国民党人都愣了。周恩来看到他们不好干杯，说："大家有为难之处，我不强人所难，这杯酒就算了。"就这样用这种方式拒绝了。最后周恩来提议：我们干杯！希望坚持抗战，坚持进步，坚持团结，为收复一切失地干杯。他说，愿意的干杯，不愿意的不勉强。结果周恩来一饮而尽。胡宗南以及他的高级将领也都一饮而尽。

1945 年 9 月，重庆谈判期间，一天中午，蒋介石突然约周恩来对弈。蒋介石原以为周恩来不敢应战。没想到，他的电话刚一放下，周恩来就与王若飞等人过来了。蒋介石见面一惊："你答应了？"周恩来风趣地说："岂有不来之理？桌面上两党谈判，棋盘上楚汉相争，多么有趣！蒋先生您说是吗？"蒋介石微微一笑："那是那是。"在蒋介石的会客室中，两人隔着"楚河汉界"摆开了阵势。蒋介石问："周先生是要用蓝子还是要用红子。"周恩来手中抓住了一个红"帅"，说："我就用这个吧！"蒋介石若有所思地应了一声，随即排兵布阵，大有猛虎下山之势。周恩来见蒋介石果然棋局不凡，便巧布迷阵。无疑，蒋介石不谙对方看似平常的阵势，加上求胜心切，想先发制人。于是使出他常用的突袭之术，首先来个当头炮，直逼红帅大本营。接着又是沉底炮，双炮齐上的火炮攻势，使周恩来的"帅"几乎无路可逃。蒋介石双眉一挑，对周恩来说："这一着，周先生大概还未想到吧！"周恩来却是一副成竹在胸的神态，将早已备好的"车""卒"，紧密配合，齐头并进，很快，就在对手不经意间化险为夷了。蒋介石这才意识到，对方战术非同一般。在场的两方观战人，无不佩服周恩来高超的棋艺。蒋介石边走子边问："周先生你从小跟过名师？"周恩来笑道："下棋不过是一个小玩意儿，哪从什么师哦。"其实蒋介石哪曾知道，周恩来 5 岁就开始下棋，到 9 岁时已是十里八村的象棋高手了。他的特点是后发制人，一旦看准战机，既敢拼杀，又善诱敌，临危不乱，处险不惊，获胜不骄，往往以少胜多，转危为安，直到最后胜利。第一盘蒋介石输了。第二盘，蒋介石又是老招，到中局时便节节败退，多次进攻都被对方化解，不免有些紧张起来。人们发现他的额头上已渗出一些汗珠。胜利在握的周恩来稳扎稳打，妙用"卒""车""马""炮"的技能，步步逼近蓝棋之"将"。蒋介石一时乱了阵脚，来了个倾巢出动。可是战局已定，他无法挽回危局，只得丢"卒"保"车"，最后到抛"车"护"将"。周恩来问："蒋先生，你看怎么办？"蒋介石有些不高兴地说："我看还是和了吧！"一旁观战的王若飞趁机插话说："不，我看蓝棋输定了，红棋必胜，岂能以和了之。"蒋介石自己心中有底，只好一声长叹："周先生棋艺果然名不虚传，我蒋某算是领教了。"周恩来一语双关地笑道："蒋先生的火炮攻势还是功力不小的，可惜失误在于轻视我的这些小米加步枪。"

周恩来有着传奇般的经历，他一生中为党为人民进行过各种形式的斗争，承担过各种最复杂、最艰巨、最危险的任务，经历过无数次生与死的考验，但不论在何种情况下，他都临危不惧，把个人的生死置之度外，千方百计保护党组织和同志们的生命安全，保护党和人民的利益，表现出共产党人英勇奋斗、不怕牺牲、忘我献身的精神。

无论是大革命失败后，在白色恐怖的地下工作环境，或红军长征过雪山草地的艰难困苦年代，还是在"皖南事变"后国民党特务包围甚至随时可能被逮捕的日子里，或解放战争中同毛泽东、任弼时被胡宗南大军包围在陕北时，他都毫不气馁、斗志昂扬、信心十足地指挥战斗，坚信中国革命一定会取得胜利。

1946 年 2 月 10 日，重庆市各界群众，为庆祝政治协商会议的成功，在校场口举行庆祝大会。国民党为了破坏这次大会，在会场的周围埋伏下特务。当会议一开始，特务们便大吵大嚷地冲上主席台，大打出手，当场打伤了郭沫若、李公朴等 60 多位民主人士。身为中共中央代表和南方局书记的周恩来闻讯后，不顾自己的安危，立即赶到会场。他气愤地说：特务们站出来，让大家看看你们！他的愤怒指斥，把特务们吓慌了，一个个悄悄溜走了。接着，他又到医院里探望受伤的民主人士。为了揭露国民党反动派的罪行，政治协商会议的代表立即举行紧急会议。会上，代表们一致推选周恩来为代表，当面去质问蒋介石。这件事被国民党反动派知道了。第二天，周恩来收到一封恐吓信，信里还装了一颗子弹。信中威胁说："你若要向蒋主席报告这次事变，便请你先尝尝这颗子弹的味道！"显然，敌人准备对周恩来下毒手了。是去找蒋介石还是不去呢？不少人为周恩来的安全担心。面对敌人的恐吓，面临生命的危险，周恩来以革命为重，置生死于度外。他掂了掂那颗子弹，哈哈一笑，说："好啊！那我就不客气地收下吧！"当时，中共代表团的领导同志，在重庆虽然是公开地以合法的身份出现，但敌人经常跟踪盯梢，一切行动处在敌人严密的监视之下。敌人是什么残忍的手段都可能使出来的，说不定什么时候就会发生危险。周恩来深知这一切，但他不能听任反动派嚣张下去，不能辜负政协代表的委托，毅然决然地冒险去找蒋介石，当面向蒋介石提出了严正的抗议，要求他说话算数，保证人民的自由与民主。

周恩来心中时刻装着人民，也时刻装着党。他很珍惜党的名誉，时时处处注重维护党的名誉。20 世纪 50 年代初，他身边的工作人员制定了一个工作细则。其中提出"三保"，即医生为总理保健康，警卫保安全，秘书保工作。周恩来看后又加了一保，即"我、邓颖超同志及你们要共同保党的政治影响。"他要求自己、亲属和身边工作人员的一言一行，都要从党和人民利益出发，只能给党增添光彩，绝不能有损党的声誉。他终生实践了这一点。

日本创价学会名誉会长池田大作说："对周总理的生活方式和人格了解得越深刻，就越受感动。尤其最感人肺腑的是，总理的一生中，贯穿了'为人民服务'的思想。人民用这样的歌声表达了对他的敬仰：'人民的总理人民爱，人民的总理爱人民，总理和人民同甘苦，人民和总理心连心'。""对于我来讲，能够在周总理晚年见到他，是我一生最难忘的事。当年和周总理的见面，现在还像一幅名画一样，深深地留在我的脑海里。周总理是非常有教养的人，他的人格是非常高尚的。他一直是全心全意地、鞠躬尽瘁地去为人民服务，去为世界和平而努力，这方面他是非常坚定的。他待人像春风一样，使你感到非常舒服，非常愉快。他对人非常慈爱，非常慈祥。所以见到他的人都感到他的心慈祥得像一个菩萨，一个佛一样。他有那么慈祥的一面，但是对于敌人，他是非常严格，非常坚强，他坚强得像铁一样，他是绝对不会屈服于任何人的。他是一个非常伟大的政治家，他是一个人格非常高尚的人。在现在或者在近代，很难再找到一个像他那么优秀的人。"池田大作有一个玉石雕的周恩来半身胸像，就放在创价大学最重要的一角，最重要的一个地方。他希望所有创价大学的学生，或者来参观的所有的人，能够学习周恩来这种伟大的人格。

肯尼迪夫人杰奎琳说："全世界我只崇拜一个人，那就是周恩来。"

柬埔寨前国王西哈努克说："我把周总理看作我的老师、兄长。他从未指点过我，但是他的行为本身，就是无形的力量，他成了我学习的榜样。"西哈努克夫人莫尼克公主说："周恩来是我唯一的偶像。"

美国《时代周刊》记者白修德说："周恩来使人为之倾倒的风度，完完全全赢得了我的心。"

美国记者约翰·麦·吴德施说："周恩来是当今共产党领导人中出访最多、最有经验的角色。他是北京必不可少的全天候人物。他在党内最高层任职时间比列宁、斯大林或者毛泽东还要长。自从中华人民共和国诞生以来，他就担任总理，作为国家的代言人长达四分之一个世纪。周恩来经历过五次内战，两次世界大战，十几年日本的侵略，10 年苏联的敌视，20 年美国的排斥，而成了当代最经久不衰，最能屈能伸的政界人物。"

美国人阿道福·修斯多夫说：周恩来是一位非常有教养的人，举止文雅、为人坦率、有礼貌又和蔼可亲。他了解中国以外的事物，但无所畏惧。他掌握巨大的权力，但行使起来时，我认为总是节制有度的。在共产党中国的领导人中，我相信这个人最不追求传统形式，最不讲究家族观念，怡然自得，完全是自己的本色。

美国著名作家、新闻记者索尔兹伯里说：周恩来是具有非常深刻的现实主义感的政治家。

美国哥伦比亚大学教授阿尔登·魏特曼说：自从共产党政府在 1949 年成立以来，他就担任总理职务（1958 年以前还兼任外交部长）。人们称赞周恩来实事求是地管理政府机构。尽管他有时候在政治上受到攻击，他仍然被认为是中国共产主义运动中两三位最有威望的人物之一。虽然某些与他有关的政策曾告失败，可是他的足智多谋使他一直留在党的最高领导层。第一个理由是：周恩来对中国革命至高无上的象征——毛泽东——忠心耿耿。第二个理由是：他是经历了 1934 年到 1935 年长征的一位久经考验的老战士，正是那次行军，共产党在敌强我弱的不利形势下到达延安，建立了稳固的根据地。第三个理由是：在"大跃进"运动以及"无产阶级文化大革命"中，他成功地保持了国家机器的继续运转。

美国传记作家朱雷·阿查尔说：他始终是一个不能为他人所代替的政治家。高兴时，他会用英语、俄语、日语或法语同外国来客作友好谈话。周恩来的独特的魅力，在于使客人感到他们讲的话起了作用，对他有影响，而且情况往往确实是这样。他们告辞时，有点受宠若惊。周恩来要了解外界的情况，如饥似渴，经常他问客人的问题往往比客人问他的还多。部分原因是由于他具有这种性格，他对中国以外的事态发展了解之多出乎人们的意料，即使北京在国际上处于孤立的年代也是如此。

周恩来说，生活关分两种：物质生活和精神生活。在物质生活方面，我们领导干部应该知足常乐，要觉得自己的物质待遇够了，甚至于过了，觉得少一点好，人家分给我们的多了，就应该居之不安。要使艰苦朴素成为我们的美德。这样，我们就会心情舒畅，才能在个人身上节约，给集体增加福利；为国家增加积累，才能把我们的国家更快地建设成为一个社会主义强国。在精神生活方面，我们应该把整个身心放在共产主义事业上，以人民的疾苦为忧，以世界的前途为念。这样，我们的政治责任感就会加强，精神境界就会高尚。

周恩来经常提醒身边警卫人员："你们不要只记得我是总理，还要知道我是一个普通共产党员，一个普通劳动者。"有一次，他明确具体地对身边工作人员说："在国务活动时我是政府总理；在党内活动时我是一个普通党员；在群众中活动时我是一个普通的劳动者。"

1958年7月，周恩来到广东省新会县视察，风尘仆仆，日夜操劳。时任该县的县委书记党向民同志看到眼里，急在心里，感到实在过意不去，就在周恩来离开新会的前夕，悄悄地安排为周恩来设宴送行。宴会地点，就安排在县委院内的一间小屋里；厨师，就是县委伙房的炊事员，而且没什么美酒佳肴，只是些瓜菜而已。尽管这样，在吃喝将近结束时，周恩来语重心长地说："党向民同志，你一月有多少收入，我清清楚楚。这样一顿饭，你请不起，还是让我出钱，算我请客吧！"随即示意他的秘书，把300元人民币交给了县委的司务长。

周恩来出生在江苏淮安，童年时代都是在淮安度过的，因此他对淮安怀有深厚的感情。他爱淮安，但他更爱伟大的祖国，从不因为淮安是他的家乡而给予额外的照顾。1960年，淮安县委负责同志到北京时，见到了周恩来，在汇报了淮安县10万亩棉花喜获丰收的情况后，提出想办一座纱厂。按理，这对周恩来来说确实不是什么大事，但当时正值困难时期，周恩来一方面鼓励他们，另一方面又引导他们说：你们种棉花，就要办纱厂，那上海的纱厂就吃不饱了。最终没有同意。1962年，淮安遭受了特大洪水，苏北大片农田被淹。江苏省政府给周恩来写信，请求支援。周恩来看完信后，心里沉甸甸的。调拨人力物力支援灾区是完全应该的，只要他一句话就可以了。但他说：我家乡的事应由当地党政部门管，该怎么办由他们拿主意。周恩来对家乡怀有深厚感情，但在涉及家乡的问题上从不偏私。

周恩来和邓颖超是共同奋斗的亲密战友，又是相濡以沫的终身伴侣。尽管这样，周恩来对邓颖超不但没有丝毫关照，反而要求格外严格。邓颖超是早期中共党员，中国妇女运动的先驱，凭她的能力、贡献、资历、经验和声望，完全可以胜任党和国家的重要领导职务。但周恩来始终不予考虑。他说："只要我当一天总理，邓颖超就不能在政府里任职。"

1974 年筹组四届全国人大领导班子时，毛泽东批准提名邓颖超任全国人大常委会副委员长，却被周恩来给压了下来。直到周恩来去世后，1977 年全国人大选举邓颖超任常委会副委员长，她才知道毛泽东早有批示。1984 年 4 月，邓颖超曾对亲属们说："解放初期成立政务委员会，人家要我上，你们的伯伯不同意；恢复妇联时，人家又要我上，他还是不同意；定工资时，蔡大姐是 3 级，我是 5 级，到他这儿就给划到 6 级，国庆十周年上主席台，他看到名单里有我，又划掉了。就因为我是他的妻子。现在我当副委员长，又是政治局委员、纪委书记，这些工作都是党分配的。但如果你们伯伯在，他一定不会让我担任。"

周恩来严格要求其他亲属的许多故事也一直为人们所称颂。

新中国成立以后，周恩来在绍兴的亲戚故旧中，不断有人上京拜访或写信给周恩来，要求予以照顾或安排工作。这使周恩来感到，需要制定一个让亲友人人皆知的准则，作为处理他和亲戚的规范。1956 年，周恩来专门印了《告亲戚朋友书》，即 10 条家规。具体内容为：（一）晚辈不能丢下自己的工作专程去看望他。（二）来者一律住国务院招待所。（三）一律到食堂排队买饭菜，有工作的自费，没有工作的代付伙食费。（四）看电影（戏）以家属身份买票入场，不准用招待券。（五）不准请客送礼。

（六）不准动用公家车子。（七）个人生活凡能自己做的事，不要找人办。（八）生活要艰苦朴素。（九）任何场合都不要讲出与周恩来的关系，不要炫耀自己。（十）不谋私利，不搞特殊化。第二年，正好表弟王贶甫又赴京开会，周恩来将印好的《告亲戚朋友书》交给王贶甫说："这是我的十条家规，你拿去看看，你要教育子女。我这么多亲戚，为啥同你们王家来往较多，因为我佩服子余先生，他比较开明。"并当面告诫王贶甫：不要宣扬宗族关系，也不要靠他沾光，而要各自去当地好好工作，为人民服务。

周恩来的亲侄女周秉德曾跟随伯父伯母共同生活了 15 年之久。周恩来没有子女，所以待周秉德像自己的亲生女儿一般。在工作安排上，周恩来一直要求周秉德响应国家的号召，到最艰苦、最边远、最基层的地方去接受锻炼，成为一个真正意义上的普通劳动者。周秉德参加工作后不久，就从基层农村小学被调动到区委机关工作。周恩来知道后，立即追问周秉德：是不是因为人家知道你和我的关系，照顾你到城里的？当周恩来了解到确实是由于区委工作需要才抽调周秉德之后，才肯作罢，同时告诫周秉德，"还是要多在基层工作锻炼才好"。

1968 年，周恩来的侄儿和侄女先后到延安和内蒙古插队劳动。由于他们表现好，1970 年经当地群众推荐，按照正常手续，分别应征参军了。当他的侄女穿着新军装，高兴地回到北京看望伯父伯母时，他一见面就问道："你参军虽然符合手续，但内蒙古那么多人，专挑上了你，还不是看在我们的面子上。我们不能搞特殊化，一点儿也不能搞。"经过耐心动员，他终于让侄女脱下了军装，重新返回内蒙古草原插队劳动。侄儿也听伯父伯母的话，痛快地办了离队手续，重回延安插队劳动。

周恩来在京的亲属不少，每年，他总要召集这些在京的亲属开一次会。开会不谈别的，汇报一下一年来的思想，再一个个检查一下，有没有借用他的名义搞什么名堂。来的这些亲属，既不管饭，也不管烟，只管茶水一杯。开完会了，都自己回家。他有个侄子，钢院毕业，留在钢院工作。在老家找了个对象。结婚时，周恩来说了这么一句话："你们只能要两个孩子，多一个不行，少一个行。"当时还没有计划生育标准，但周恩来却早已考虑到了，而且首先要求在自己亲属身上实现。后来，他侄媳妇调到钢院，他们俩一起来看周恩来。周恩来得知侄媳妇进京了，就问道："为什么不能调回去呢？还有这么多人调不进来，你为什么一定要调进来？"结果，他硬是把侄子和侄媳妇一块儿调回了老家。

周恩来对身边工作人员的要求很高、很严，决不允许有一点特殊化。他要求身边工作人员外出开会或工作，只准带耳朵、眼睛，不准带嘴巴，也就是不准随便发表意见，以免人们误以为是他的指示精神。工作人员要严格遵守保密制度，是谁管的事，就该谁知道；不该知道的事，决不去打听。工作人员出差，不许购买内部供应的优惠廉价商品，不许收受礼物。

曾经担任过周恩来秘书的赵茂峰说，总理和秘书的关系，可以用十二个字概括：（一）信任。总理身边的工作人员，都是由组织部门挑选忠实、可靠的人选，经审查后，把该人的情况报告总理，总理同意后才调入。按分工该你办的事，就交你去办。（二）尊重。总理对秘书是同志关系，是平等关系，他认为只是工作分工不同，没有我是首长，你是服务人员，我是领导，你是工作人员之分。（三）培养、锻炼。工作上让你在实践中锻炼，在学习中提高。平时他很关心秘书们的学习，尤其关心年轻秘书的学习，包括政治学习和业务学习。（四）关怀爱护。总理对每一位秘书都非常关心，关怀秘书的政治进步，家庭经济情况。关怀秘书的子女。他自己没有孩子，他关怀每一个孩子，因为孩子是祖国的未来，是社会的栋梁。

赵茂峰介绍，总理对秘书提出过一些要求，大致是：（一）国内外发生的大事，要立即报告，不管他是在休息，还是在吃饭、在卫生间，都要去报告。（二）毛主席找他时，要立即报告。（三）报告要准确。报告情况和问题要非常准确，不允许有大概、可能之类情况，如你报告得不十分肯定，就让你弄清后再报告。（四）传达他的指示要准确。他有指示要记清、记准，听不清的，再问，直至清楚为止。传达他的指示，他怎么说就怎么传达，不能加任何个人理解和意见。（五）报告要及时，不许延误时间，报告简明扼要，一句话能说明的，不说两句。（六）办完事后要报告结果。他交办的事或有重大事情，办完后要再向他报告。（七）在工作中他欢迎提出意见和建议，不提意见有时还问你的意见，提的意见错了也没有关系。（八）严格保密。不该知道的事情不要打听，不要问，不让说的事情不要对另外人说。（九）要听党的话，对党忠诚老实。（十）工作要认真细致；做到准、勤、严。准，就是听准、报告准、传达准；勤，就是脑勤，勤于动脑，手勤，勤于动手，腿勤，勤于跑腿；严，就是工作严谨，严格保密，严守纪律。（十一）作风要正派。（十二）要经得住批评。批评缺点错误，是爱护，也是对人民高度负责。总理批评过后，该交办的事情，仍然交你去做。（十三）要有好的身体。总理工作时间长，没有节假日，平时工作每天 16 个小时左右，都是凌晨两三点才休息，有时通宵达旦地工作，秘书要等到总理休息后，把总理批阅的文件整理、处理完毕，才能休息，没有好的身体是顶不住的。

总理办公室机要秘书刘震海回忆：在日常工作中，总理要求秘书必须做到六点：一是准确。办事处理问题，必须认真，精益求精，上情下达，绝对不能走样，时间、地点、人名不能搞错。在总理的要求和影响下，我们写一个通知总理临时开会的便笺，也要一笔一画，校对准确才能呈上。二是及时。总理日理万机，都是有关党和国家的大事，必须增强时间观念，时间就是效益，就是命令，就是胜利。总理阅批电报，要求收到时间、抄出时间、送阅时间，必须清楚。遇有紧急情况，必须随时报告，以掌握最新情况，抓住有利时机处理问题。三是扼要。总理要求秘书写文字材料或口头报告，必须做到简明扼要，要突出重点内容，讲明主要情况，抓住解决问题的关键。切忌文字冗长，讲话漫无边际。四是保密。在总理身边工作无小事，增强保密观念极为重要。总理要求秘书和所有工作人员，要严守党和国家的机密，做到守口如瓶，外出不能随便接触生人，不能对外人说的话，绝对不能说，包括爱人和亲属朋友。不能公开的事，绝对不能外传，严禁犯自由主义。五是建议。在工作中，总理要求发挥主观能动性，要创造性地工作。总理在交办事情时，鼓励秘书多动脑筋，勤于思考，多想问题，多提建议。六是回报。凡总理交办的事情，必须按时回报情况和处理结果。处理每件事和解决每个问题，都要做到有头有尾，有始有终。总之总理交办的所有事情，都要做到及时、准确、扼要、保密，有情况，有分析，有解决问题的意见，有处理问题的结果，做到件件有着落，事事有回报。

周恩来办事极为严谨。凡是他批阅过的文件、电报都留有他的笔迹，对错别字和标点符号，也从不放过。审批上报毛主席、党中央的文件，他不仅要特别用心推敲、修改，而且还要把文件中的主件、附件、表报，按照阅读顺序排列好，编上号码，然后再发出。如果是绝密文件，他要亲自装订、封口，写上传阅人的姓名，在信封的右边加注文件标题，左边签上周恩来的名字，然后交工作人员登记发出。对发出的紧急电报、文件，必须回报发出的时间。

周恩来个人请客吃饭一律自费。他的客人很多，有来西花厅拜访的、谈话的，还有来请示工作的。每当快要吃饭时，他总说："别走了，一块儿吃饭吧，今天我请客。"他请客吃饭，一般都是简朴的家常饭菜，不大吃大喝。1952年初夏，他邀请冰心夫妇俩到西花厅做客，共进晚餐，吃的是四菜一汤，而唯一的好菜是一盘炒鸡蛋。冰心回忆说："这使我感到惊奇，总理的膳食竟是这样的简单，高兴的是总理并没把我们当作外人。"

周恩来从不收受馈赠礼物。在"三年困难时期"，周恩来到外地出差，总要告诫随行人员，不要在地方上买东西。他说，现在都是凭票供应，你们买了人家的东西，人家就没有了。对地方上送给他的东西，凡是能退回去的一律退回，不能退回的，照价付款。外宾送的礼物，如果是不能保存的食品，他总是分给工作人员，其他礼品一律登记送交机关事务管理局保管。1961年春节前夕，他收到家乡淮安县委托人捎来的莲子、藕粉等土特产，当即委托办公室回信，并寄去100元钱。信中说："周总理和邓颖超认为，在中央三令五申不准送礼的情况下，你们这样做是不好的。"有一次,他过去的一位老警卫员给他捎来一筐新鲜橘子。他问清值 25 元钱后,让寄去 50 元。他说:"多余的钱让他处理,不这样做,就制止不了他,这样以后他就不再送了。"

总理卫士长成元功说:有一次,总理去杭州参加中央会议,临离开的前一天,杭州市交际处的同志提了一筐菜让我们给带上。我们说:这可不行,总理对此有严格规定,不能收。他们说:这是替你们买的呀,有发票,你们给钱不就成了。我们说,那也不行,总理不会答应的。第二天登机,我们发现机上放了两筐菜,就找到送行的交际处的同志问怎么回事。他们说:这不是给总理的,是叫你们带到北京给中央领导同志的,有发票到时候付钱就好了。于是两筐菜就带回北京送到了供应处。供应处给每个首长家分了一份,都是收钱的。工作人员领回来,炊事员给做了,吃饭时总理看到了非常生气,他饭也不吃了,说:"把成元功给我叫来!"问我这菜是哪儿来的,是不是从杭州给带回来的。我把事情原原本本地跟总理说了。总理说:我和你们讲了多少次了,不许往回带东西,为什么就是不听?我回答说:这不是专带给我们的,是带给中央首长的,供应处付了钱,我们分到一份也是付了钱的。总理一听更火了,说:"付了钱也不行!我问你:北京的老百姓能不能吃到这样的菜?"我说:"当然吃不到。""我能吃得到,群众吃不到,他们会怎么说?以后你们都要和政治影响联系起来。我们自己制定出的规矩自己不遵守,让下边人遵守、别人遵守,那不成了'只许州官放火不许百姓点灯'了吗?这和国民党还有什么区别?"

周恩来十分重视对干部子女培养教育,对他们严格要求。一天有位秘书把孩子带来,孩子在育英小学(当时是高干子弟学校)

读书。周恩来看到孩子穿着一身呢料的中山装，心里生疑问衣服是谁给买的？孩子答是学校发的。又问伙食怎样？孩子答吃的都是鸡、鸭、鱼、肉，学生吃腻了就丢在饭桌上。周恩来听了十分惊讶。在一个星期天的下午，周恩来有些空闲，就坐车直驱育英小学。到学校后校长迎接。周恩来简单地询问了学校的情况后，直接提出学生反映的情况，严肃地批评说："你们学校的学生都是革命干部的后代，要好好地教育他们，不能特殊化，不要把他们培养成八旗子弟！"

1963年5月，周恩来在中共中央和国务院直属机关负责干部会议上说："特别是干部子弟，到底是你影响他，还是他影响你？这个问题十分重要。我呼吁我们的领导干部，首先是我在内的这407个人应该作出一点表率来。不要造出一批少爷。老爷固然要反对，少爷也要反对，不然我们对后代不好交代。我们是社会主义社会，不像封建社会和资本主义社会那样，但是历史也可以借鉴。秦始皇能够统一中国，可是他溺爱秦二世，结果秦王朝就亡在秦二世。我们决不能使自己的干部成为国家和社会的包袱，阻碍我们的事业前进。对于干部子弟，要求高、责备严是应该的，这样有好处，可以督促他们进步。"

周恩来常常恳切地教育和告诫领导干部，务必严于律己，廉洁奉公，过好"五关"，即过好思想关、政治关、社会关、亲属关和生活关。讲到过生活关时，他说："生活关分两种：物质生活和精神生活。在物质生活方面，我们领导干部应该知足常乐，要觉得自己的物质待遇够了，甚至于过了，觉得少一点好，人家分给我们的多了，就应该居之不安。要使艰苦朴素成为我们的美德。这样，我们就会心情舒畅，才能在个人身上节约，给集体增加福利；为国家增加积累，才能把我们的国家更快地建设成为一个社会主义强国。在精神生活方面，我们应该把整个身心放在共产主义事业上，以人民的疾苦为忧，以世界的前途为念。这样，我们的政治责任感就会加强，精神境界就会高尚。"

周恩来讲的这"五关"，本质上是"权力关"。伟大的民主革命先行者孙中山先生曾经提出过"天下为公"的著名口号，但国民党没有过了"权力关"，失败了。当年有人曾经向宋美龄谈到国民党的腐败和共产党的清廉，宋美龄说了一句话，她说："共产党还没有尝过权力的滋味！"如果共产党同样过不了"权力关"，就和国民党没有什么两样，就和历代统治阶级没有什么两样。过好"权力关"，面临的最大难题，是如何处理公与私的关系。中国是家庭观念和封建传统影响极深的国家，处理好公与私的关系，是谈何容易的事。但周恩来做到了，他在 26 年的总理岗位上，在手握重权的条件下，言行如一、表里如一、始终如一地做到了。他把人类有史以来最伟大的追求、把党的理想和奋斗目标，高度现实化、高度生活化、高度人格化了。他真正做到了一尘不染、一身正气，他真正做到了公而忘私、大公无私。在我们党内，如果说毛泽东标志着理论高度，那么周恩来则标志着精神高度。

我曾经写过两副联语。一副是：主席格局昭日月，总理风范冠古今。叶剑英生前讲过他最敬佩毛主席和周总理，毛主席的格局，周总理的风范。另一副是：崇高风范冠古今，感动中国第一人。

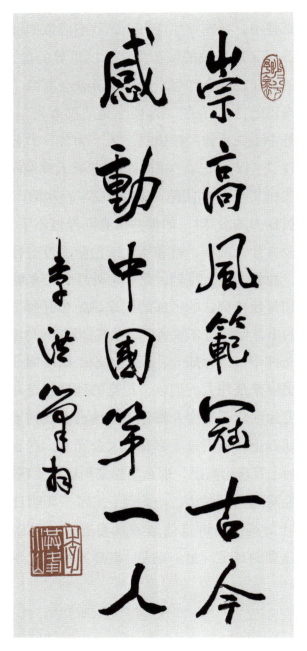

崇高风范冠古今 感动中国第一人 李洪峰 书

# 第二章

## 彪炳史册的丰功伟绩

中国古代政治文化，历来讲修、齐、治、平。马克思主义者和共产党人，更加注重榜样作用、表率作用和先锋模范作用。周恩来在50多年的革命生涯中，始终坚持言行一致，始终坚持以身作则，始终坚持率先垂范，实现了治党、治国、治家、修身的有机结合和完美统一。"盛德在民长不没，天不能死地难埋。"赵朴初先生在周恩来逝世一周年时，曾满怀深情地写了一首词《周总理逝世周年感赋》（金缕曲），"转瞬周年矣。念年前伤心情景，谁能忘记？缓缓灵车经过路，万众号呼总理。泪尽也赎公无计。人似川流花似海，天安门尽足觇民意。愁鬼蜮，喜魑魅。古今相业谁堪比？为人民鞠躬尽瘁，死而后已。雪侮霜欺香益烈，公德长留天地，却身与云飞无际。乱眼妖氛今尽扫，笑蚍蜉撼树谈何易。迎日出，看霞起。"生动反映了举国送别周恩来的悲恸情景和人民对周总理的深切怀念。

周恩来祖籍浙江绍兴。1898年3月5日，生于江苏淮安。1903年，5岁入家塾读书。1910年，12岁入沈阳市东关模范学校读书。1913年，入天津南开学校读书。周恩来从少年时代起就立志救国，"为了中华之崛起而发愤读书"。他在中学的一篇作文中写道："鸦片之役，英人侵我；越南之战，法人欺我；布楚之约，俄人噬我；马关之议，日人凌我；及乎庚子，诸国协力以谋我。瓜分豆剖，蚕食鲸吞，岌岌乎不可终日。"为了救国救民，民主革命的伟大先行者孙中山先生等一批批先进的中国人，都在当时的社会条件下探索过、奋斗过，都有自己的贡献和历史的地位，但是中华民族付出巨大代价，依然苦难深重。周恩来 1917年东渡日本，开始探求新的道路。他提出要"另辟'新思想'，求'新学问'，做'新事情'"，"人人心中有着这个'新'字，中国才有望呢"。俄国十月革命以后，他开始接触马克思列宁主义。1919 年 4 月周恩来从日本回国，经受了五四运动的洗礼。1920年 1 月，他被反动政府拘捕，在狱中继续思考中国的出路问题。出狱后，他到欧洲勤工俭学，经过实际考察并对各种思潮进行比较，终于确立了共产主义的信仰。1921 年，他在巴黎参加共产主义小组，参与发起成立中国共产党的活动，成为中国共产党最早的党员之一。

周恩来回国后，立即投身如火如荼的大革命浪潮。在广东，他担任黄埔军校政治部主任和中共广东区委军事部长，是我们党内最早认识武装斗争重要性和最早从事军事工作的领导人之一。他建立的政治工作制度，使国民革命军面目为之一新，对保证两次东征和北伐的胜利发挥了重大作用，并由我们党创建的人民军队在长期革命战争中加以继承和发展。1927 年大革命失败后，周恩来担任中共中央政治局临时常务委员会委员、中共前敌委员会书记，领导发动南昌起义，打响了武装反抗国民党反动派的第一枪。我们党领导的人民军队由此诞生。党的六大后的近两年时间，周恩来实际上成为党中央工作的主要主持者。他在极端险恶的情况下机智勇敢地保卫了党的中央机关，保护了党的大批领导骨干。他为发展党在白区的秘密工作，为联系和指导各地的武装斗争，扩大红军和农村革命根据地，作出了重要的贡献。1931年底，周恩来由上海到达江西中央革命根据地，先后担任中共苏区中央局书记、红一方面军总政委、中国工农红军总政委、中央革命军事委员会副主席。他和朱德共同指挥了第四次反"围剿"斗争，创造了大兵团伏击歼灭战的成功经验。1934年秋，在"左"倾冒险主义的错误指导下，第五次反"围剿"斗争失败，中央红军被迫长征，中国革命再度处于危急关头。为扭转这种危急的局面，周恩来和其他同志一道，支持召开遵义会议，支持毛泽东的正确主张。从此确立了毛泽东在红军和党中央的领导地位，中国革命开始"柳暗花明又一村"的历史性转折。

从延安时期到新中国成立，周恩来作为毛泽东的主要助手，一直工作在中国民族解放和人民解放战争的指挥中心。在"西安事变"中，他根据党中央的方针，运筹帷幄，多方斡旋，促使其和平解决，从而实现了停止内战，团结抗日。抗战期间，他参与指导八路军、新四军出师敌后和平型关战役、台儿庄战役的筹划。他代表我们党长期在国民党统治区工作，广泛团结社会各阶层爱国人士，取得他们的信任和合作。他同国民党顽固派的倒行逆施进行了有勇有谋的斗争。抗战胜利后，为了制止内战，他率领我党代表团同国民党当局进行了针锋相对的谈判斗争。人民解放战争中，周恩来担任中央军委副主席兼代总参谋长。在陕北，他同毛泽东、任弼时率领中央机关以大无畏的气概与敌人周旋，指挥人民解放军从战略防御转入战略进攻。在西柏坡，他协助毛泽东在世界上最小的司令部里部署与指挥了改变中国历史命运的战略大决战。北平和平解放后，他代表我们党同各民主党派和爱国民主人士共商建国大计，筹备召开中国人民政治协商会议，起草《共同纲领》，全力以赴地投身新中国的筹建工作。

周恩来辉煌一生中最辉煌的时期，是他的 26 年总理生涯。

1949 年 3 月，中国共产党在西柏坡召开了七届二中全会。这是进城前的最后一次重要会议。毛泽东在会上明确指出：新中国中央人民政府的主要人员的配备，现在尚不能确定，还需要同民主人士商量。但周恩来是一定要参加的，其性质是内阁总理。

1949 年 10 月 1 日，毛泽东在天安门宣读《中华人民共和国中央人民政府成立公告》，公告宣布：中央人民政府任命周恩来为中央人民政府政务院总理兼外交部长，并责成他们从速组成各级政府机关，推行各项政府工作。

中华人民共和国成立后，周恩来担任共和国总理长达 26 年。他既是国家建设总体蓝图的重要设计者，又是将它付诸实施的卓越组织者和管理者。他日理万机，政治、经济、外交、国防、统战、科技、文化、教育、新闻、卫生、体育各行各业的发展，各个方面的建设，无不浸透着他的心血。

在旧中国留下的烂摊子上，百端待举、百废待兴，面临的工作千头万绪，但组织领导国家的经济建设，是周恩来工作的首要课题。他认为："国家面貌的改变要从经济面貌的改变做起"，"最主要的事情，就是我们人人都要关心提高我们国家的生产力"。开国之初，他和陈云负责领导繁重的经济恢复工作，扭转了国民党政府遗留下来的财政经济崩溃的局面。朝鲜战争爆发后，他一边协助毛泽东组织指挥抗美援朝，一边下大力抓水患严重的淮河治理和全国铁路的修复。他和陈云、李富春、薄一波等一起负责编制和实施第一个五年计划。他们几次出访莫斯科，先后达成了苏联援建我国 156 项重点工程的协议。这些重点工程和环绕它的几百项工程建设，为我国实现社会主义工业化奠定了初步基础。

　　"大跃进"之后，我国面临着严重的经济困难。周恩来和刘少奇、陈云、邓小平一起，坚决贯彻党中央、毛主席确定的"调整、巩固、充实、提高"八字方针，进行了大量艰苦的工作，使经济形势实现好转。在最艰难的日子里，周恩来和全国人民一起同甘共苦。他在家里很少吃肉。每次外出视察，周恩来都要向工作人员交代注意事项，要他们体谅地方的困难，不要搞特殊化，少吃肉、鸡蛋和油炸食品，不准摆水果，摆了要撤回。为了减轻地方的负担，他还让工作人员带上茶叶和饼干，作为工作夜餐。有一次，周恩来到长春视察，工作人员将周恩来的要求向地方的管理员讲了，他们硬是不听，结果，邓颖超只好自己出面，把管理员找来，将亲笔写的山珍海味不准吃，肉、蛋和油炸的东西少吃，一切按标准做的种种规定交给他。做饭的老厨师看到后十分激动地说："我当了这么多年厨师，做了这么多年的菜，没少为大官掌勺。只见过点名要山珍海味的，还没有见过像总理这样这不准吃、那不准做的。"在"文化大革命"那样混乱和艰难的环境中，周恩来和李先念等一起，坚持排除干扰，始终没有放松经济工作。在他重病期间，仍全力支持邓小平对经济工作和其他工作进行的全面整顿。周恩来不仅参与提出四个现代化的宏伟目标，而且精心组织，部署实施。他特别关注作为农业命脉的水利建设和直接关系国家现代化进程的尖端科学技术的发展。我国在解放之初还不能制造一辆汽车，而到 20 世纪 60 年代后原子弹、氢弹、人造卫星很快相继研制成功，周恩来为此作出了卓越贡献。

周恩来是重视科学技术和尊重知识分子的典范。他提出："科学是关系我们的国防、经济和文化各方面的有决定性的因素。""我们要实现农业现代化、工业现代化、国防现代化和科学技术现代化，把我们祖国建设成为一个社会主义强国，关键在于实现科学技术的现代化。"根据毛泽东的意见，他和陈毅、李富春、聂荣臻领导制定并组织落实1956—1967年的12年科学技术发展远景规划。这一规划提前5年于1962年基本完成，有效地解决了一批我国经济建设和国防建设中的重大科学技术问题，大大缩小了我国科学技术水平同世界先进水平的差距。周恩来还领导制定了1963—1972年科学技术发展规划。尽管规划的实施受到"文化大革命"的干扰，但仍取得不少成就。周恩来指出，建设社会主义"除了必须依靠工人阶级和广大农民的积极劳动以外，还必须依靠知识分子的积极劳动"，人才是一个"决定性因素"。他为发挥知识分子在社会主义建设中的积极作用，扩大知识分子队伍，提高知识分子的思想政治和业务水平，提出一系列方针政策，做了大量深入细致的工作。他在1956年1月中共中央召开的知识分子问题会议上作的《关于知识分子问题的报告》，在1962年3月广州会议上作的《论知识分子问题》的讲话，肯定绝大多数知识分子是工人阶级的一部分，是劳动人民的知识分子，希望知识分子沿着又红又专的道路继续进步。周恩来关于知识分子问题的重要论述，受到党内外干部群众的热烈拥护，有效地调动了广大知识分子建设社会主义祖国的积极性。著名哲学家金岳霖教授在他晚年所写的回忆中说："对我这一年龄层的知识分子来说，交往最多、对我们影响最大的是周总理。早在 1949 年，我们就经常在北京饭店看见他，听他讲话。头一个印象就是共产党员也仍然干干净净、整整齐齐，而谈吐又斯斯文文，总的印象是非常之特别，又非常之平常。""我从来没有听见过有周总理这样地位高的人在大庭广众中承认自己犯过错误。对我们这些人来说这是了不起的大事。"

周恩来把经济建设和文化建设比作一辆车子的两个轮子，主张相辅而行，相互促进。他对新中国教育的性质和任务，方针和政策，教学内容和方法的改进，教育工作者思想政治和业务水平的提高，青少年学生德智体的全面发展等，多次提出重要的意见。他同许多文化界人士有着广泛的联系和交往。为了提高中国人民的卫生健康水平，他不仅参与领导制定发展卫生、体育事业的政策措施，而且兼任中央爱国卫生运动委员会主任，领导开展人民卫生工作。

周恩来是党的统一战线工作的卓越领导人。他为统一战线的创建和发展做了大量的工作。他是第一届全国政协副主席，第二、三、四届全国政协主席。他贯彻执行了中国共产党和各民主党派"长期共存，互相监督"的方针，高举爱国主义、社会主义的旗帜，坚持中国共产党领导的多党合作和政治协商制度，经常倾听各民主党派与无党派爱国人士的意见，同他们平等对话，广交朋友，以诚相待。他善于团结一切可以团结的力量，调动一切可以调动的积极因素为社会主义建设服务。他致力于祖国统一大业，为解决香港、澳门和台湾问题，进行了大量基础性、开拓性的工作。他坚持民族团结和民族平等，参与制定并组织实施党的民族政策、宗教政策，为实现各民族的共同发展、共同繁荣进行了不懈努力。

周恩来在新民主主义革命时期就卓有成效地领导了我们党的外事工作，新中国成立后他又是我国外交事业的主要奠基者之一。在党中央和毛主席领导下，他以超乎寻常的精力、才能、勇气和智慧，致力于制定和贯彻独立自主的和平外交政策，领导清除帝国主义在华的一切特权，结束一百年来旧中国历届政府丧权辱国的外交屈辱史，为我国外交事业作出了全面的杰出的贡献。周恩来是著名的和平共处五项原则的最早提出者，他还同印度、缅甸总理共同倡议把这五项原则作为国际关系的普遍准则。在繁忙的外事活动中，周恩来为促进世界和平，为维护社会主义中国的独立、主权和中华民族的民族尊严，为增进我国同世界各国特别是广大发展中国家和人民的友谊，为提高我国的国际地位，为推动广泛的对外经济文化交流，付出了艰辛劳动，作出了历史性贡献。他赢得了世界各国人民和国际友好人士的普遍尊敬。

他坦荡的胸怀、谦逊和以理服人的态度，真挚、庄重、机敏、谦逊、不卑不亢的个人品格给许多人留下深刻的印象。西哈努克曾深情地回忆他在万隆会议上同周恩来相识的情景时说："从最初接触，我就感到周恩来总理显然想在我们两国之间建立强固的友好关系。他深深触及我的心弦。""最主要的是我完全为他的礼貌与聪明所折服，他使我感到我的小小柬埔寨和广大无垠的中国完全平等——同时他和我作为个人也平等。"美国记者鲍大可评论道："他善于等待时机的外交才能简直是登峰造极。他在长期静观之后在这个辩论几乎已经陷入僵局的时候脱颖而出，成为会议的明星，成为排难解纷、平息争端、带来和平的人物。从这一刻开始，究竟哪一个人的品格才能左右大局就再也没有疑问了，那就是周恩来。周恩来并不打算改变任何一个坚持反共立场的领导人的态度，但是他改变了会议的航向。"由于周恩来的卓越努力，亚非会议取得成功，通过了著名的万隆会议十项原则。它揭开了亚非各国人民和平共处、反对殖民主义的新的一页，也为新中国赢得了许多朋友。

20世纪70年代初，他协助毛泽东打开中美关系的大门，实现中日邦交正常化，为今天我国外交格局的形成奠定了基础。尼克松后来回忆他对周恩来的印象："周的仪表给人的印象是待人热情，开诚布公，善于自制又显然充满激情。""周的机敏胜过我所认识的任何一位世界领导人，而且明显地带有中国人性格的特征。""周还有一种罕见的本领，就是对细小的事情非常留神，但又不被琐事所缠住。""他的精力充沛得惊人。在我们的一些时间比较长的会谈中，我注意到，随着时间一小时一小时地过去，听着译员低声翻译的单调的声音，双方一些年纪比较轻的人露出了倦意，但是73岁的周却始终头脑敏锐，精神抖擞，聚精会神。他从不离题，从不讲废话，也从不要求休息。"基辛格在回忆录里也谈到第一次会见周恩来给他的深刻印象："他是一个杰出的历史人物。他精通哲学、熟谙往事，长于历史分析，足智多谋，谈吐机智而有风趣，样样都卓越超群。他对于情况的了解，特别是美国的情况，也包括我个人的背景，了如指掌，简直令人吃惊。他的一言一行几乎都是有明确目的的。""简而言之，我生平所遇到的两三个给我印象最深刻的人中，周恩来是其中之一。他温文儒雅，耐心无穷，聪慧过人，机智敏捷。他在我们讨论之际，轻而易举地就点破了我们新关系的实质，似乎除此之外别无明智的选择。""中国和美国在 70 年代初谋求和解，这是世界环境所决定的。但事情来得这样快，发展又如此顺利，则是由于中国总理的光辉品格和远见卓识起了不小的作用。"中美关系的突破，使中国开始面对一个新的外交局面，对改变国际关系的基本格局，产生了巨大而深远的影响。周恩来杰出的外交思想、丰富的外交经验、精湛的外交艺术、坦诚的外交风格，使每一个中国人引以自豪。

周恩来在"文化大革命"极端复杂的特殊条件下，努力维护党和国家正常工作的运转，尽可能地减少损失，保护了一大批党的领导骨干、民主人士和知识分子。收入《周恩来选集》的关于保护干部的若干文电（十三则），虽然只是有关文电的一小部分，但充分体现了周恩来关心爱护广大干部的伟大襟怀！陈云说："没有周恩来同志，'文化大革命'的后果不堪设想。他保了很多同志下来，我们这些人都是他保的嘛！"1970 年至 1971 年，他协助毛泽东挫败了林彪反革命集团妄图夺取最高权力的阴谋。"九一三"事件后，他主持中央日常工作，使各方面的工作有了转机。他身患绝症，仍顽强坚持工作，并和邓小平、叶剑英、李先念等一起，同江青反革命集团进行了坚决的斗争。在"文化大革命"的混乱中，我国社会主义制度的根基仍然保存着，我们的国家仍然保持统一并且在国际上发挥重要影响，党、人民政权、人民军队和整个社会的性质都没有改变，国民经济虽然遭到巨大损失仍然取得了进展，粮食生产保持了比较稳定的增长，工业交通、基本建设和科学技术方面取得了一批重要成就，对外工作也打开了新的局面，都同周恩来的辛勤工作分不开。根据毛泽东的决策，周恩来促成邓小平复出，主持召开十届二中全会选举邓小平为中共中央副主席，主持召开四届人大重申四个现代化的宏伟目标、任命邓小平为副总理，促成邓小平主持中央常务工作和代行总理职权。这不仅深深地影响了当时中国的政局，而且为未来中国的健康发展准备了条件。

周恩来善于把马克思主义的基本原理同中国革命和建设的具体实际相结合，善于发现和总结人民群众历史创造活动中的新鲜经验，善于从中华民族优秀文化遗产和世界文明中汲取智慧。他在政治、经济、军事、外交、统一战线、文化教育和党的建设等领域都有理论建树，为毛泽东思想的形成和发展作出了重要贡献。他对在中国如何建设社会主义进行了艰辛的探索，提出了许多今天仍有重要启示作用的思想理论观点。

1960 年二、三月间，周恩来响应毛泽东读书的倡议，到广东从化组织读书小组，读《政治经济学教科书》社会主义部分。在学习期间，周恩来作了三次系统的发言。第一次发言中主要谈过渡时期的问题。第二次发言中主要讲如何发挥人的思想的能动作用。第三次总结发言，着重阐述了毛泽东思想和马克思列宁主义的关系。周恩来提出两条腿走路问题。他说，苏联的教科书不注意这个问题，有片面性，而我们提倡两条腿走路"就是要对事物进行全面的分析，要排除片面性"。此前他在一次谈话中说，"两条腿走路，就是对立的统一。""对立统一本身就是两条腿，既要有机地结合，也要有主导方面（也就是矛盾的主要方面）。这是我们的哲学思想，也是我们的重要的工作方法。"周恩来认为："先驱者的作用，就是在事物还处在萌芽状态，甚至还在胚胎之中就能认识它，并推动人们去认识它，实现它。马克思、列宁的作用就在于此。但事物在不断发展，一时认识了，一时又不认识，这个问题认识了，那个问题又落后了。"周恩来强调要"学到老，做到老"，他认为中国共产党正是本着这种精神，在探索适合中国国情的社会主义建设道路过程中，形成了自己的思想体系，这就是毛泽东思想。周恩来指出：中国是个大国，革命又在发展，必然生长出自己的理论家。毛泽东同志创造性地发展了马列主义，是有他的历史条件的，有他的发展背景的。毛泽东思想是有他的根的，这个根当然首先是人民革命运动，理论基础还是马列主义，是马克思主义理论与中国革命实践的结合。

1975年1月，周恩来进入生命的最后的日子。病危之际，周恩来多次询问毛泽东的身体状况，询问中央其他领导人的健康，并对一些党内领导干部、民主党派人士、高级知识分子、文艺界人士以及过去身边工作人员的处境和下落表示关切。他嘱咐叶剑英：要注意斗争方法，无论如何不能把权落到"他们"手里。1976年1月8日上午9时57分，中共中央副主席、中华人民共和国国务院总理、全国政协主席周恩来与世长辞，终年78岁。

周恩来逝世，联合国降半旗志哀。美国前总统福特说："周恩来总理将作为一位杰出的领导人长久铭记在人们的心中，他不仅在现代中国历史上而且在世界舞台上都留下了他的印记。"联合国前秘书长瓦尔德海姆说："周恩来总理在发展自己的国家的事业中和在中国同国际社会的关系中都起到了历史性的作用。他是一位卓越的和受到人民爱戴的人。"日本前首相三木武夫说："周总理不仅是中国的伟大领导人，而且是世界的有代表性的政治家之一。失去这样一位人物不仅是中国而且也是世界的巨大损失。没有一个外国政治家，像周恩来总理那样在日本各阶层人民中间有那么多的朋友，得到那么多的尊敬。"日本前首相田中角荣说："周总理曾留学日本，体验过日本的生活。也是一位完全了解战前、战时、战后三个时代的日中两国一切问题的人。我认为，周总理是为数不多的了解日本和对日本友好的人。"柬埔寨前国王西哈努克亲王说："他是杰出的英雄和政治家，他是柬埔寨人民最亲密的战友和伟大的朋友。"澳大利亚前总理弗雷泽说："周总理是他这一代的杰出人物之一。周恩来将作为这个时代的政治家和主要人物载入史册，他以牺牲和献身精神长期为他的国家服务，这是很少有人能够相比的。"英国前首相威尔逊说："周总理作为现代中国的主要缔造人之一和作为一位卓越的国际政治家而受到人们普遍的尊敬。"法国前驻中国大使马纳克说："周恩来无处不在。他同重大的事情紧密相关。如果说毛主席制订学说，周恩来则是把毛主席的学说变为历史的具体行动。""刚刚去世的人是一个完人。他的事业充满了生活的各种困难和无数令人惊叹不已的危险与不安，但是这一冒险不是被动地遭受到的，而是主动地寻求、选择来的，就像为人类的更高命运而前进、而生活一样。榜样超出了中国的边界。"法国记者罗曼斯基说："毛主席失去了他的最受重视的助手。如果说主席是照耀中国的太阳，那么周恩来就是月亮。"蒙哥马利元帅说："他是一位敏捷和清晰的思想家，有非常令人愉快的性格，高雅的幽默感。总的来说，他是一位有高度才智、非常令人喜爱的人物，而且有动人的风度。"美国传记作家斯诺说："他显然是中国最罕见的人物，一位纯粹的知识分子，他的行动同他的知识和信心非常协调。他是一位由学者变成的造反者。"美国《时代周刊》发表文章说："在 20 世纪中，在缔造中国革命和改变国际政治格局方面，很少有人超过周恩来。在四分之一世纪里，周是中国庞大的政府机构的奠基人，他作为在毛泽东主席领导下的中国对外政策的主要决策者，制定了北京的独立于两个超级大国之外的方针，而且在这一过程中建立了一个具有力量和影响的新的世界中心。文雅、机敏而富有忍耐力的周恩来，用一种天赋的引人注目的姿态，推进了中国的事业。"

1月15日下午，党和国家领导人以及首都各界群众代表几千人在人民大会堂举行隆重的追悼大会。中共中央副主席、国务院副总理邓小平代表中共中央致悼词。他说："今天，我们怀着极其沉痛的心情，悼念中国共产党的优秀党员、伟大的无产阶级革命家、杰出的共产主义战士、中国人民久经考验的卓越的党和国家领导人周恩来同志。周恩来同志的逝世，对于我党我军和我国人民，对于我国的社会主义革命和建设事业，对于国际反帝、反殖、反霸的事业和国际共产主义运动的事业，都是巨大的损失。""周恩来同志忠于党，忠于人民，为贯彻执行毛主席的无产阶级革命路线，争取中国人民解放事业和共产主义事业的胜利，英勇斗争，鞠躬尽瘁，无私地贡献了自己毕生的精力。在毛主席的领导下，周恩来同志对建设和发展马克思主义的中国共产党，对建设和发展战无不胜的人民军队，对夺取新民主主义革命的胜利，创建社会主义的新中国，对巩固工人阶级领导的以工农联盟为基础的各族人民的大团结，发展革命统一战线，对争取社会主义革命和建设事业的胜利，巩固我国的无产阶级专政，都作出了不可磨灭的贡献，建立了不朽的功勋。全党全军全国人民衷心地爱戴他，尊敬他。周恩来同志在国际事务中，坚决贯彻执行毛主席的革命外交路线，坚持无产阶级国际主义。他对加强我党同各国马列主义政党和组织的团结，促进国际共产主义运动的发展，对加强我国人民同各国人民特别是第三世界各国人民的团结，在和平共处五项原则的基础上争取同一切国家建立和发展关系，联合国际上一切可以联合的力量，进行反对帝国主义的斗争，同样作出了不可磨灭的卓越的贡献，赢得了世界人民的尊敬。周恩来同志的一生，是为共产主义事业光辉战斗的一生，是坚持继续革命的一生。他是我们全党全军全国人民学习的榜样。""在悼念周恩来同志的时候，我们要学习他对马克思主义、列宁主义、毛泽东思想的无限忠诚，终生为实现共产主义的伟大理想而奋斗；要学习他全心全意为人民服务的崇高品质，勤勤恳恳，任劳任怨，忘我地、不知疲倦地为中国人民和世界人民谋利益；要学习他对敌斗争的坚定性，奋不顾身，机智勇敢，坚定沉着，充满着必胜的信心；要学习他坚强的无产阶级党性，光明磊落，顾全大局，遵守党的纪律，严于解剖自己，善于团结广大干部，维护党的团结和统一；要学习他谦虚谨慎，平易近人，以身作则，艰苦朴素的优良作风和他同疾病作斗争的革命毅力。"

周恩来青年时期说过：跟着新生的力量走，用发展的观点看问题并有不怕困难的精神，这才是正确的。这句座右铭般的话语，贯穿了周恩来的一生。周恩来从 1927 年起就是中共中央的核心领导成员，中华人民共和国成立后又长期担任党和国家的重要领导职务。他经历了中国新民主主义革命和社会主义建设中的一系列重大事件，参与了党中央各个历史时期几乎所有重大决策的制定和组织实施。可以说，周恩来半个多世纪奋斗的历史，是中国共产党历史的一个缩影，是新中国孕育、诞生、成长和取得崇高国际威望的历史的一个缩影。周恩来的一生是伟大光辉的一生。他为中国人民解放事业和社会主义事业建立的卓著功勋，他崇高的精神和人格，他的优良作风和优秀品德，使他成为中国共产党和中华民族历史上的一座浩气长存的伟大精神丰碑。

江泽民在周恩来同志诞辰 100 周年纪念大会上的讲话中，高度概括了周恩来的伟大精神，指出：周恩来的精神，就是共产主义远大理想同脚踏实地的工作作风的结合。他一生遵奉着青年时代立下的誓言："我认的主义一定是不变了，并且很坚决地要为它宣传奔走。"他在革命遇到挫折时从没有灰心过，在敌人血腥压迫下从没有胆怯过，面对帝国主义封锁禁运从没有退缩过，面对自然灾害或由于决策失误造成的严重困难从没有泄气过，始终保持坚定的革命信念和旺盛的革命斗志。特别是在重大历史转折关头，他总是认准方向和目标，坚韧不拔。他坚持实事求是，要求大家按照客观规律办事。他反对好高骛远，善于在务虚与务实、目标与步骤的统一中扎实工作。在经济建设中，他反复强调要提倡"说真话，鼓真劲，做实事，收实效"，主张根据需要和可能合理地确定发展速度，既积极又稳妥，在综合平衡中稳步前进。

周恩来的精神，就是对上负责同对下负责的结合。他总是把党的利益、人民的利益摆在第一位。他既是严格执行党的路线、方针、政策的模范，又是关心同志、关心群众的模范。作为人民共和国总理，他自觉地维护党中央的集体领导和毛泽东同志的领袖地位。他真诚地把自己看成人民的"总服务员"，切切实实，兢兢业业，履行着"为人民服务而死"的诺言。他每天都孜孜不倦、夜以继日地工作着，这成了他毕生勤勉的显著标志。他艰苦朴素、廉洁奉公，心里时时记挂着人民群众，只要是关系群众安危冷暖的事情，他总是体贴入微、关怀备至。他飞临抗洪前线，奔赴地震现场，哪里有灾情，哪里群众有困难，就及时出现在哪里。直到临终前，他还嘱咐解决云南锡矿工人肺癌发病问题。越是功高如山，他越是谦虚谨慎，心胸似海，善于倾听各种意见，博采众长。他严于律己，活到老、学到老、改造到老。他真正做到了对工作极端负责，对同志对人民极端热忱。

周恩来的精神，就是高度的原则性同高度的灵活性的结合。无论是对敌斗争还是处理人民内部的、党内的矛盾，无论是在外交活动还是在国内工作中，周恩来同志总是善于把原则的坚定性和策略、方法的灵活性统一起来。他说：正确的意见常常是要经过许多等待、迂回才能取得胜利。这中间有许多艰苦的、细致的工作，要灵活地处理很多问题，才能使真理具体化，为大家所接受。周恩来同志思虑机智而周全，处事敏捷而缜密，是驾驭复杂局势的能手，处理危急事件的巨匠。他善于把握大局，统筹兼顾，寓刚于柔，寄理于情，显示了高超的领导艺术和丰富的政治经验。

胡锦涛在纪念周恩来同志诞辰 110 周年座谈会上的讲话中，进一步阐述了周恩来的伟大精神。指出：周恩来同志始终信仰坚定、理想崇高，集中表现为他对党和人民无限忠诚的精神；周恩来同志始终热爱人民、勤政为民，集中表现为他甘当人民公仆的精神；周恩来同志始终顾全大局、光明磊落，集中表现为他高度珍视和自觉维护党的团结统一的精神；周恩来同志始终实事求是、严谨细致，集中表现为他求真务实的精神；周恩来同志始终虚怀若谷、戒骄戒躁，集中表现为他谦虚谨慎的精神；周恩来同志始终严以律己、廉洁奉公，集中表现为他无私奉献的精神。

　　理想信念，这是周恩来毕生奋斗的力量源泉。周恩来说："人是应该有理想的，没有理想的生活会变成盲目。"他在确立共产主义信仰之时就说过："我认的主义一定是不变了，并且很坚决地要为他宣传奔走"。他对党的事业、对社会主义中国的光明前途、对振兴中华民族的伟大事业，始终充满必胜的信心，无论遇到什么样的艰难困苦，从不动摇。他说："共产党人就是为不断克服困难，继续前进而存在的。畏难苟安，不是共产党人的品质。"他在确立革命理想信念的过程中，既有追求真理的强烈愿望，又有深思熟虑的理性思考；既重视对科学理论的学习和研究，又注重在实践中运用和发展科学理论；既注意学习马克思主义的先进理论，又注意吸取中华民族的文化精华，他的革命理想信念是建立在理性自觉的基础之上的，因此是坚如磐石的。他以自己的实际行动实践了"在任何艰难困苦的情况下，都要以誓死不变的精神为共产主义奋斗到底"的誓言。

　　周恩来始终坚持人民利益高于一切，把自己看成人民的"总服务员"，反复强调"我们的一切工作都是为了人民的"，"我们国家的干部是人民的公仆，应该和群众同甘苦，共命运"，要"永远做人民忠实的服务员"。他心系人民，急群众之所急，忧群众之所忧。只要是关系群众安危冷暖之事，他总是关怀备至、体贴入微。逢年过节，他总是关心在生产一线的工人能不能吃上一顿饺子。他多次奔赴抗洪前线、地震现场，哪里有灾情，哪里群众有困难，他就及时出现在哪里。1973 年，他重返延安时，目睹群众生活仍然贫困的情景，禁不住潸然泪下，痛心地自责对不起老区人民。1975 年，大手术之后，他依然牵挂着远在千里之外的云南锡矿工人的健康。他一生勤勤恳恳、呕心沥血、任劳任怨，一天工作时间超过 12 个小时，有时在 16 个小时以上。即使在病重住院的生命最后时期，他还抱病操劳国事。他说：死我并不怕。古人说，人活七十古来稀，我已是 77 岁多的人了，也算得上是高寿了。可是这二十几年的时间，总应该把国家建设得好点，人民的生活多改善一些，去马克思那里报到，才感到安心。现在这种状况去报到，总感到内疚、羞愧。逝世前他交代说："把我的骨灰撒到江河大地去做肥料，这也是为人民服务。活着为人民服务，死后也要为人民服务。"周恩来真正做到了他所说的"应该像头牛一样努力奋斗"，"为人民服务而死"，为人民的事业"鞠躬尽瘁，死而后已"。"人民总理爱人民，人民总理人民爱"，人民群众用朴素的语言表达了对周恩来最真挚的感情。

周恩来深知党的团结是党的生命，始终顾全大局、维护党的团结统一。他把增强党的团结、反对个人主义提到"对党、对人民、对共产主义的事业都具有决定意义"的高度，特别告诫：因为我们党是胜利的党、执政的党，尤其要警惕种种破坏和危害党的团结的行为。他坚持民主集中制，强调"特别是要在高级领导同志中间加强集体生活，开展批评和自我批评，来保证我们党的团结"。他把维护和巩固党的团结作为自己言行的准则，有利于党的团结的话和事就说、就做，不利于党的团结的话和事就不说、不做，讲党性不徇私情，讲原则不讲关系，无论在什么情况下都把个人荣辱置于身外。他坚持任人唯贤，反对任何派别思想、小团体习气、地方主义、山头主义和本位主义，从不搞小圈子、小集团，始终把党和人民的利益放在高于一切的位置，在维护党的团结统一方面堪称楷模。

周恩来坚持解放思想、实事求是，坚持理论联系实际，坚持用科学的世界观和方法论指导实际工作。他一贯倡导实际工作者要学会运用辩证唯物主义的思想方法，认为"辩证唯物主义思想能够帮助我们更好地认识客观规律，更好地发挥主观能动性"，强调"单靠多读几本马列主义的书是不行的，问题在于实践"。他善于把革命胆略与求实精神结合起来，具有超人的大智大勇，处变不惊，善于化解错综复杂的矛盾，善于应对险象环生的局面，又能够极为周密和细致地考虑和处理问题。他坚持一切从实际出发，反复倡导要"说真话，鼓真劲，做实事，收实效"，要把主观能动性和客观可能性结合起来，干劲要大，步子要稳，既要有雄心壮志，尽快赶上先进水平，又要循序渐进，不能一步登天。他高度重视对实际情况的调查研究，注重总结实践经验，考虑问题时总是力求在分析、综合、比较上多下功夫，主张"一切当从多方考虑，经过集体商决而后行"。

周恩来为党和人民作出了卓越贡献，但功劳越大，他越是虚怀若谷。他常说"我们每一个人，不管过去做了多少工作，现在担任什么职务，没有党和人民，就既不会有过去的成绩，也不会有今天的职务。党和人民是伟大的，我们个人是渺小的"。他为自己立下的座右铭是"活到老，学到老，改造到老"。他对党和人民事业高度负责，认为做工作"应该有临事而惧的精神。这不是后退，不是泄气，而是戒慎恐惧"。他认为"不仅要教育群众，还要向群众学习。因为领导者本身知识还不完全，经验还不够，领导地位并不能使你得到知识和经验"。他善于启发和倾听不同意见，即使是普通干部或群众讲的意见都认真考虑。他说："一个人的认识总是有限的，要多听不同的意见，这样才利于综合。"他善于发现别人的长处，充分发挥每个同志的聪明才智，自己却从来不居功、不诿过。他平易近人、平等待人，真诚同各界人士广泛交往，从不以领导者自居。他经常说："一个人站在领导地位，不虚心，不平易近人，自以为了不起、什么都懂，只要有这种思想并且在作风中表现出来，就危险了。"周恩来以其谦虚谨慎、广纳善策、平易近人、平等待人的风范，赢得了党内外由衷的信赖和爱戴，是中国共产党人谦虚谨慎、不骄不躁优良作风的最好榜样。

周恩来毕生严以律己、艰苦朴素，只求奉献、不思回报。他说："对自己应该自勉自励，应该严一点，对人家应该宽一点，'严以律己，宽以待人'"。他经常告诫领导干部要过好思想关、政治关、社会关、亲属关和生活关，始终保持共产党人的政治操守和优良作风。他对自己的工作，总是经常进行反思，自觉开展自我批评、自我总结、自我考察、自我完善，从不文过饰非。他身居高位，但从不搞特殊化，凡要求党员和群众做到的，他自己首先做到。他说："精神生活方面，我们应该把整个身心放在共产主义事业上，以人民的疾苦为忧，以世界的前途为念。这样，我们的政治责任感就会加强，精神境界就会高尚。""物质生活方面，我们领导干部应该知足常乐，要觉得自己的物质待遇够了，甚至于过了，觉得少一点好，人家分给我们的多了就应该居之不安。要使艰苦朴素成为我们的美德。"他睡的是普通木板床，他的衣服补了又补。他严格要求自己的亲属，给他们订立了"十条家规"，从没有利用自己的权力为自己或亲朋好友谋过半点私利。他身后没有留下任何个人财产，他和邓颖超同志一生中的全部工资积蓄都交了党费，他的骨灰撒在祖国的江河大地上。他说："我们这一辈子和这一个时代的人多付出一点代价，是为后代更好地享受社会主义幸福。"周恩来一生心底无私，严以律己，廉洁奉公，是共产党人立党为公、执政为民的典范。

国家柱石　民族脊梁　李洪峰　书

# 第三章

## 享誉世界的伟大外交家

　　周恩来是享誉世界的伟大外交家。早在民主革命时期，他就卓有成效地领导了党的外事工作。新中国成立以后，他以总理的身份兼任外交部长近 9 年之久，直接领导外交工作达 26 年之久，是新中国外交的创始人和奠基者之一。他以决策人、指挥者、实践家三位一体的身份，以异乎寻常的精力、才能和智慧，为新中国外交事业作出了最全面、最杰出的贡献。

　　新中国成立前夕和初期，周恩来与毛泽东一起致力于新中国外交基本政策和方针的制订。由他主持起草的《中国人民政治协商会议共同纲领》首次以法律的形式规定了我国外交的基本原则和一些重大政策。1952 年第一次使节会议上，他遵循毛泽东的决策，高度概括出"另起炉灶""一边倒""打扫干净屋子再请客""礼尚往来""互通有无""团结世界人民"六条方针，对我国和平外交政策的内容作了极为精辟深刻的论述。

　　新中国成立以来所有的重大对外行动，都是周恩来亲自实践或直接指挥的。1950 年 2 月，周恩来赴苏联协助毛泽东谈判，缔结了《中苏友好同盟互助条约》。他在抗美援朝的战略决策、与此有关的外交斗争及其后的停战谈判中发挥了极其重要的作用。由于他一再据理力争，联合国不得不允许我国特别代表走上国际讲台，有力地控诉了美国对我国领土台湾的武装侵略。在他的领导下，新中国迅速肃清了帝国主义在华特权，并同一批国家建立了新型的平等的外交关系。所有这一切有力地捍卫了国家的独立和安全、主权和尊严，把旧中国的屈辱外交一扫而光，使新生的人民共和国一开始就以独立自主、热爱和平而又不畏强暴的崭新风貌屹立在世界的东方。

朝鲜停战后，周恩来敏锐地抓住国际局势相对缓和的时机，经中央决策，大力推行并发展和平外交政策，打开了我国外交的新局面。他提出指导国与国之间关系的和平共处五项原则，又同印度、缅甸两国总理共同倡议把它作为国际关系的普遍准则。在日内瓦会议和万隆会议上，他运用这些原则，为和平解决印支问题和促进亚非团结作出了历史性贡献，新中国也从此开始登上更加广阔的国际舞台。他亲自"解剖麻雀"，以解决中缅边界问题为示范，使我国同大部分邻国的边界问题以及其他一些历史遗留问题先后获得公平合理的解决，安定了周边环境。从1956年底到1964年初，他三度出访亚非28国，支持它们争取与维护政治、经济独立的斗争，建立与发展同它们的友好合作关系，产生了深远的影响。与此同时，周恩来积极寻求同发达的资本主义国家建立与发展关系的途径。对日本，他提出"民间先行、以民促官"的方针，展开了声势浩大的国民外交。对英国，他在日内瓦会议后促成了两国间代办级的半建交关系。对法国，1964年初他同戴高乐特使富尔进行长时间的深入会谈，实现了中法建交，打开了我国同西方大国建交的突破口。对美国，在他直接领导下的中美大使级会谈，既是我国对美进行外交斗争的场所，又是保持双方联系的一种渠道，对以后打开中美关系起了积极的作用。他也为维护中苏关系作出了坚持不懈的努力。

从朝鲜停战到 1965 年，与我建交的国家由新中国成立初期的 18 个增加到 49 个，我国在国际上的地位大大提高。

"文化大革命"开始后，我国外交工作一度受到"四人帮"的严重干扰。周恩来在实际工作中不断加以补救。

20 世纪 70 年代初，根据当时国际形势的发展变化和尼克松总统调整对华政策的信息，党中央、毛泽东作出了打开中美关系的战略决策。周恩来是这一决策的主要参与者和直接实行者。从美国驻波兰大使同我国驻波兰代办的会见到"乒乓外交"，从基辛格秘密访华到与尼克松跨越时代的握手，都是他亲自安排的。他同尼克松谈判、签订的《上海公报》确认以和平共处五项原则来处理两国关系，为后来中美关系正常化奠定了可靠的基础。以此为契机，世界上掀起了同我国建立外交关系的新高潮。到周恩来逝世前，与我国建交的国家由 49 个猛增到 107 个。与此同时，新中国在联合国的合法席位也得到了恢复。

周恩来丰富多彩、极具魅力的外交活动，可以用"协和万邦"来概括，这里选取若干片断，领略他的外交风采。

1949 年 11 月 8 日，外交部在北京外交部街 31 号召开成立大会。晚上 8 时整，周恩来在李克农、王炳南等人的陪同下来到了二楼大厅，他们在几张旧桌子拼在一起的主席台坐下后，李克农说："同志们，我们的成立大会，首先请周总理给大家讲话。"周恩来站起来说："首先我要纠正李克农副部长的一个错误。"会场立即变得严肃起来，大家不清楚李克农有什么错，李克农也茫然。周恩来继续说道，"我是外交部长，今天到外交部上任，你们是不是该称我周外长？不要叫我周总理嘛。"会场立刻又变得轻松起来。

接着，周恩来微笑着对大家说："有的好久没见面了，有好些人是第一次见面，我来点点名，认识认识。"他拿起花名册，依次点着各位的名字，从第一页到最后一页，从司长到科员一个都不漏。"头一个是王稼祥，外交部副部长，我国首任驻苏联大使。王稼祥同志已经到达莫斯科举行开馆升旗仪式了。"他又点李克农，"克农副部长现在主持外交部常务工作，老党员、老红军，长期做情报和统战工作。""章汉夫正从上海赶到。他是20年代的老党员了，早年留过美，后来又留过苏，当过省委书记。抗战胜利后曾在香港做外事工作。天津解放，他主持了天津的外事工作，上海刚解放，中央又派他去主持上海的外侨工作。"他又点到王炳南："办公厅主任王炳南留学德国，回国后先在杨虎城将军身边做统战工作，后来就到重庆、南京的中共办事处做外事工作，中共中央外事组成立后，担任外事组副组长。""还有现任东北军区参谋长的伍修权将军，还没有到任。他在军调部跟美国人打过交道，去年解放沈阳也跟原美国领事馆打交道，查处了许多特务用的电台。早年进过莫斯科中山大学，现在由他来主持东欧司。"他又翻了一页名册说，"亚洲司司长沈端先，也就是有名的夏衍，我国著名的文学家、戏剧家、翻译家，中国电影事业的开拓者之一。早年留学日本，精于日文，现在还在上海任宣传部长，目前暂由乔冠华代理司长。"还有乔冠华、龚澎、浦三、龚普生、董越千、宦乡、柯柏年、赖亚力……周恩来将外交人员花名册上的同志一个一个都点到了，点到熟人，还开一两句玩笑。人们都惊讶周恩来惊人的记忆力。

打了几十年仗，钻了几十年山沟的中国共产党，在新中国成立时并没有现成的外交人才。周恩来把目光投向了那些带兵打仗的将军们身上。在周恩来安排下汇集在一起的新中国第一批派驻国外的十五位大使中，竟有十一位将军，这些人后来都成长为杰出的外交家。然而，当他们奉召前来报到的时候，许多人却从来没有穿过西装，不会吃西餐，也不懂外语，更说不上熟悉外交礼节了。于是，周恩来就特意安排了几次现场观摩。一次，波兰驻华大使向毛泽东递交国书，周恩来事先让他手下的将军大使们藏在接见大厅后面的小屋子里，用铅笔在窗户纸上捅了十几个小洞，从里往外偷偷观看。周恩来对他们说，这叫"窗下学礼"。让大使们难以忘怀的，还有一次"幕后学礼"。

1950 年 3 月 10 日下午，周恩来专门组织外交人员躲在屏风后面观摩了罗马尼亚首任驻华大使向毛泽东递交国书的仪式。仪式结束后，周恩来又陪同毛泽东主席一起接见了大家，人们异常兴奋，七嘴八舌地向毛泽东提了许多问题。当有人提出不懂外语，怕搞不好外交工作时，毛泽东说：现在我们的高级干部中懂外语的很少，那也不能不派大使啊！暂时不懂外语，也可以当好大使。他举例说汉代的班超、张骞也不懂外语，不照样出使西域，并且不辱使命，功绩卓越吗？他幽默地对大家说：将军当大使好，好在哪里？首先，你们出去我们放心，因为你们不会跑掉。这时周恩来也笑着插话，革命军人嘛，政治觉悟高，立场坚定，纪律性强。接见结束时，周恩来语重心长地为大家作了动员讲话，最后他郑重地提醒大家：外事工作授权有限，所以你们要经常向国内请示汇报，外交无小事，切不可掉以轻心。

周恩来在 1953 年 12 月接见印度来华谈判的代表团时，提出了和平共处五项原则。他当时说："新中国成立后就确立了处理中印两国关系的原则，那就是互相尊重领土主权、互不侵犯、互不干涉内政、平等互惠和和平共处的原则。"在 1954 年中印、中缅联合声明中，将"平等互惠"的措辞改为"平等互利"。同年 10 月在中苏联合宣言中又将"互相尊重领土主权"改为"互相尊重主权和领土完整"。其全文是：互相尊重主权和领土完整，互不侵犯，互不干涉内政，平等互利，和平共处。和平共处五项原则是一个有机整体。和平共处是目的，互相尊重主权和领土完整是前提，互不侵犯、互不干涉内政是维护国家主权的必要条件，平等互利是发展国家间经济关系的基础。这五个方面相辅相成，缺一不可，只有具备了前四项，才能真正实现和平共处。周恩来提出和平共处五项原则的根本出发点，就是主张国家不论大小、强弱、贫富，都应一律平等，互相尊重，友好合作，和睦相处，坚决反对以大欺小，以强凌弱，以富压贫；各个国家走什么道路，选择什么样的社会制度，如何处理一切内外事务，都应由各国自己做主，任何外国无权干涉。

1954 年 4 月，周恩来以总理兼外长的身份，率领中国代表团出席日内瓦会议。熊向晖以新闻联络官的名义，负责新闻办公室工作。在首次举行新闻发布会时，台湾的国民党中央社驻巴黎记者王家松要求参加，被熊向晖拒绝了。事后他把此事报告了周恩来，并建议同"新闻之家"交涉，追回王家松的记者证。周恩来问为什么？熊向晖说，中央社是台湾的官方机构，要警惕他们在这里制造"两个中国"的阴谋。周恩来蹙了下眉头说：不能抽象地讲警惕，警惕要有事实根据，没有事实根据的警惕是主观主义，就会变成自己制造紧张，给工作造成损失，蒋介石的基本政策，也是坚持一个中国，但他所坚持的只是一个"中华民国"。美国顽固支持蒋介石，一直否认中华人民共和国的存在。现在怎么样？瑞士早就同我们建交，杜勒斯不得不同我们一起开会，这里哪有"两个中国"的影子？来了一个中央社记者，怎么就会造成"两个中国"呢？你应该了解蒋介石的为人。他对这次会议很不安，美国当然会向他通气，但他信不过。他派个记者来，显然是为了便于进行现场观察，观察我们，也观察美国。让他了解一些第一手真实情况，这对我们有什么不好？你把人家拒之门外，这于情理不合。你还准备让"新闻之家"收回他的记者证，你有什么理由？你能说他是国民党的官方代表？要是这样说，岂不是反而授人以制造"两个中国"的把柄？熊向晖说：总理批评得对，是我想错了，我不经请示，把人家拒之门外，这是组织纪律性的错误。周恩来说，我是从政治角度提醒你，没有说组织纪律性的错误。当然，组织纪律性是重要的，但不是事事都要请示。那叫不负责任。重大的、没有先例的问题应当事先请示。有时来不及请示，就需要当机立断，但要断得正确。要做到这一点，不只靠水平和经验，关键在于事前进行周密的考虑和认真的准备。代表团在北京集中以后，我要大家设想各种可能出现的情况和问题，一一提出对策，经过讨论批准作成预案。有了这种准备，我们就比较主动。当然，不可能事事都预先料到，那不是唯物主义。应当并且可能预料到的事而没有预料到，就是失职。你也作了预案，但你没有设想国民党的记者到日内瓦来，你没有想到，我也没有想到，所以我也有责任。现在不是追究责任的时候。工作中难免有失误。有了失误就追究责任，会弄得人人自危，不利于工作。但是，有了失误要认真吸取教训。我要在碰头会上讲这件事，要大家都吸取教训。周恩来又关照熊向晖，在我们的记者中找一位便于同王家松接触的同志，向王家松作些解释，告诉他，今后如愿参加我们的新闻发布会，我们欢迎，有什么困难，我们可酌情帮助。但同他接触，一定要掌握好分寸，不能过头，要顾及他的处境，不要使他为难，更不能让他丢饭碗。

周恩来的一席批评，既坚持原则，严肃认真，又入情入理，使人感到温暖，发人深省，使熊向晖受到了深刻的教益。几十年过去了，每当想起总理的批评，熊向晖感到格外温暖，格外亲切。

1955 年，在万隆会议上，我国外交取得的成功，是周恩来把原则性与灵活性紧密结合的光辉范例。万隆会议是第二次世界大战后召开的，也是历史上第一次只有亚非国家首脑参加的盛会。会议开始时某些国家的代表，或因受帝国主义歪曲宣传的影响，或因对新中国抱有偏见，或因不明真相，在发言中对我国作了一些公开的或影射性的诋毁和指责。面对这一情况，周恩来及时作了补充发言。他声明，中国代表团是来求团结而不是来吵架的。并光明磊落地阐明：我们共产党人从不讳言相信共产主义和认为社会主义制度是好的。但是，在这个会议上用不着来宣传个人的思想意识和各国的政治制度。中国代表团是来求同而不是来立异的。周恩来指出，应该从怎样解除殖民主义痛苦和灾难中，找出我们各国的共同基础，这样，我们就很容易互相了解和尊重，互相同情和支持，而不是互相疑虑和恐惧，互相排斥和对立。周恩来用心平气和的态度和强有力的事实回答了那些无理的攻击，石破天惊，振聋发聩，赢得全场雷鸣般的掌声、欢呼声。

许多代表离开座位与周恩来握手、拥抱，甚至有些在会议上攻击过我国的代表也前来握手，有的还深表懊悔和歉意。在万隆会议后期，有的代表提出各种形式的殖民主义问题，其矛头直指某社会主义国家，又一次引起激烈的争论。当辩论几乎达僵局之时，周恩来再次挺身而出，发表了引导会议走向胜利的讲话。他说：我相信每个参加会议的人都是要求和平的，虽然信仰的意识形态和承担的国际义务不同，但是共同的目标应当是寻求世界和平和进行合作的某种共同基础。针对有人不喜欢用"和平共处"的字眼，说它是社会主义的语言，周恩来提出用联合国宪章中的"和平相处"一词。他说：我们并不坚持一定用和平共处五项原则的措辞，我们同意对五项原则有所增减。他接着提出了七点和平宣言，供大家参考。这一讲话使会议发生了转折，大家都被周恩来的和谐精神和以理服人的态度所折服，于是共同致力于推敲公报的条款和文字，力求能表达出共同的愿望，以及能为各方所接受的观点。会议最后制定出包括和平共处五项原则全部内容在内的十项原则宣言，为亚非团结反帝反殖、争取和维护各国的独立，开辟了光明的前景。

万隆会议期间，有一个细节。一天，周恩来要对欢迎他的人们做一个演讲，当时，天降大雨，人们在雨中站立。有工作人员给周恩来撑起一把雨伞，周恩来推开了那把伞，说："大家都站在雨中，我要和大家一样。"欢迎的人们群情振奋，他们想不到一个大国的总理会这样。大雨滂沱，但依然难掩周恩来儒雅的风度和人们的热情。

国际社会称周恩来是"解决外交难题的能手"。中法建交谈判就是他外交艺术的杰出体现。1963 年 10 月，法国总统戴高乐派总理富尔来谈中法建交，双方一共谈了 6 次，是周恩来亲自主持的。谈判的核心问题是如何处理法国跟台湾的关系。富尔表示，法国只承认一个中国，但又强调中法在互相承认的问题上不应该提任何先决条件，所以希望中方不要坚持法国必须首先跟台湾断交。于是谈判陷入僵局。这时，周恩来安排法国代表到内蒙古、山西参观访问几天，并准备了一个新的方案，即中法在达成"三点默契"（法国只承认中华人民共和国为代表中国人民的唯一合法政府；法国支持中华人民共和国在联合国的合法权利和地位，不再支持所谓中华民国在联合国的代表权；中法建立外交关系后，在台湾的所谓中华民国政府撤回在法国的外交代表及其机构的情况下，法国也相应撤回驻在台湾的外交代表及其机构）的基础上先建交，然后法台再断交。这种模式在外交史上是独一无二的，法国也就成了唯一一个跟中国建立大使级外交关系，而不首先宣布跟台湾断交的国家。

周恩来的外交风格非常重要的一点是坚持原则，待人以诚。新中国成立后的 20 多年里，日本政府一贯采取追随美国，敌视中国的政策。1972 年 2 月尼克松访华，标志着美国长期敌视中国政策的破产，宣告美国政府迈出了改善对华关系的第一步。因此，美国率先同中国进行外交关系的缓和，搞"越顶外交"，对日本冲击很大。当时，日本首相佐藤荣作秘密地委托东京都知事在访华时给周恩来捎信，表示佐藤首相"要求亲自访华"，但当即被周恩来以"佐藤政府说了不做"为由加以拒绝，并宣布中日谈判不以佐藤为对象。在这种情况下，佐藤被迫于 1972 年 6 月 17 日宣布辞职。7 月 7 日田中角荣内阁甫一登场便表示了要与中国恢复邦交的愿望。对此周恩来迅速作出反应，他在 7 月 9 日欢迎也门民主主义共和国政府代表团的宴会上说："在日本，长期以来敌视中国的佐藤政府终于被迫提前下台。田中内阁7日成立，在外交方面声称要加紧实行中日邦交正常化，这是值得欢迎的。"

1972年9月29日上午10时，在人民大会堂，中日两国政府正式签署了联合声明，中日两国恢复邦交。第二天，周恩来陪同田中角荣飞往上海。在专机上，周恩来给田中角荣题了几个字——"言必信，行必果"。当时周恩来拿了一张纸，将这几个字写了出来，很平和地交给了田中角荣。意思就是说中日建交虽然有这么圆满的结果，但是日本方面要言而有信，见诸行动！周恩来这六个字的分量是很重的。在上海的欢迎宴会上，日本外相大平显得异常高兴，在酒宴上频频敬酒。这时，田中角荣用很惊讶的口气说："哟，大平君，不得了，这么能喝酒啊？大平君今天大功告成，太高兴了，开怀畅饮，从没看到他这么喝酒的，他酒量如此之大我也是第一次知道啊。"工作人员林丽蕴就将田中的话翻译给周总理听。田中角荣这很普通的一段话，周恩来就听进去了。不一会儿，他就对林丽蕴说：小林，你跟我走。林丽蕴当时还没有体会到他的意思，他就拿着酒杯，站起来走过去。走过去以后就陪着大平向那一桌的主人、客人敬酒，说了一些为中日友好、为客人的身体健康干杯的话。然后，周恩来十分巧妙地对大平说："大平先生，请同我们一起回座位吧。"大平那时的酒也差不多了，但还没到喝醉失态的地步。周恩来就很自然、很体面地在别人都还没感觉到有什么问题的时候，将大平请回了座位，没让他再喝下去。别人都没注意到田中角荣的一句话，偏偏周恩来就注意到了，就细心到这个程度。当听到田中角荣说"大平君这么开怀畅饮，我也是第一次知道"时，周恩来就立即采取了措施。处于兴奋状态的大平外长如果那样喝下去，肯定会醉酒失态的。而周恩来考虑到一国的外长，在这样一个大型的欢迎宴会上，失态后总是有失于这个国家的体面。所以就主动把他请回到座位上。周恩来的这个办法巧妙而不露声色地维护了大平的面子，没让他失态。周恩来就是这样设身处地为他人着想，为别人补台。

1972 年 1 月，美国总统尼克松的国家安全事务副助理黑格一行 18 人来华，为尼克松访华作技术性安排。其间，美国方面的齐格勒提出，在尼克松访华期间，随行记者将通过通信卫星播发电视、图片、电讯等，希望中国提供方便。并说卫星租金估计可能 100 万美元，中国政府不必花钱租用，因为美国政府已经准备了供美国记者使用的通信卫星，只要求中方在北京、上海、杭州修建地面站，费用由美国承担。我有关方面工作人员向周恩来汇报了这一情况，并说，既然美国政府已做了准备，我们就不必花那么多钱为美国记者租用通信卫星。周恩来说：让你商谈租用卫星，你一听 100 万美元就想缩头。这不是花多少钱的问题，这是涉及我国主权的问题，在主权问题上不能有丝毫含糊。你告诉齐格勒，第一，请他负责为中国政府租用一颗通信卫星，租用期是北京时间 1972 年 2 月 21 日上午 1 时至 2 月 28 日 24 时；第二，在租用期间，这颗卫星的所有权属于中国政府。美国方面事先应向中国政府申请使用权，中国政府将予同意。中国政府向使用者收取使用费；第三，租用费和使用费都要合理，要齐格勒提出具体数目。我们通过其他途径了解国际上的一般价格，不做"冤大头"。这位同志向齐格勒转述了周恩来的上述意见后，他很惊讶，想了一会儿说：我第一次遇到这样的谈判对手。我完全接受中国政府提出的前两点办法。我非常钦佩你们的总理，考虑问题，首先考虑到国家的尊严。其次，我也很钦佩你们总理的精明，我不知道我们要付多少使用费，但是，我敢肯定，我们所付的使用费与你们所要付的租用费一定是画等号的。

乒乓球运动员庄则栋回忆说，周恩来是用小球推动地球的人。1973年11月，在北京举行亚非拉乒乓球友好邀请赛前，周总理对他说："小庄，你要掌握政策，柬埔寨和越南不要碰，伊朗和伊拉克不要碰，在中国相碰，他们会弃权的，影响不好。"我回答说："团体赛我们可以用技术手法避开政治上的问题，可是单打，一个国家9个人，第一轮碰不着，第二轮、第三轮……怎么办？单打碰不着，双打怎么办？"周总理说："你把每天的比赛情况写出不超过两页的纸给我，我和你一起把这个关。"我知道周总理日理万机，就把每天的赛况压缩写在一张纸上送上。送到第四次时，周总理批示："战之不武，让人有德。"由于准备充分，并没有出现比赛前所担心的问题。1973年前后，周总理送给蒋经国先生一幅书法作品"只可顺守，不可逆取"。这幅作品的内容也正是周总理一生光辉形象的写照。中国乒乓球队从胜利不断走向胜利，真正的掌舵人是我们敬爱的总理——周恩来。

周恩来是运用外交语言的大师，具有高超的谈话艺术，他的话很能够为人所接受。台湾问题是中美关系当中的关键问题。台湾自古以来就是中国的领土，《开罗宣言》将台湾归还中国，《波茨坦协定》也重申这一点。日本投降以后，蒋介石国民政府已经把台湾收复了，美国都承认了。这些话都好讲，但这样讲不容易打动人。周恩来怎么讲呢？他说：台湾自古是中国的领土，在甲午战争中，清政府失败了，被迫签订了条约，把台湾割让给日本。台湾是中国领土，日本人为什么要签订这个条约呢？1870年，普鲁士跟法国打仗，法国失败了，就把法国的阿尔萨斯—洛林割让给普鲁士。台湾割让给日本是50年。到第一次世界大战，阿尔萨斯—洛林归还法国，当时美国总统威尔逊提出的和平十四条中，第8条就是阿尔萨斯—洛林归还法国。阿尔萨斯—洛林被普鲁士德国占领，就比台湾少两年，48年。周恩来说：阿尔萨斯—洛林，20年代我去过，当时叫作斯特拉斯堡，当地的居民多数已经讲德国话了。可是台湾虽然被日本占领50年，大多数、绝大多数居民讲的还是福建话，台湾就是中国的领土嘛！周恩来的话，既讲了历史，又讲了国际比较，最有说服力。因为基辛格的父亲就是德国人，以后移民到美国去的。这个阿尔萨斯—洛林在历史上很多人都清楚。一个50年，一个48年，一个是《开罗宣言》，一个是威尔逊和平十四条，而且不同的地方，阿尔萨斯—洛林地方的人已经讲德国话了，但是台湾居民还是绝大多数讲福建话。这么一讲就非常艺术，非常贴切。

周恩来智慧超群、辩才杰出、富有幽默感。在长期对外交际中，周恩来以幽默一次次地巧解人意，化险为夷。在几十年的外交生涯中，不管在何种场合，遇到什么样的对手，他都能应付自如。

在一次招待会上，尼克松问周恩来："总理阁下，中国好，林彪为什么往苏联跑？"周恩来回答："这不奇怪。大自然好，苍蝇还是要往厕所跑嘛！"1972年，周恩来陪尼克松参观我国自行设计和施工的南京长江大桥。当踏上引桥时，尼克松突然问："总理阁下，请问南京长江大桥每天有多少人经过？""总统阁下，南京长江大桥每天有 5 个人经过。"看到对方发怔的样子，他又自豪地解释说："每天经过南京长江大桥的人是工、农、兵、学、商，不是 5 个人吗？"尼克松听后，"啊"了一声，随即连连点头赞叹。在一次记者招待会上，一位西方女记者对着话筒匆匆问道："周恩来先生，可不可以问您一个私人问题？""可以的。"周恩来微笑着回答。"您已经 60 多岁了，为什么依然神采奕奕，记忆非凡，显得这样年轻、英俊？"场内顿时响起了友善的笑声和议论声。这正是很多人都想知道的问题。周恩来温和地笑了笑，待场内安静下来，才声音洪亮地坦然回答："因为我是按照东方人的生活习惯生活，所以我至今都很健康！"翻译流利地译出周恩来的话，整个大厅里响起了经久不息的掌声和喝彩声，各国记者无不为周恩来的幽默风度和巧妙回答所折服。

在另一次外交部举行的记者招待会上，周恩来介绍了我国经济建设的成就及对外方针后，回答记者提问。一位西方记者话带讥锋地提问："请问，中国人民银行有多少资金？"周恩来不假思索正色作答："中国人民银行货币资金嘛，有 18 元 8 角 8 分。"全场愕然，鸦雀无声。周恩来以风趣的语调解释说："中国人民银行发行面额为 10 元、5 元、2 元、1 元、5 角、2 角、1 角、5 分、2 分、1 分的 10 种主辅币人民币，合计为 18 元 8 角 8 分。中国人民银行是由全中国人民当家作主的金融机构，有全国人民作后盾，信用卓著，实力雄厚，它所发行的货币，是世界上最有信誉的货币之一，在国际上享有盛誉。"周恩来一语惊四座，大厅内顿时响起了热烈掌声。

还有记者刁难提问："中国有 4 亿人，需要修多少厕所？"这样滑稽的问题，但在外交场合，也不便回绝，周恩来轻轻一笑回答道："两个！一个男厕所，一个女厕所。"

一次，周恩来接见美国记者，一个记者不怀好意地问："总理阁下，你们中国人为什么把人走的路叫马路呢？"他听后没有急于用刺人的话反驳，而是妙趣横生地说："我们走的是马克思主义之路，简称叫马路。"对方又问："总理阁下，在美国，人们都是抬头走路，而你们中国人为什么都低着头走路呢？"他又微笑道："这个问题很简单嘛，你们美国人走的是下坡路，当然要仰着头走路的，而我们中国人走的是上坡路，当然要低着头走路了。"这次谈话给许多记者留下了深刻的印象，会后，其中一个问周恩来，"尊敬的总理，您的机智和敏捷令我们钦佩。听说，中国的中药很有名，特别是其中的偏方，很灵验，是不是也有使人机智的偏方呢？"周恩来很谦虚地笑了，"偏方是没有的，我只是平时好读书，爱思考，如果一定要讨个偏方，那就是学习。"

还有一次，一个美国记者在采访周恩来时，在他的办公桌上发现了一支美国产的派克笔，于是便用讽刺的口吻说："请问总理阁下，你作为一个大国总理，为什么还要用我们美国生产的钢笔？"周恩来风趣地说："谈起这支笔，话就长了，这是一位朝鲜朋友的战利品，是他作为礼物送给我的，我觉得这礼物也的确很有意义，就收下了。"这位美国记者讨了个没趣，满脸飞红，无言以对。

周恩来在加德满都举行记者招待会，在场的美国记者故意拿着中尼两国分别出版的地图，指出两国边境在珠穆朗玛峰这一段的画法不一致，并借此提问："关于埃佛勒斯峰（即珠穆朗玛峰）的问题，在这次会谈中是否已作出了决定？您刚才的话，是否意味着由中尼两国来平分这座山峰，尼泊尔是否同意？"周恩来立即回答："无所谓平分。当然，我们还要进行友好的协商。这座山峰把我们两国紧紧地联结在一起，不是你们所说的把我们两国分开！"边界问题是一个敏感的问题，美国记者的提问既是挑衅，又是圈套，简单回答是或不是都会掉进陷阱。周恩来识破其险恶用心，改"平分"为"联结"，表明了我国解决同邻国边界问题的基本方针，强调了睦邻友好政策，回答无懈可击，令美国记者大为失望。泱泱大国总理的机敏思维和友好风度，给尼泊尔人民留下了十分深刻的印象。

1960 年英国元帅蒙哥马利访华，毛主席接见，谈得很好。我们的陪同人员陪他看文艺节目《穆桂英挂帅》。蒙哥马利有大男子主义，说这个戏不好，"你们为什么让女人当元帅？"陪同人员讲，"中国妇女能打仗，我们部队里就有女将军"。蒙哥马利讲"不管怎么说，喜欢看女人当元帅的男人，不是真正的男人；喜欢看女人当元帅的女人也不是真正的女人。"陪同人员听后很生气，说"那你们英国女皇还统率三军呢！"顶得他说不上话来了。回来后，陪同人员向周恩来汇报，周恩来批评说："你给他解释一下，这是个传统剧目就行了。何必顶得他说不出话来，你才高兴。大事谈得很好，不要因小失大。"周恩来工作作风非常细致，说："把你们明天给他安排的节目单拿来我看看。"一看，还有一段《花木兰从军》。就讲：快换掉吧，否则他以为你们昨天发生了争论，今天故意再给他来一段，那就不好了。周恩来事先了解了蒙哥马利的兴趣爱好，知道他喜欢看杂技，因此建议换一段杂技。事情虽小，但效果很好。蒙哥马利回国后写了回忆录，还专门提到中国是友好之邦，在中国看了杂技，抢椅子等，如何风趣，如何幽默，如何给他留下难忘印象。

20 世纪 50 年代初，有一次周恩来在中南海勤政殿设宴招待外宾。客人们对中国菜的花样之繁多，风味之独特，味道之鲜美都赞不绝口。这时，上来一道汤菜，汤里的冬笋、蘑菇、红菜、荸荠等都雕刻成各种图案，色、香、味俱佳。然而，冬笋片是按照民族图案刻的，在汤里一翻身恰巧变成了法西斯的标志。贵客见此，不禁大惊失色，忙向周恩来请教。对于这个问题，周恩来也感到十分突然，但他随即泰然自若地解释道："这不是法西斯的标志！这是我们中国传统中的一种图案，念'万'，象征'福寿绵长'的意思，是对客人的良好祝愿！"接着他又风趣地说："就算是法西斯标志也没有关系嘛！我们大家一起来消灭法西斯，把它吃掉！"话音未落，宾主哈哈大笑，气氛更加热烈，这道汤也被客人们喝得精光。

有一次周恩来应邀访问苏联。在同赫鲁晓夫会晤时，批评他全面推行修正主义政策。赫鲁晓夫却不正面回答，而是就当时敏感的阶级出身问题对周恩来进行刺激，他说："你批评的很好，但是你应该同意，出身于工人阶级的是我，而你却是出身于资产阶级。"言外之意是指周恩来站在资产阶级立场说话。周恩来略微停顿了一下，然后平静地回答："是的，赫鲁晓夫同志，但至少我们两个人有一个共同点，那就是我们都背叛了我们各自的阶级。"出其不意地将赫鲁晓夫射出的毒箭掉转方向，朝赫鲁晓夫本人射去。此言一出，立即在各社会主义国家传为美谈。

周恩来从日内瓦开会回来顺道访问莫斯科。在为他举行的一次招待会上，他用英语向苏联人祝酒。这时米高扬（苏联部长会议原副主席）抱怨道："周，你为什么不说俄语？你的俄语很好嘛！"这句话显然是很不友好的。周恩来的方法是先不予理睬，他仍用英语回答说："米高扬，该是你学习汉语的时候了。"以促使米高扬说出不学汉语的原因。米高扬果然上钩，抱怨说："汉语太难学了。"此话一出，周恩来马上轻快地说："没关系，下回到我们使馆来，我们将非常高兴地教你。"一下子将米高扬置于学生的地位。

"九一三"事件发生以后，苏联大使找到周恩来，阴阳怪气地问道："总理同志，听说最近中国发生了一件惊天动地的大事？"周恩来平静地回答："也没什么大事，只不过是森林里倒了一棵树；一棵树上落下一片叶子而已。"苏联大使故作关心地说："据权威人士推测，此事对中国的影响极为不利呀！"周恩来答道："恰恰相反，一颗毒瘤在肌体上自动消失，有百利而无一害。"苏联大使有些恼怒："总理同志，有句话我早就想说了，你们在国际上口口声声骂我们是社会帝国主义，把我们说得比厕所还臭。既是这样，那么请问：你们的林副统帅在国内一人之下、万人之上，为什么偏要投奔我们苏联呢？"周恩来冷笑道："正因为厕所臭，苍蝇才喜欢那个地方。大使同志既然明白这个道理，又何必多此一问？"苏联大使被说得哑口无言。林彪叛逃苏联并摔死在蒙古的温都尔汗，这个消息传出后，国际上一些敌对分子幸灾乐祸。中苏关系当时严重恶化，苏联大使和周恩来见面时存心想看好戏，让他难堪。他见兜圈子达不到目的，就摊出所谓的"王牌"，料想周恩来一定无话可说，结果周恩来不但轻松化解，还使苏联大使陷入十分狼狈的境地。

1960年4月下旬，周恩来与印度谈判中印边界问题，印方提出一个挑衅性问题："西藏自古就是中国的领土吗？"周恩来说："西藏自古就是中国的领土，远的不说，至少在元代，它已经是中国的领土。"对方说："时间太短了。"周恩来说："中国的元代离现在已有 700 来年的历史，如果 700 来年都被认为是时间短的话，那么，美国到现在只有 100 多年的历史，是不是美国不能成为一个国家呢？这显然是荒谬的。"印方代表哑口无言。

　　1971 年，基辛格博士为恢复中美外交关系秘密访华。在一次正式谈判尚未开始之前，基辛格突然向周恩来提出一个要求："尊敬的总理阁下，贵国马王堆一号汉墓的发掘成果震惊世界，那具女尸确是世界上少有的珍宝啊！本人受我国科学界知名人士的委托，想用一种地球上没有的物质来换取一些女尸周围的木炭，不知贵国愿意否？"周恩来听后，随口问道："国务卿阁下，不知贵国政府将用什么来交换？"基辛格说："月土，就是我国宇宙飞船从月球上带回的泥土，这应算是地球上没有的东西吧！"周恩来哈哈一笑："我道是什么，原来是我们祖宗脚下的东西。"基辛格一惊，疑惑地问道："怎么？你们早有人上了月球，什么时候？为什么不公布？"周恩来笑了笑，用手指着茶几上的一尊嫦娥奔月的牙雕，认真地对基辛格说："我们怎么没公布？早在 5000 多年前，我们就有一位嫦娥飞上了月亮，在月亮上建起了广寒宫住下了，不信，我们还要派人去看她呢！怎么，这些我国妇孺皆知的事情，你这个中国通还不知道？"周恩来机智而又幽默的回答，让博学多识的基辛格博士笑了。

　　周恩来时时处处为他人着想，在外交中也有突出表现。1964 年访问加纳前夕，恩克鲁玛总统遇刺，加纳国内局势混乱，是否如期访问成了一个问题。他坚持"愈是在人家困难的时候愈是要去"。埃塞俄比亚迫于外国的压力，打算在首都以外的地方接待周恩来，这是失礼的安排。他却说"没有关系，外国对他们有压力，我们应该谅解他们"。中日建交前，日本的一位政治家来访，在同周恩来会谈时介绍了回国后向新闻界谈话的口径。周恩来听后表示：不要大说中国的好话，要说得含蓄一点，这样对你们党内、党外、人民之间、对美对苏关系上都有好处。这席话使得对方深为感动，对我陪同人员表示，从政几十年，从未遇见像周总理这样为他人着想的人。周恩来一生接见过许多外宾。即使在病重期间，他对外宾的要求几乎都满足。1975 年 4 月，周恩来的病情更重了，他那时已经消瘦了许多，身体明显不如以前了，但是只要有可能，他还是接见外宾。据统计他在医院前前后后一年多的时间里，一共接见了 60 多批外宾。当月，突尼斯总理到中国来访问，这个时候，周恩来正好刚动过手术没有几天，在床上还不能起来。但又不能直截了当地说出这个情况，所以就通过外交部反复跟突尼斯总理说明情况，请他原谅。但突尼斯总理觉得也很为难，因为别的外宾来了都受到周恩来的接见，而唯独他来没有，他回去很难向国内交代。突尼斯大使向外交部反复提出要求时几乎跪下来。这个情况向周恩来反映了，他决定会见他。突尼斯总理去了医院，他一进周恩来的房间，看见他还躺在病床上，手术后保留在身上的那些仪器都还在原来的地方，也就是说他身上插着好多管子。见到周恩来这种情况，他被眼前的景象惊呆了！事后他再三地表示道歉，感激之情难以言表。周恩来在这段时间里凡是见外宾都是登了报纸的，而且附有照片，唯独这次会见外宾没有登报，也没有照片，这件事情在世界上是绝无仅有的。

周恩来在长期实践中形成的高超外交艺术和鲜明外交特色，源于他多方面的深厚积累和素养。

　　第一，周恩来是伟大的马克思主义者。他的外交活动有明确的指导思想和理论基础，他坚决贯彻毛泽东的外交战略，在实践中提出的外交思想主要有：明确指出外交工作的主要任务是处理国家之间的关系，主要对象是各国政府及其当权者；把中国革命的根本经验引申到外交领域，提出中华民族的独立自主是新中国外交的基本立场；从对战后世界主要矛盾和我国国情的科学分析中，提出战争与和平是当今世界的主要矛盾，维护世界和平是新中国外交的首要目标，和平政策是我国外交的基本政策，不是一般政策、更不是策略的思想；创造性地提出和平共处五项原则，作为建立新型国家关系和国际新秩序的准则；提出国际主义与爱国主义正确结合的论点，作为外交工作中处理本国利益同其他国家的利益的指导思想；重视国际经济关系，主张在自力更生基础上积极开展平等互利的国际合作，以利于我国的社会主义建设和人类经济繁荣；在国际关系中提倡"求同存异"，作为处理各种矛盾的指导方针和基本方法；从传统哲学中吸取营养，提出一整套富有中华民族特色的外交策略和外交艺术。例如，外交行动要"见机而作"，但"不能心急"，要"静如处子，动如脱兔"；在发生矛盾时要"恪守后发制人的原则"，"决不开第一枪"；再如，"来而不往非礼也""针锋相对""退避三舍""弯弓不发""有备无患""细水长流""见缝插针"，等等，都是周恩来经常运用的外交艺术，充满辩证法思想。周恩来外交思想的核心是实事求是，一切从实际出发。正是本着这种精神，他既高瞻远瞩，又脚踏实地；既有原则性，又有灵活性；既坚守传统，又勇于创新。

　　第二，周恩来对中国和对世界有着全面、开阔、客观的了解。使他世事洞明，思虑周详，把握全局，处事精确，问题看得准，所以他同人交往能一下子抓住关键，同别人交谈能一下子说到对方的心里。对中国，他有极全面、极透彻的认识。他生在南方、成长于北方，在大、中、小城市，乃至穷乡僻壤、山沟都生活、工作过；他同社会的各行各业、各色人等都接触、交往过；他经历过很多苦日子的煎熬，也长期出入上层豪华社会；他武能安邦、文能治国；他同敌、友、我三方都有广泛的人脉关系；他对中国的传统、历史和现实都有深刻的了解。对世界，他有极广泛、极具体的研究。他到过日本，到过西欧，对当时的世界经济中心、资本主义最发达的心脏地区、工人运动的发祥地、马克思主义的故乡都有具体认识；他虽然没有到过美国，但他是党内同美国人接触较早和最多的领导人。他是党内最了解世界的领导人之一。

第三，周恩来是善于在把握全局中深入细节的人，所以他在同外国人交往时讲话能切中要害，深入机理，入木三分，有根有据，事实扎实，使对方无法反驳，口服心服。埃德加·斯诺说：周恩来"是贯彻执行政策的能手，对任何事物的细节一杆子抓到底。他个人的接触既广又多。他的行政效能之高，同他的无时不在的活动结合在一起，简直难以令人相信"。在重大和主要的问题上，周恩来一方面要充分发挥下面同志的作用，调动起大家的积极性，另一方面主要靠他自己的勤奋学习、调查研究和刻苦思考，常常把事情钻研得比下面的人更深入、更细致，凡接触过他的人没有不敬佩他的。

第四，周恩来是在承认对方、尊重对方、平等待人的前提下同对方交往谈判的，从不居高临下，教训别人。周恩来曾三穿缅甸服装，他非常尊重别国的习惯。1960 年 4 月周恩来访问缅甸时恰逢缅甸的泼水节，缅甸总理吴努便要求全体中国人员穿上缅甸民族服装参加泼水节，周恩来马上表示同意。第二次是在1961年1月，周恩来率领一个400多人的访问团去缅甸。1月4日是缅甸国庆节，缅甸领导人又提出要周恩来穿缅甸民族服装出席国庆活动，周恩来又同意了。第二天，也就是1月5日，吴努陪周恩来参观缅甸的古都曼德勒时，希望周恩来还能再穿一次缅甸的服装。为了曼德勒人民，周恩来又同意了。在这次访问期间，吴努还提出要周恩来和他一起为和尚们布施。本来，我们是社会主义国家，做这些很不便，但是，周恩来经过考虑还是同意了，这在当地引起了很大反响。周恩来尊重他国的宗教信仰。很多国外人士评价他是"最充满人情味的共产主义者"。

第五，周恩来在外交实践中形成了自己鲜明的外交风格。在重大外交问题上支持什么、反对什么，态度鲜明，决不会使别人对中国的立场有丝毫误解；在外交场合，待人接物、言谈举止，不卑不亢、落落大方，使人觉得可敬可亲、乐于接近；实事求是、合情合理、说话算数，言必行，行必果；交友以诚，肝胆相照，设身处地体谅朋友的困难，帮助解决问题；虚心好学，把各方面来宾当作"送上门来的老师"，了解情况，切磋问题。他能看出和说出很多平常人看不出说不出的道理来。例如他在万隆会议上的即席讲话，一针见血地指出了存在于政治立场不同的亚非国家之间的共同道理，提出了求同存异的著名论点。周恩来静水深流、取精用宏，懂道理、有道理、讲道理和依靠道理，所以他能走遍天下而赢得世界各国人民的尊敬。

第六，在原则问题上，在根本立场和利益上，周恩来坚定不移。周恩来在外交方面的立场非常坚定，在原则问题上是从来不让步的。1950 年 6 月朝鲜战争爆发后，周恩来庄严宣布："中国人民绝不能容忍外国的侵略，也不能听任帝国主义对自己的邻人进行侵略而置之不理。"这句话讲完两个礼拜后，中国人民志愿军就入朝参战了。1955 年 4 月万隆会议期间，周恩来发表声明说："中国人民和美国人民是友好的，中国不要跟美国打仗，中国政府愿意同美国政府坐下来谈判。"接着，周恩来又指出台湾问题有两个方面：一方面是美国侵占了台湾，应该从台湾海峡撤出武装力量；另一方面，台湾从历史上、法律上都是中国不可分割的领土，用什么方式来解放台湾是中国的内政，美国无权干涉。1971 年 7 月基辛格秘密访华是在周恩来的亲自主持下实现的。周恩来非常严肃地批评了美国对越南的侵略，批评了美国在台湾问题上的错误立场。当时，基辛格是恭恭敬敬地聆听。当然，坚持原则同待人以礼并不矛盾。周恩来搞外交非常注意方法。他待人总是彬彬有礼，耐心听取别人的意见，然后进行说服。

日本前首相中曾根康弘称周恩来是他心目中的伟人。他说：周总理访问东南亚及非洲时，许多年轻人特别是女青年被他吸引，他是美男子又是潇洒的政治家。他之所以能在群众中有如此高的名望，是他在人民群众中成长的缘故吧！我见到他时，是我担任通产大臣时的事，谈起美苏为一方，日本和中国以及亚洲应该如何展开对付美苏的外交和战略，谈起日本的防卫政策，安全保障政策应落实在何处，他对这一类问题表示了特别的兴趣，也问得最多。我读过毛泽东关于论述游击战略、游击战的书，当时对中国共产党的战略思想佩服。我年轻时的经历，周总理也很感兴趣，对此表示赞赏。从中午一直谈了 3 个小时，他约再谈一次，傍晚我们又谈了 4 个小时。可他觉得还不够，又约我谈了一次，于是我们在深夜从 10 点谈到后半夜 1 点钟，在人民大会堂谈的。中国的伟大总理，和日本一个通产省大臣，先后 3 次，长时间会谈，这是没有先例的事。会谈结束后，他陪我从二楼下到一楼，亲自给我披上大衣，又把我送到大门外，送到车上，而他一直在车边送我。外边特别冷，我看到这一切，深受感动。周总理后期住院治疗时，记得是川田议员，或者古井议员到医院看望他。当时周总理已经很瘦，他对日本议员说，他对日本和中国关系表示担忧，他要我们永远和睦友好下去。周总理在生命的最后一刻，还念着日中两国的友好和睦。后来我当了首相，来华后提出给周总理烧香的要求，我去了周总理住处，受到邓颖超欢迎，我祈祷周总理安息。我去时没有别人，好像是为我特别安排的，我在那儿祈祷并感谢他生前对我的关心。我从邓颖超的口里知道，当时周总理从人民大会堂回到家后告诉邓颖超说，刚见到的中曾根康弘，他将是日本未来的首相。我听到这件事，心情无法平静。周总理的人格，他的爱国心，以此团结了中国共产党完成了革命，建设了如今的中国，他不仅是不可忽略的建国之父，而且从亚洲来看，也是战后的伟大政治家，这一点我深信不疑。

周恩来卓越的外交才能和贡献，赢得了国际社会的一致赞誉。美国国务卿基辛格说："我见过很多世界的领导人，但是没有人像周恩来那样给我那么如此深刻的印象。作为一个政治家和一个人，他都给我留下了深刻的印象。"美国前总统尼克松说："20 世纪只有少数人比得上周总理对世界历史的影响。"美国国务院中国问题专家巴尼特说："这是一位促使中西关系稳定的人物，他靠他的智慧使他的国家一直沿着合理的方向前进。"美国哈佛大学教授、亚洲事务专家赖肖尔说："周恩来是一位非常伟大的人物。他显然是对外部世界有所了解和有所感受的伟大的共产党领导人。在这个意义上讲，他是一位有很深阅历和富有眼光的人。"曾任美国驻北京联络处第一任主任、美国驻北大西洋公约组织大使的戴维·布鲁斯说："中华人民共和国总理周恩来无论用什么标准来衡量，都是当代最了不起的政治家之一。他的一生是经历风险和取得成就的一生。"美国中国问题专家谢伟思说："几乎凡是亲自会见过周恩来的人都不会忘记他。他身上有一种富于魅力的活力。"美国汉学家本杰明·艾·施瓦兹说："仔细研究一下他的政治生涯，就会发现他具有并且精通一系列特殊的才能：他是一个谈判家，办法多又有无限的耐心，善于妥协或者作出近似的妥协。能同一些集体或者个人在经常是冲突丛生的环境中不知疲倦和不慌不忙地进行活动。"日本前首相田中角荣说："周总理是和本世纪的中国历史同时走过来的人，是积累了实践经验的人，是世界性的政治家。我认为，周总理不仅在中国，在全世界也将被长期传颂。"日本前议员联盟会长藤山说："他是按照现实，胸怀理想而前进的罕见的伟大政治家。我想在世界上也是屈指可数的伟大政治家。"日本公明党前委员长竹入义胜撰文说："周总理是中国在世界的'代表'，这个'代表'已赢得了世界的信任与支持，把中国推向了大显身手的舞台。"英国前保守党首相爱德华·希思称赞周恩来是"一位伟大的谈判家，一位十分老练、智力过人和具有重大影响的人"。澳大利亚著名记者贝却敌说："他的冷静而清晰的头脑、他的能够抓住事物本质的本领、他的明确而有远见的见解、他的庄重和纯朴的品质以及他在外交方面的无与伦比的经验（这种经验使他能够在看来没有希望的局势中获得成功），这一切使周恩来成为本世纪世界伟人之一，成为中国悠久历史上的永垂不朽的人物之一。周恩来可以坚如钢铁，但在情况需要时又柔如丝绒。"巴基斯坦前总理布托说："周恩来总理是我们时代的杰出革命家之一。与此同时，他也是一位卓越政治家，对新中国的建设、对各国的和平事业作出了影响深远的贡献。作为一个反帝战士，他在当代伟人中占有不可磨灭的地位。中国在各国大家庭中的突出地位确实雄辩地证明了他运用自如的外交。"伊朗前首相胡韦达说："周总理是一位政治家，他用他对国际局势的渊博知识为他的国家的政治历史开创了一个新时代。"比利时前首相廷德曼斯说："周总理的沉着、幽默感、才智都给我留下很深的印象。这是一位伟大的人物，我有幸和他会见一个半小时。"缅甸前总统吴奈温说："虽然周恩来总理是一个大国的领导人，但是，他同较小国家的领导人交往时，总是平等待人，在他同较小国家的关系中，在包括复杂问题在内的各种问题上都表现出了极大的同情与和解精神。"斯里兰卡前总理班达拉奈克夫人说："他是一位杰出的政治家和享有最高声望的世界人物。"

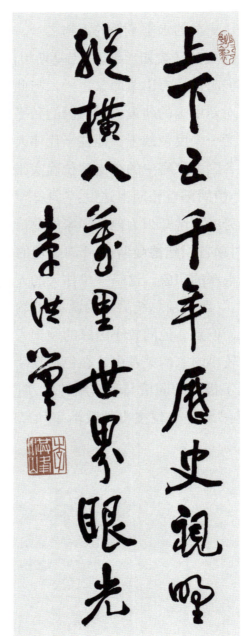

上下五千年历史视野　纵横八万里世界眼光　李洪峰 书

# 第四章

## 党和国家的总管家、好管家

伟人是一个国家的路标和里程碑。黑格尔说："一个时代的伟大人物是这样一种人，他能用言词把他的时代的意志表达出来，能告诉他的时代什么是那时代的意志，而且能去完成它。他所做的是他的时代的精髓与核心，他使他的时代现实化了。"普列汉诺夫说："一个伟大人物之所以伟大，并不是因为他的个人特点使伟大的历史事变具有个别的面貌，而是因为他所具备的特点，使他自己最能为当时在一般的和特殊的原因影响下所发生的伟大社会需要服务。"毛泽东在党的七届二中全会的总结中说道：新中国中央人民政府的主要人员配备，现在尚不能确定，还需要同民主人士商量，但恩来是一定要参加的，其性质是内阁总理。毛泽东这个选择是一个深思熟虑的选择，是一个战略性的选择。实践证明，这是一个完全正确的选择。新中国成立后，周恩来肩负着巨大的责任感和使命感，开始了他26年的共和国总理生涯。

在朱德心目中，周恩来从第二次国内革命战争以来就是党内的总管家、好管家。后来的事实进一步证明周恩来是党和国家的总管家、好管家。党内外名人学者都喜欢将周恩来尊称为"周公"，并常常这样称颂周恩来："周到，周到，周公一到，一切周到。"

为了安排好新中国首届"内阁"，周恩来全神贯注做了大量细致的协调工作。

首先是对傅作义的安排问题。傅作义对和平解放北平立了大功，而且曾在兴修河套水利工程方面做了许多工作。因此，周恩来提名傅作义担任水利部部长，并尊重他的意见，由他推荐的民主人士、原国民党黄河水利委员会的技术专家张含英和原国民党中央执行委员、北平市市长刘瑶章，参加水利部的领导班子。

其次是劝说黄炎培担任公职。黄炎培以前曾多次拒绝担任旧政府的高官，新中国成立后，他也无意做官。为了劝说他，周恩来前去他家拜访，诚恳地请他担任中央人民政府的公职。起初，他仍不改初衷地说："1946年我才68岁，已觉得年老了，做不动官了。如今72岁了，还能做官吗？"周恩来耐心地劝说："在新政府任职，不同于在旧社会做官，现在是人民的政府，不是做官，是做事，是为人民服务。在全国政协会议上，由全国各党派一起千斟万酌制定的《共同纲领》，就是为人民服务的'剧本'，我们编了'剧本'，自己怎能不上台唱呢？"经过两小时的恳切交谈，黄炎培终于被说服了，表示要考虑一下。第二天早晨，黄炎培征询了江问渔、杨卫玉等好友的意见，他们一致认为，在周恩来代表中共中央求贤若渴的盛情邀请之下，应该接受在政务院的岗位。当晚，周恩来再次登门听取黄炎培的答复，他高兴地向周恩来表示，他愿意出任政务院副总理兼轻工业部部长。黄炎培就任后，他的四子黄大能问他："您一生拒不做官，怎么年过70岁做起官来了?"黄炎培详细讲了周恩来耐心地向他做劝说工作的情况，并且解释说，以往坚拒做官，是不愿入污泥。今天是中国共产党领导下的人民政府，我做的是为人民服务的官啊!

最后是李书城任职问题。李书城是同盟会的早期会员之一，辛亥革命首义后他在武汉担任过革命军总司令黄兴的参谋长，随后投入讨袁护国战争和护法战争，在旧民主主义革命中起过重要作用。中共"一大"就是在他家召开的，在中国人民的解放事业中，他还做过其他一些有益的工作。经周恩来协调，李书城就任新中国第一任农业部部长。

经过周恩来耐心细致地进行协调和平衡工作，并经中共中央决定，1949 年 10 月 19 日，毛泽东主持召开中央人民政府委员会第三次会议，任命董必武、陈云、郭沫若、黄炎培为政务院副总理，李维汉为政务院秘书长，副总理中民主人士占 50%；21 名政务院领导成员中，民主人士 11 人，占 52.3%；任命朱德、刘少奇、周恩来、彭德怀、程潜为人民革命军事委员会副主席，其中民主人士占 20%，徐向前为总参谋长。会议还通过了政务院下属委、部、会、院、署、行等 34 个机构的 109 名正副职位，其中民主人士 49 人，占 44.9%，担任正职的党外人士 14 人。15 个正职是：郭沫若任文教委员会主任、科学院院长，谭平山任人民监察委员会主任，黄炎培任轻工业部部长，朱学范任邮电部部长，章伯钧任交通部部长，李书城任农业部部长，梁希任林垦部部长，傅作义任水利部部长，沈雁冰任文化部部长，马叙伦任教育部部长，李德全任卫生部部长，史良任司法部部长，何香凝任华侨事务委员会主任委员，胡愈之任出版总署署长。

周恩来在党内长期从事统战工作，在政务院创建之初，他对政权机关中党与非党人士合作共事、保证党外人士有职有权的问题极为重视。政务院人事任命名单公布后，周恩来分别召集各部门党内外的正副部长，向他们说明部门工作任务和重点，并诚恳地要求他们处理好相互的合作关系。1950年3月16日，他在主持政务院党组干事会会议时强调指出：政务院机构中的党组会议不要代替行政会议，不可党内党外不分，同时要使党外负责人加强责任感，在其职权范围内敢于做主；党的干部要有争取与党外人士长期合作的思想准备。在周恩来主持下，政务院先后制定了《关于与党外人士合作的综合意见》《关于加强政府机关内部统一战线工作的几项具体规定》，要求共产党员充分尊重非共产党员的职权，在他们的职权范围内，使他们有可能与闻一切应该与闻的事情，同他们商量一切应该商量的事情，向他们报告和请示一切应该报告和请示的事情；同时还要积极帮助他们能够履行责任，作出成绩。

对政务院副总理及其下属机构主要负责人的安排，受到各界民主人士的广泛好评。有的民主人士称赞说："周恩来总理不愧为'周'总理啊！"这个"周"指考虑问题周到的意思。陈毅对政务院的人事安排也作过高度评价。他说："周总理平衡这个班子的功绩是，既照顾到解放区的各个方面，也照顾到延安；既照顾到各党各派，也还要照顾到被安排的资历、职业和他的能力。"后来，曾任民主建国会中央副主席的孙晓村在《我所经历的第一届人民政协会议》的回忆文章中写道："我回到上海，朋友们都讲共产党的确伟大，打下了天下，但不统统用自己人。担任领导职务的共产党、党外人士都是在社会上经过几十年考验的中华民族精英。""当时民主人士在中央人民政府中担任部长以上职务占全体成员的三分之一强，他们德高望重，深受人民信任。至今想起这些事情，我深感这样的人事安排，充分体现了共产党领导的多党合作是用人唯贤的楷模。"

为充分发挥党外民主人士参政议政的作用，周恩来曾先后根据政协的特点，在政协建立一套办事机构和工作制度，先后设立国际问题、文化教育、科学技术、工商业、华侨、宗教、社会福利、医药卫生、少数民族、妇女工作等工作组，并成立学习委员会，建立双周座谈会。以后又增设文史资料研究委员会，发动各界知名人士就他们亲身经历的重大历史事件，实事求是地撰写成文，并出版了《文史资料选辑》。以后，又创办社会主义学院和组织政协委员有计划地下去视察与进行调查研究工作。

新中国成立后，周恩来始终把发展经济作为治理国家的重中之重。新中国成立前夕，周恩来主持起草的《中国人民政治协商会议共同纲领》中，就明确了我国新民主主义经济建设的根本方针，是以公私兼顾、劳资两利、城乡互助、内外交流的政策，达到发展生产、繁荣经济之目的。国家应在经营范围、原料供给、销售市场、劳动条件、技术设备、财政政策、金融政策等方面，调剂国营经济、合作社经济、农民和手工业者的个体经济、私人资本主义经济和国家资本主义经济，使各种社会经济成分在国营经济领导之下，分工合作，各得其所，以促进整个社会经济的发展。新中国成立初期，面对旧中国留下来的千疮百孔的烂摊子，恢复国民经济的工作千头万绪，周恩来经过反复权衡，确定把水利和铁路作为工作的重点。周恩来说："水利工作是密切关系着单位面积增产的。交通是关系着城乡交流的。因之，对水利、铁路两部门要特别注意。"他认为，兴修水利和兴修铁路这两项工作是我们为工农业发展开辟道路的工作。水利方面，继续以治淮为重点。1950 年，国家全部水利投资和贷款共达 1 亿美元，这个数字在中国历史上是空前的，比国民党统治时期水利支出最高的一年增加 20 倍。铁路方面，首先是抓修复工作，特别是津浦、京汉、粤汉、陇海、同蒲、京绥等干线的修复，包括抢修被国民党军队在撤退时破坏的淮河大桥、湘江大桥、珠江大桥等，到 1949 年底，铁路里程的 80% 已经通车，对保证解放战争的胜利结束和活跃城乡的物资交流发挥了重要作用，1951 年又着手兴修三条新的铁路：成渝铁路、天兰铁路和从柳州到镇南关（后改名睦南关）的铁路。

根据毛泽东"三年准备，十年建设"的战略思想，周恩来主持编写了我国第一个五年计划。这个五年计划的最大特点，是极富远见地把重工业作为第一个五年建设的中心环节。对此，周恩来有很深远的考虑。他说："重工业是我们国家工业化的基础。没有重工业，就不能供给工业需要的各种器材、机器、电力等东西。所以要想国家工业化，而这个国家的重工业又不发展，那的确是一个畸形。"他还说："当目前国家需要集中主要力量建设重工业、奠定社会主义基础的时候，我们全国人民都必须把注意的重点放在长远利益上面。我们不能够只看到眼前的利益而忽视了长远的利益。为着我们子子孙孙的幸福，我们不能不暂时把许多困难担当起来。"

1954 年 9 月，周恩来在第一届全国人民代表大会作的《政府工作报告》第一次提出："如果我们不建设起强大的现代化的工业、现代化的农业、现代化的交通运输业和现代化的国防，我们就不能摆脱落后和贫困，我们的革命就不可能达到目的。"1963

年 1 月 29 日，他又进一步提出："我们要实现农业现代化、工业现代化、国防现代化和科学技术现代化，把我们祖国建设成为一个社会主义强国"，并且强调，"关键在于实现科学技术现代化"。周恩来是目光远大的，又是细致入微的。周恩来在提出和确定我国现代化建设宏伟目标的同时，提出和确定了我国经济建设综合平衡的根本方针。目光远大和细致入微相结合，这就是党和国家总管家、好管家周恩来的作风。1953 年，周恩来在主持制定发展国民经济的"一五"计划时就明确指出："要使各方面都能全面地有配合地向前发展，才能保证我们计划建设的胜利。"1956 年，他又强调"搞生产就要联系到平衡"，"数量上平衡以后，还有品种和时间上的平衡问题。"1962 年，他进一步指出，不仅"国家计委要搞综合平衡"，而且"各个部门、各个地方都要搞综合平衡"。有一次，陈云提出要对重工业和基本建设的过高指标进行"伤筋动骨"的大调整，周恩来在插话中作了发挥，他说："可以写一副对联，上联是先抓吃穿用，下联是实现农轻重，横批是综合平衡。"

对国内国外，对各个领域的情况，在周恩来的脑子里究竟装了多少，没有人知道。但是，大家都有一个共同的认识：周恩来记忆力惊人，他似乎从来就没有忘记过什么。

在西柏坡，1948 年这一年打了辽沈、淮海、平津三大战役，这是党中央集体领导的，周恩来是中央军委副主席兼代总参谋长，当时朱老总年纪大，弼时同志身体不好，少奇同志负责整党、土改。主席挂帅，每个具体的工作都落到周恩来的身上。从电报上看，周恩来每天光起草电报就很多，看电报的任务就更重了。那一年他总是太阳出来了才睡觉。一天到晚就是看电报、写电报，重大的问题中央开会讨论。他把国民党几百万军队团以上的番号、代号、驻地、军队的负责人都装在脑子里，背得烂熟，对我军的情况更是了如指掌，胸中有数。有一次，一个战役打完了，做总结时漏掉了一个敌团。周恩来看出来了，马上指出这个团的番号，驻在哪儿，团长是谁，是被我们哪个部队消灭的。工作人员一查果然如此。大家钦佩不已，无不惊叹。

有一回，周恩来宴请外国专家。外国专家局报告在京专家人数"约为250人至370人。"由于这个数字伸缩性太大，招待部门不知如何安排席位，就把这个公文报到了周恩来那里。周恩来接到报告后，略一沉吟，批上一句："至多280人。"招待部门根据周恩来的批示，照280人准备了席位。宴会上，除个别专家因故未到，出席者为270余人。周恩来对外国专家的情况掌握得如此精确，令人惊讶。

周恩来曾经在贵阳对当地负责干部作过一个即席讲话。会后，有关同志根据记录整理出一篇文章，经周恩来审阅批准后，发往北京。到了晚上，周恩来提出稿子要修改一下。当地的同志挠头了，因为没留底稿。周恩来却毫不在意，他说："不要紧，你们记录，我来默诵。"他背诵了一遍原稿，又说明哪些地方需要改动。这篇稿子是当地的同志整理的，周恩来只看过一遍，近千字的文章，连整理者本人都无法复述原文，周恩来能背诵正确吗？当地的同志将信将疑地拿着这份口述稿和改动文字，打长途电话与北京联系。一核实，周恩来背诵的口述稿竟与原件一字不差。

周恩来温文尔雅，轻易不发火。但是，如果你问问那些老部长他们最"怕"谁，他们准会告诉你，最"怕"周恩来。他们"怕"

的是周恩来对工作极端的认真负责。一些老部长回忆说："我们这些部长最怕跟总理汇报工作了，他记忆力惊人，我们拿着材料念都不如他脑子记得准确。"周恩来最见不得部长们对本部门的工作情况不了解和工作马虎。遇到这种情况，他毫不留情。因此，有的部长最怕他问数字、问具体情况。有时，需要当面向周恩来汇报就带上有关的司局长乃至处长。见到这么庞大的汇报班子，没等开始汇报，周恩来就会沉下脸来："这是做什么？搞祖孙三代同堂？胡闹！"有的部长带个助手坐在身后，周恩来就严肃地说："汇报工作还要问二排议员，这是不允许的！"

　　有一次周恩来主持国务院会议，到会者来自几十个部委、百十号人。一位部长念着稿子汇报工作，稿子可能不是他本人写的，加上紧张，他念得磕磕巴巴。越听，周恩来的眉头皱得越紧，当这位部长念到一个指标数字时，周恩来打断他："不对！看清了再念！"那位部长脸马上红了，又念了一遍。周恩来毫不容情地又说了一句："不对！"接着，他没翻任何材料，就说出了准确的数字。全场震惊了，响起了一阵翻纸的哗哗声。那位部长把稿子翻来覆去地看了一遍，不安地说："对对，是这个数。这里印得不清楚……"说到这儿，他好像突然醒悟到什么，再也说不下去了。接着汇报的是一位副部长。这阵势他还是第一次见到，所以还没等开始汇报，就浑身冒汗了。好容易熬过了念稿子，周恩来又开始了提问。他忙前忙后地翻资料回答。还算不错，问题都答上来了。但周恩来并没有表扬他，面色仍很严肃地说："自己的主管的工作，离了材料就说不清，还是不允许的。"说完这话，他又问前面那位部长："这些文件送国务院时都是盖过章的，说明经你们审阅过，为什么还要念错？"部长红着脸解释："这项工作是副部长主持，文件是办公室主任签的字。"周恩来紧跟着问："那么这里的问题到底是制度不健全还是责任心不强，官僚主义？"部长没有作声。周恩来接着说："有制度问题。有些文件质量很差，可也盖了章送到我这里。我批了退回去重写。"他提高了嗓音："现在我宣布一项明确规定，凡是向党中央国务院送文件，不能只以盖章为准，要有部门负责人、各委办负责人签字才能送。这样，以后我在文件上发现问题，部长签字我找你部长，副部长签字我找你副部长。你签了字，问你情况答不上来，那就是官僚主义，就必须作检讨……"事后，几位部长大声感慨："哎呀，总理不得了，记性那么好！记天下大事不说，一个部委办，部长主任都不知道的事，他就能都知道，都记得。"

周恩来有个最好的朋友，那就是陈毅。但是如果陈毅做事有不妥之处，他也绝不容情。1965年，周恩来途经开罗，赴阿尔及尔参加亚非会议。飞机抵达开罗前周恩来接到电报，阿尔及尔发生了军事政变。当时对政变的背景及发展形势都不清楚。趁飞机在开罗机场加油时，周恩来通过当时任中共中央总书记的邓小平，向毛泽东报告情况，并建议改变原来的计划。本来这次周恩来并没有访问开罗的内容，由于发生了这一突然事变，周恩来建议此行改为访问开罗，并在访问期间观察亚非会议能否在阿尔及尔准时召开。经毛泽东和中央书记处研究，同意了周恩来的建议。周恩来留在了开罗。当时任外交部部长的陈毅打前站，已先期到达阿尔及尔。还有许多亚非国家的代表也到达了阿尔及尔。面对这样的政局，他们都很焦急，纷纷来找陈毅，了解中国对是否继续召开这次会议的态度。陈毅是个炮筒子，见到朋友们着急，他的头脑就发热了。他连想都没多想，就掷地有声地放了炮:"这次亚非会议必须开。而且一定要开好!"结果,由于各种原因,会议无法举行。代表们纷纷回国。本来,许多亚非国家对中国很尊重很信任。陈毅的许诺落空,造成了一些不好的影响。周恩来回国后知道了这个情况,气得在屋子里打转,不住地斥责:"胡闹!简直胡闹!"陈毅也自知捅了娄子,一回北京就赶到西花厅,去向周恩来"负荆请罪"。见到陈毅,周恩来扬起浓眉,两眼冒火:"你无组织无纪律!"这句话出口好像还不足以表达愤怒的程度,周恩来背过身去,握住拳头,在桌子上砰、砰、砰地敲了三下,严厉地说:"这是不允许的!""我负荆请罪,我一炮没放好……"陈毅诚恳检讨。周恩来却丝毫没被打动:"就这一句完了?"他转过身,近于声色俱厉地逼视着陈毅:"你是中国的外交部长,不请示不报告你就敢在那里擅自放炮表态,都像你这样还了得?谁给你的权力?这是国际影响问题!"陈毅老老实实地又说了遍:"我错了,我向总理检讨。"周恩来激烈地纠正:"不是向我检讨,要向毛主席,向党中央检讨!"也许是受到了陈毅那始终如一的诚恳态度的打动,也许是一肚子气已发泄了出来,周恩来的目光和语调都缓和了下来:"外交部不同于其他部门,一言一行都会带来国际影响,一言一行都要慎之又慎。我在开罗下了飞机就向毛主席、党中央汇报请示,你在阿尔及尔就敢不汇报不请示擅自发表意见,革命大半辈子连这点组织纪律性都没有?"陈毅心服口服地低着头说:"我向毛主席、党中央作检讨。"陈毅走后,一位秘书向周恩来提意见:"总理,你是不是批老总批得太重了?"周恩来看了看他,严肃地说:"他们都是各路诸侯。在这里我不严厉批评他,回去他的诸侯国谁还敢批评他?"另一位工作人员也借机向周恩来反映:"听一些部长、副部长说,一向你汇报工作就紧张害怕。"周恩来摇摇头说："他们才不怕我呢。他们怕的是自己有官僚主义，又一下子克服不了毛病，被当众罚站。"

不只部长们，一些将军也领教过周恩来的"教训"。那是在20世纪50年代。有一回周恩来送西哈努克离京，前往送行的还有一些将军。三点开始，将军们想去看球，都有点心神不宁。西哈努克进了机舱，门还没关上，将军们就往机场出口赶。周恩来本是满面春风地站在那儿，等着飞机起飞。突然发现了将军们的举动，他勃然大怒，吩咐卫士："你跑步去，告诉机场门口，一个也不许放走，谁也不准离开，都给我叫回来。"卫士赶到门口，通知将军们："总理有事，叫你们都回去。"将军们虽有些遗憾，但想到总理有事，也就都说说笑笑地回来了，他们站在周恩来身后。周恩来呢，始终笔直地站在那儿。目送飞机起飞，飞机绕空一周，然后逐渐远去。接着，周恩来向前来送行的外国使节告别。外国使节都离开了，将军们仍在说笑。这时，一声喝问打断了将军们轻松的情绪："你们学过步兵条例没有？"将军们这才发现周恩来脸色不对，立刻屏声静息，按规范立正站好。只听周恩来严厉地问："步兵条例里哪一条规定，总理没有走，你们就可以走了？你们当将军能这样？在部队里，首长没有走，下边全走了，行吗？"机场上静悄悄的，没人吭声。只听周恩来放慢速度，一板一眼地说："客人还没走，机场已经没人了，人家会怎么想？你们是不是不懂外交礼仪？那好，我来给你们上课。按外交礼仪，主人不但要送外宾登机，还要静候飞机起飞，起飞后也不能离开，因为飞机还要在机场上空绕圈，要带动机翼……"周恩来足足讲了15分钟，才抬起手腕看一下表缓缓地说："我知道你们是着急想看足球赛，我叫住你们，给你们讲这些你们早就知道的道理。我讲 15 分钟，为什么？就是要让你们少看点球赛，才能印象深些。好了，现在咱们一起去吧，还能看半场球。"周恩来就这样"教训"了将军们，这件事给将军们留下了深刻的印象，此后，再也没有失礼的事情发生。但亲身经历过这件事的将军们，在回忆这件往事的时候，没有一个人生气或抱怨。提起这事他们都忍不住要发笑，这"笑"大概是表示承认他们自己"罪有应得"吧。

环境污染的世界性公害问题一出现，就被周恩来紧紧盯住，一刻也没有放松。从 1970 年初到 1974 年夏病重住院，他曾先后接见国外政府首脑、重要外宾以及国内重要会议代表、各部委领导干部、群众代表，其中谈到环境保护问题，总计有 31 次。1970 年 6 月 26 日，他接见卫生部军管会负责同志时讲道：卫生系统要关心人民健康，特别是对水、空气，这两种容易污染。美、苏的核讹诈是吓人的。原子弹核武器试验污染不了多少。平时情况下的污水、污气要严重得多。前几天接见几个日本留学生，他们说，日本不但陆上污水多，不少地方的鱼都死了。美国有的内河完全污染了。毛主席讲预防为主，要包括空气和水。要综合利用，把废气、废水都回收利用，资本主义国家不搞，我们社会主义国家要搞，如果污气、污水都解决了，人民的身体健康了，就什么财富都可以创造。这是多么伟大的财富啊！从卫生观点看，必须解决。我看最大的灾祸是污水、污气，其次是车祸。听说美国车祸死亡的人数，超过美国在越南战争中死亡的人数。1970 年 12 月 26 日，周恩来在接见中联部、总参二部、外交部有关同志时说："过去伦敦的烟雾最多，现在比纽约少。在美国，汽油也滥用，煤也滥用；美国大少爷，没什么底子，是暴发户。日本也是这样，战后畸形发展。我们不要做超级大国，不能不顾一切，要为后代着想，工业公害是一个新的问题。工业化一搞起来，这个问题就大了。"1971年2月15日，周恩来在接见全国计划会议部分代表时说："现在公害已成为世界的大问题。废水、废气、废渣对美国危害很大……我们要除'三害'，非搞综合利用不可！我们要积极除害，变'三害'为'三利'。以后搞炼油厂要把废气统统利用起来，煤也一样，各种矿石都要搞综合利用。这就需要动脑筋，要请教工人，发动群众讨论，要一个工厂一个工厂落实解决，每个项目，每个问题，要先抓三分之一，抓出样板，大家来学。"1972年4月5日，周恩来在会见英国《泰晤士报》记者苏利克利·格林时说："要消灭公害就必须提倡综合利用。因此在进行基本建设时，就要从项目方面、设备方面和科学技术方面更加注意，那才能免去祸害。否则，造成祸害以后，再去消除，那已经走了弯路。我们不能再走资本主义工业化的老路，要少走、不走弯路。"1972年联合国召开有关环境保护的国际会议，我国代表团提出了得到周恩来赞许的32字环保方针："全面规划，合理布局，综合利用，化害为利，依靠群众，大家动手，保护环境，造福人民"。这个方针受到了许多国家的赞赏。1972年9月8日，周恩来邀集国家计委和各省、区、市有关同志汇报情况时说："资本主义国家解决不了工业污染的公害，是因为他们的私有制，生产无政府主义和追逐最大利润。我们一定能够解决工业污染，因为我们是社会主义计划经济，是为人民服务的。我们在搞经济建设的同时，就应该抓紧解决这个问题，绝对不做贻害子孙后代的事。"周恩来恳切地寄希望于各级领导干部，要大家带领广大人民群众，千方百计消除公害，保护环境，为子孙后代着想，造福人民。1974 年 10 月，国务院正式成立环境保护领导小组办公室。随后，各省、区、市和国务院有关部门也建立了相应的环保机构，进行了以治理"三废"和资源综合利用为重点的工业污染防治，使我国的环保工作迈出了可喜步伐。

周恩来博闻强记，知识面广，工作又极其深入，掌握许多具体情况和信息数字。他要求干部，特别是领导干部要讲真话、办实事，对工作不能有丝毫的含糊。他针对一些人爱搞形式主义，做表面文章，弄虚作假，只喜欢表面的轰轰烈烈，不愿意踏踏实实干工作的现象，强调"要做实实在在的事，做实事，收实效，才会对人民有利"。他教导干部：无论在什么情况下，对党都要做老实人。世界上最聪明的人是最老实的人，因为只有老实人才能经得起事实和历史的考验。

周恩来虽然日理万机，但仍抓紧时间进行学习。散步背毛主席诗词，是他几十年的习惯。他案头放着的马列著作和毛主席著作，已经不知看了多少遍，许多地方圈点得密密麻麻，并写下了大量眉批。在他书桌上还放着两厚本《辞海》，一本全国地图和一本世界地图。无论是阅读书刊，审批文件，凡遇到不太熟悉或不太有把握的文字、典故、人名、地名等，他从不轻易放过，总是利用这些工具书进行查找，直到弄清为止。他起草、批示文电，发表讲话，从不谈空洞的口号，他的意见总是明确的，具体的，既解决现实问题，又考虑到长远利益。他还善于把丰富的实践经验加以概括，上升为理论，对丰富发展毛泽东思想作出了重要贡献。他一生的言行都遵循实践、认识、再实践、再认识的马克思主义认识论原则，胸怀远大理想，坚持脚踏实地，注重实践第一，注重解决具体问题，注重从点滴做起。

党中央的每一项号召，他都带头响应，身体力行。中央号召精兵简政，他首先从精减自己身边的工作人员做起，坚持一减再减，直到不能再少的程度。到十三陵水库劳动，考察三峡水库坝址，他都是只带一个警卫员。他从遵义会议上提议毛泽东为领袖起，就真心实意拥护毛主席，几十年里甘当助手。不管请示汇报工作，准备会议材料，研究重大决策，他都非常周到细致，尽量减轻主席的负担。

1958年7月中旬，为了解"大跃进"的真实情况，周恩来专门到上海做了详细调查。在上钢一厂和三厂，他穿着工作服，戴着安全帽，冒着酷热，在炼钢炉旁与炼钢工人做了长时间的交谈。他还爬上吊车，向女司机仔细询问了解。他对工人同志说："今天你是师傅，我是来向你学习的。"他还到了厂里的幼儿园、食堂，看望和问候老师、炊事员和孩子们，回来后亲自做详细的记录。

1962年初，中央召开扩大会议，又称"七千人大会"。大会期间，周恩来参加福建省的小组讨论会。当听到下边的同志反映强迫命令、浮夸、讲假话等坏作风给工作和党群关系造成的危害时，他讲了一段切中时弊、感人肺腑的话。他说："这几年来，党风不纯，产生了浮夸和说假话现象。我们要提倡说真话。怎样才能做到这一点呢？要大家讲真话，首先要领导喜欢听真话，反对说假话。大家都说假话，看领导的脸色说话，那不就同旧社会的官场习气一样了吗？……你们说假话当然不对，但更重要的是我们压你们。"接着，周恩来又强调指出，"要提倡鼓真劲，做实事，收实效"。他说："说真话，鼓真劲，做实事，收实效。这四句归纳起来就是实事求是。"

1965年9月，周恩来到全国农业展览馆审查展览。他看了全国农业先进单位分布图，非常高兴，情不自禁地说："县县有先进，处处有芳草。"当他看到广东珠江三角洲模型时，发现上面少了3个县，就指着模型问道："怎么少了3个县？那3个县哪里去了？"被问的人没想到周恩来看得那么细，连忙说："这3个县受灾了，都展出来的话，全地区就上不了《纲要》了。"当时各地都根据农业发展《纲要》提出了口号，叫"过黄河，跨长江"。有的地方粮食产量明明没有达到《纲要》的指标，也要追求上《纲要》的荣誉。周恩来听了后严肃地说："不要护短，应该实事求是嘛，都应该展出来。"有关同志介绍珠江三角洲地区自动排灌网"能排能灌，旱涝保收"时，明了广东情况的周恩来说："今年广东省就涝了嘛，怎么能说旱涝保收呢？"在这次审查中，周恩来既有赞扬也有批评，使在场的同志深受教育。特别是当时浮夸风很盛，周恩来直截了当而又恰如其分的批评是送给大家的一副清醒剂。

周恩来作风极为严谨严格。有一次，周恩来找李先念、陈国栋和杨少桥，商量粮食调拨计划。谈到夜里11点，他说："你们先回去休息吧，这个计划表今晚要弄好，一会儿让你们计划司长送来就可以。"说完，又去忙其他政务。当计划司长次日凌晨将材料送到总理办公室时，周恩来仍在伏案工作。他不顾通夜劳累，仔细审查了这份材料，连每一个附注都同计划司长讨论了一遍，然后才同意印发。身教胜于言教。"其身正，不令则行；其身不正，虽令不从。"周恩来正是以自己严谨的工作作风，带动周围同志形成了认真负责的工作作风的。有一次，一位部长和几位同志去给周恩来拜年。因为是老熟人，大家高高兴兴，随便交谈起来。这位部长一边说话，一边抽烟。抽完烟后，随手就把烟头扔到了地板上。周恩来站在屋里，他一边和同志们交谈，一边漫不经心地走到烟头处，弯腰把烟头捡起来放在烟灰缸里，做得十分自然。他这种无声的行动，使在场的同志为之一震。尤其是那位部长，虽是周恩来的老部下，脸上仍然发烧，满脸通红直到耳根，立即站起来表现出很抱歉的样子，不知说什么好。周恩来继续笑着说："不要难为情嘛！要克服'游击习气'，必须从一点一滴的小事做起，你们说对吗？"说罢哈哈大笑，然后接着说："我今天'将你一军'，是让你好好想想其中的道理。"从此，这位部长知过必改，很快克服了自由散漫的缺点。

周恩来历来对知识分子在国家建设中的重要作用有十分清醒的认识。早在抗日战争时期，周恩来利用在国统区开展工作的时候，就团结了大批爱国知识分子。新中国成立前后，周恩来为筹划新中国的建设大计，积极动员和组织帮助在海外的知识分子回国参加建设祖国的宏伟大业。在他的关怀下，有许多著名科学家、高级知识分子，如钱学森、李四光、华罗庚、老舍、吴阶平、汪德昭、邓稼先、吴仲华等回国参加社会主义建设。新中国的科学技术队伍迅速成长，不断壮大，成为向科学技术进军的主力。

自 1957 年反右扩大化后，"资产阶级"帽子被重新戴到广大知识分子头上。"大跃进"中的"左"倾错误，也在知识分子集中的科技、教育、文艺、体育、卫生等领域或部门严重泛滥，具体表现在政策上就是：违反精神生产的客观规律，知识和人才得不到尊重，一些专家学者被当作"白旗"来拔，知识分子的积极性受到极大伤害。周恩来很早就注意到了这个问题。

1961年6月，中宣部、文化部分别召开文艺工作座谈会和故事片创作会议，检查几年来文艺工作中的问题，研究改进工作的措施。周恩来在会上看了大量的材料，还深入到代表中听取意见，进行了三天的调研。周恩来深深感到，现在人们不敢讲话了，不敢讲话的原因"和领导有关"。这一问题，乃是关键所在。6月19日，周恩来经过充分准备，为这两个会议作了重要讲话，尖锐地指出：现在有一种不好的风气，就是民主作风不够。几年来有一种做法，别人的话说出来，就给套框子、抓辫子、挖根子、戴帽子、打棍子，"五子登科"。这种作风不好，要把这种作风反过来。周恩来强调，"我们要造成民主风气，要改变文艺界作风，首先要改变干部的作风；改变干部的作风，首先要改变领导干部的作风；改变领导干部的作风，首先要从我们几个人做起。我们常常同文艺界的同志接触，如果我们发表的意见不允许怀疑、商量，那还有什么研究、商讨呢？我们的讲话又不是党正式批准的，即使是党已经研究通过的东西，也允许提意见。"周恩来的一席话，深入浅出，振聋发聩。一位与会者评价说，这"是在一个长久时期的沉闷的政治空气中，打了个惊雷，发人深省，为繁荣社会主义文学艺术揭开新的一页。"

1962年初，扩大的中央工作会议（七千人大会）之后，为知识分子积极参与逐渐恢复的国民经济需要，在广州召开了两个会议：一是聂荣臻主持的全国科学技术工作会议，一是由文化部、中国戏剧家协会筹办的话剧、歌剧、儿童剧座谈会。周恩来越来越突出地感觉到，要真正落实知识分子政策、妥善解决党同知识分子的关系，必须首先从指导思想上彻底扭转 1957 年以来对知识分子阶级属性的错误估计。果然，在广州两个会议上，知识分子发出了要求摘掉"资产阶级"帽子的呼声。虽说会前周恩来要求主办单位进行充分的准备，而且周恩来正在忙于主持起草全国人大二届三次会议的政府工作报告，但与会代表的要求使得周恩来下定决心亲自去解决这一问题。

2 月 26 日，周恩来和陈毅飞抵广州，首先看望了与会代表，听取了聂荣臻、郭沫若等人的汇报。3 月 1 日，周恩来约两个会议的党内负责人陶铸、聂荣臻、于光远、张劲夫、林默涵、范长江等座谈。会议结束时，周恩来明确作出结论：从总体上讲，知识分子不能再说是资产阶级知识分子。次日，周恩来在羊城宾馆向两个会议的代表作《论知识分子问题》的报告，周恩来在报告中引用列宁的话，"无产阶级专政是劳动者的先锋队——无产阶级同人数众多的非无产阶级的劳动阶层（小资产阶级、小业主、农民、知识分子等等）或同他们的大多数结成的特殊形式的联盟。"可见，列宁把知识分子包括在"非无产阶级"的"劳动阶层"内，"对知识分子的估计要以这个为纲"，要在这个根本估计的基础上，确定党和国家对知识分子的政策。周恩来在报告中，批评了 1957 年以来对知识分子改造问题的片面理解，说知识分子最怕别人给"上大课"，提出知识分子的改造是长期的，方法要和风细雨，不能粗暴，要促膝谈心，这样气才能顺，心情才能舒畅。

3 月 5 日至 6 日，陈毅分别向两个会议的代表转达了周恩来的嘱托，明确提出要为知识分子"脱帽加冕"。陈毅说："周总理前天动身回北京的时候，我把我的讲话的大体意思跟他讲过，他赞成我这个讲话。他说，你们是人民的科学家、社会主义的科学家、无产阶级的科学家，是革命的知识分子，应该取消资产阶级知识分子的帽子。今天，我向你们行脱帽礼！"陈毅还动情地说："12 年的改造，12 年的考验，尤其是这几年严重的自然灾害带来的考验，还是不抱怨，还是愿意跟着我们走，还是对共产党不丧失信心，这至少可以看出一个人的心。10 年、8 年还不能考验一个人，10 年、12 年还不能鉴别一个人，共产党就太没有眼光了！"代表们听后普遍认为，陈毅代表周恩来的讲话，"很全面，很透彻，感情充沛，听来很亲切，使人深受感动，心悦诚服"。

周恩来作为人民共和国总理，作为党中央第一代领导集体的重要成员，对于做好民族工作耗费的心血最多，下的气力最大。实行民族区域自治，是解决我国民族问题的基本制度和政策，而周恩来则是这一基本制度和政策的创始者和奠基人之一。早在 1947 年春，周恩来跟随毛泽东转战陕北指挥全国解放战争期间，即根据中央精神开始酝酿成立内蒙古自治区事宜。3 月 23 日，周恩来亲自起草中共中央致东北局并转西满分局、云泽（乌兰夫）等电。电文称：中央同意在内蒙古人民代表大会上产生内蒙古统一的民族自治政府，该政府非独立政府，仍属于中国版图。5 月 1 日，内蒙古自治区成立。内蒙古自治区的成立，是我们党实施民族区域自治政策的成功范例。正如乌兰夫所说："历史已经证明，周恩来亲自起草的这一电报指示，为后来不断充实完善的党的民族区域自治政策奠定了基础。周恩来同志被誉为这一基本政策的奠基者之一是当之无愧的。"

周恩来不仅提出我国社会主义的民族政策，而且为促进各民族团结平等，各民族共同发展、共同繁荣，作出卓越贡献。周恩来亲自主持制定了一系列体现民族平等的重要文件，并派员深入到少数民族地区访问调研，既促进了民族团结，也为党对民族工作的开展起到积极促进作用。

周恩来对内蒙古和西藏两个自治区经济发展的关怀，是他呕心沥血关怀少数民族地区经济发展的一个缩影。从 20 世纪 50 年代到 70 年代的 20 多年间，周恩来根据党中央"要帮助西藏改变贫困面貌，使西藏民族繁荣起来"这一总的指导思想，多次指出要"采取各种积极措施，扶助西藏地区经济和文化发展"。他要求西藏地方政府和党组织多向中央反映西藏人民的要求，中央一定帮助西藏尽快发展起来。在党中央和周恩来的直接关怀下，国家每年都要拨出相当数量的款项，组织和派遣一批又一批科技文教人员和各方面的领导骨干支援西藏，帮助发展西藏的经济和科学文化。雪域高原西藏能有今天这样生机勃勃的崭新面貌，与周恩来的关怀支持是分不开的。周恩来为内蒙古兴旺、发达所付出的心血也永远留在内蒙古人民的心中。开国之初，周恩来精心从全国各地调集大批医务人员帮助消灭危及蒙古民族生存的梅毒病，使牧区实现"人畜两旺"的梦想在短短几年就变为现实。在"三年困难时期"，周恩来采纳乌兰夫和康克清的建议，将上海和华东其他几个城市的几千名孤儿送给牧民抚养，既解了这些孤儿缺少奶粉的燃眉之急，又为牧区的兴旺发达输送了新生力量。周恩来对"一五"时期包钢和包头工业基地建设也十分关心。他不仅积极支持从全国各地抽调人力物力支援包钢建设，而且 1959 年 10 月 15 日，当包钢一号高炉开始出铁时，他亲自到包钢剪彩，热情赞扬他们"作出了历史上不可想象的事情"。

周恩来特别关心少数民族干部，对少数民族干部尊重信任、悉心爱护。周恩来对乌兰夫，自从 1928 年相识后，始终关心爱护。新中国成立后提议他担任国务院副总理，"文革"中也对他精心保护。1973 年党的十大召开前，周恩来为了让乌兰夫参加十大并当选中委，据理力争，纠正和批判了"四人帮"强加给他的"反党叛国""搞分裂"等污蔑不实之词。周恩来冒着风险伸张正义，使乌兰夫终生难忘，称周恩来是民族干部的知心人。周恩来对班禅更是谆谆教诲、爱护有加。1951 年 4 月 27 日，周恩来初次见到班禅，就嘱咐中央人民政府谈判代表在进行和平解放西藏问题的谈判时，要充分听取班禅及随行官员的意见。1956 年 7 月 17 日，周恩来亲自致信班禅，充分肯定他的工作，表扬他"中央和主席对你们的工作是满意的"。1959 年，当班禅作为西藏自治区筹委会代理主任到达北京时，周恩来和各界群众亲自到车站迎接。1960 年，当班禅提出关于如何搞好西藏工作的建设性意见后，周恩来认为其中有些意见可能存在偏颇，便在 1 月 25 日接见班禅时，诚恳地给他指出来。周恩来说，从反帝、爱国、建设社会主义这三点来说，我们不仅是同胞，而且是同志。对于你说错了的要给你指出来，不这样就不是同志的态度。周恩来在"文革"期间，鼎力保护班禅。

相忍为党、顾全大局，满腔热情地关心干部、保护干部，是贯穿周恩来一生的宝贵品质。在"文革"中，周恩来为了保护老干部殚精竭虑。在《周恩来选集》中有《一份应予保护的干部名单》。这份名单是怎么产生的呢？1966 年 8 月 29 日，北京大学经济系的红卫兵抄了民主人士章士钊的家。章是北洋政府时期的司法总长兼教育总长，早在 1920 年就与毛泽东相识相交，大革命时期曾资助过我党，此后，近 50 年与毛泽东的交往始终没有中断。当夜，他给毛泽东写信，反映了红卫兵抄家的粗暴情景。恳请毛泽东在"可能范围内稍稍转圜一下，当有解铃之望"。30日，毛泽东看到章士钊的来信，批示："请总理酌处，应当予以保护。"周恩来接到批示后，马上找来肇事的红卫兵，进行了批评教育，并对章士钊采取了三条保护措施：将抄走的物品如数原物归还；派专人警卫章士钊住宅，劝阻再来闹事的红卫兵；将章士钊转移到解放军总医院加以保护。同时，周恩来举一反三，联想到与章士钊处境相同的大批党内外领导干部和党外朋友，对这些人也需要采取相应的保护措施。就在30日这天，他亲自开列了这份"名单"。

1966年12月初，周恩来得知江青策动一伙人抓走了彭真、刘仁、万里等负责同志，焦虑不安，立即指示卫戍区司令傅崇碧把人迅速抢回来，"不能开这个先例，不能随便把人抓走！"按照周恩来的指示，傅崇碧把人送到安全地方保护起来。

1966年12月下旬，在江青煽动下，戚本禹指使北京航空学院的造反派头头韩爱晶等前往四川绑架彭德怀。周恩来立即向成都军区、北京军区和直接责任者作了如下指示：第一，由成都军区派出部队与红卫兵一道护送彭德怀同志到北京。沿途不许任何人截留，不得对他有任何侮辱性的言行，绝对保证他的安全。第二，不坐飞机，由成都军区联系火车来京。第三，由北京卫戍区派部队在北京车站等候，并负责安排彭德怀同志的住宿和学习。彭德怀到北京后，最初先被北京地质学院的造反派头头王大宾押去，后经好一番交涉才交给了北京卫戍区。这时，周恩来再次作出指示，对彭德怀"不许武斗，不许游街，不许逼供信"。但林彪、江青一伙在1966年12月28日作出了逮捕彭德怀的决定。

进入北京卫戍区营房后，实际就开始了彭德怀的监护生活。周恩来也就无能为力了。

1967 年 1 月，谷牧刚从外地考察三线建设情况回到北京，就被建委的造反派绑架。周恩来派联络员找建委机关造反派交涉，以"总理要听取谷牧的汇报"为由，要他们把谷牧送回中南海。

1967 年 2 月 20 日，"批朱联络站"准备在北京工人体育馆召开万人"批朱大会"，并准备把朱德同志拉到现场批斗。周恩来挺身而出，表示如果要批斗朱老总，他将前往陪斗。这次大会因周恩来的干预而流产了。

为保护贺龙同志，周恩来把贺龙及夫人薛明接到自己家里住。贺龙被迫害致死，他非常悲痛，不顾医生劝阻，抱病参加贺龙同志的骨灰安放仪式，一连向贺龙遗像鞠躬 7 次。

1969 年 8 月，周恩来对七机部的军管领导人杨国宇说：钱学森和其他专家要是被人抓走了，不能正常工作，"我拿你是问"。杨国宇就拿了这个"令箭"，开列了一张需要有卫兵保护的专家名单，开始是几十人，后来扩大到几百人，呈报周恩来。周恩来很快就批准了，还表扬了这种做法，并说："如果有人要武斗、抓人，可以用武力保护。总之，你的任务就是想尽一切办法，使他们不受干扰，不被冲击。"当周恩来得知数学家华罗庚受到冲击时，立即指示有关负责人：首先，应给华罗庚以保护，防止坏人害他们。其次，应追查他的手稿被盗线索，力求破案。再次，科学院数学所封存他的文物，请（刘）西尧查清，有无被盗痕迹，并考虑在有保证的情况下，发还他。最后，华罗庚的身体已不适合再随科大去"五七"干校或迁外地，最好以人大常委身份留他住京，试验他所主张的数学统筹方法。正是由于周恩来、聂荣臻等的保护，虽然处在"文化大革命"那样艰难的环境下，我国科学界和科学家们，仍然捷报频传，取得一个又一个成果。

民族学院抓班禅去批斗，周恩来说："只许文斗，不许武斗。"发生武斗时，他还派人把班禅保护起来。班禅在世的时候，每年1月8日，都要到天安门人民英雄纪念碑前给周恩来献花圈。

据不完全统计，经周恩来安排到中南海"避过难"的有：余秋里、谷牧、王震、陈正人、廖承志、方毅、姚依林、康世恩、刘宁一、周荣鑫、段君毅、吕东、刘澜波、钱之光、邱创成、江一真、王磊、孙正、钱信忠、钱正英、周子健、萧望东、林乎加、萧鹏、刘建章、王子纲、徐今强、李人俊、张德武、江学斌、饶兴、刘秉彦等。

在苦撑危局的日子里，不是亲身经历、亲眼所见，根本无法想象周恩来在精神和身体上付出了多么大的代价，政治上又冒着多么大的风险。对此，周恩来秘书纪东有过一段描述，他讲：我曾经偶然看到了周总理为排解内心苦闷、艰难情感的一个侧面。那是1970年夏天庐山会议之前。一天下午，周总理正在休息，我到他的办公室整理文件，无意中看到办公桌上一张32开的白纸上，周总理用铅笔写的几句戏文："不公与不干（西厢记）：做天难做二月天，蚕要暖和参要寒。种菜哥哥要落雨，采桑娘子要晴干。"

在"文化大革命"中，周恩来曾说过："我不下地狱，谁下地狱；我不入苦海，谁入苦海？"为了党和国家的根本利益，他历尽了艰辛，倾注了智慧，耗干了心力，也摧垮了身体。即使是在受到最不公正的抨击时，他也不逃避，不退缩，而是忍辱负重，坚持斗争。时任中联部部长的耿飚曾经回忆过这样一件事：1974 年"一·二五"批林批孔动员大会后的一个傍晚，他来到中南海西花厅周总理办公室，向周总理谈起中联部运动的情况，认为有人无中生有，借题发挥，江青在"一·二五"大会上点了他的名，他想辞职不干了。周总理听后说："耿飚同志，我送你三句话。第一，人家要打倒你，不论怎么打，你自己不要倒；第二，人家赶你，不管他怎样赶，你自己不要走；第三，人家整你，不管他怎样整，你自己不要死。"这几句话让耿飚豁然开朗。

恩格斯说，最后的胜利依然是确定无疑的，但是迂回曲折的道路，暂时的和局部的误入迷途（虽然这也是难免的），将会比以前多得多了。而我们一定要克服这些障碍，否则，要我们活着干什么呢？我们绝不会因此丧失勇气。贝多芬说，卓越的人一大优点是，在不利和艰难的遭遇里百折不挠。毛泽东曾经引用司马迁《报任安书》里的一段话，告诫要经受错误的磨难：文王拘而演《周易》；仲尼厄而作《春秋》；屈原放逐，乃赋《离骚》；左丘失明，厥有《国语》；孙子膑脚，兵法修列；不韦迁蜀，世传《吕览》；韩非囚秦，《说难》《孤愤》；《诗》三百篇，大抵贤圣发愤之所为作也。"最艰难处显奇才。"周恩来置身"文化大革命"的艰难之中，他愈艰难，愈坚持；愈困苦，愈忍耐；愈险恶，愈斗争，用坚韧不拔的战略定力，用厚德载物的大智大勇，最大限度地减少了这场动乱给党和国家带来的损失。

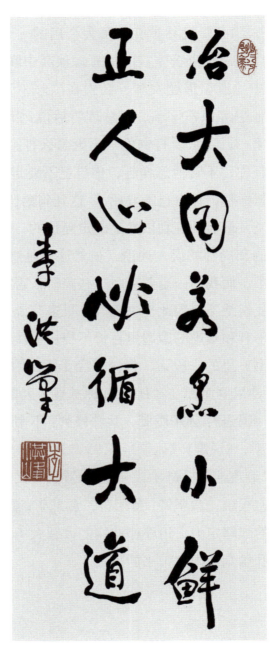

治大国若烹小鲜　正人心必循大道　李洪峰　书

# 第五章

## 人民的"总服务员"

毛泽东说过，人民群众是我们党的力量源泉和胜利之本。我们应当相信群众，我们应当相信党。邓小平说过，党离不开人民，人民也离不开党。习近平说过，要时刻把人民放在心中最高位置。这是讲的历史事实，也是讲的历史真理。共产党和党的领袖都是从人民群众中生长起来的，党和国家的根本宗旨是为人民服务。对待人民群众的态度问题，同人民群众的关系问题，是根本政治问题。周恩来说过，我们爱我们的民族，这是我们自信心的源泉。周恩来始终情系人民，一生以人民的疾苦为忧，以世界的前途为念，赢得了人民群众的衷心爱戴。

在鲁迅逝世十周年的纪念大会上，周恩来曾援引过鲁迅先生的两句诗："横眉冷对千夫指，俯首甘为孺子牛。"他说，我们应该像鲁迅先生所说的那样，"要诚诚恳恳、老老实实为人民服务。我们要有所恨，有所怒，有所爱，有所为。过去历史上有多少暴君、皇帝、独裁者，都一个个地倒下去了。但是历史上的多少奴隶、被压迫者、农民还是牢牢地站住的，而且长大下去。人民的世纪到了，所以应该像条牛一样努力奋斗，团结一致，为人民服务而死"。

周恩来始终把人民群众看作是国家的主人，自称是人民的"总服务员"。他对身边工作人员说："你们在我这里工作要懂得，办任何事情都要跟我联系起来，要跟我的职务联系起来，要和政治影响联系起来，要把我和人民联系起来。"

在周恩来办公桌旁的茶几上，有一部直拨的外线电话，经常有不知姓名的人因为拨错号码打进来。周恩来每次接到这样的电话，总是非常和蔼而耐心地告诉对方："你是不是把电话号码拨错了？……也可能是串线了，请你重拨一下吧。"然后他轻轻地放下话机，又重新投入工作。在秘书值班室，也有一部外线直拨电话。在"文革"中，这部电话一直对外联系，号码是公开的，因此有很多人知道这部电话的号码，经常有人打进电话来，让秘书们向周恩来反映情况，请求解决问题。为了减少干扰，秘书就想换个号码。周总理知道后，不同意这样做，并说："改了号码，群众再有什么事怎么找我啊？"于是，这部电话一直保留下来了，始终没有改号。

新中国成立后，为了解民意，掌握情况，更好地为人民服务，周恩来深入实际调查研究，祖国的大江南北、城市乡村，处处留下了他的足迹。1954年某天下午5点多，周恩来对秘书何谦和卫士赵行杰说："群众反映北京市公共汽车拥挤得很厉害，一下班要在路上浪费一两个小时，今天咱们去乘公共汽车，了解一下情况。"说着，周恩来披上大衣，带着秘书和卫士出了国务院北门，来到北京图书馆停靠站。等一会儿，公共汽车来了，周恩来等群众都上车了，才最后上车。车上果然很拥挤，没有空座位。周恩来往里走了几步，手握住吊环，站在车中间。汽车开动了，人们在拥挤中顾不上东张西望。一直走了几分钟，站在周恩来对面的一个乘客才大声叫起来："哎呀！这不是周总理吗？""总理？""总理？！"车厢内立即活跃起来，有的乘客站起来让座，有的往中间挤，有的把手伸过来。随行的秘书和卫士见此情景，心里十分紧张，忙往周恩来身边靠拢一些，恐怕他被挤倒。周恩来挥动着一只手臂，对大家说："请坐！请坐！别挤！别挤！不要动。"乘客们请周恩来坐下，他坚决不坐。一个乘客凑上来，握住他的手说："总理，您那么忙，怎么还来坐公共汽车？"周恩来笑着回答："我也来体验一下你们的生活嘛！"接着，周恩来就和乘客们攀谈起来。问他们都是哪个单位的？住在什么地方？每天上下班需要多少时间？有的乘客光顾着和周恩来说话，忘了下车，坐过了站；有的乘客挤不到周恩来跟前，总不甘心。新上来的乘客向他打招呼，下车的乘客又向他告别。随行的同志劝他说："公共汽车上的情况就是这样了，咱们赶紧回去吧。"周恩来不肯，下了这趟公共汽车，又上了无轨电车，在北京城转了大半圈。回来后，周恩来将交通局等有关部门的领导找来召开专门会议，讨论和制定解决公共汽车拥挤的具体措施。他还指示："国务院各部门和有关单位，如有条件的话，都要用大车接送职工上下班。"经过周恩来的努力，缓和了北京市乘公共汽车拥挤的问题。

新中国成立初期的一天晚上，周恩来听陈云同志说，王府井的霓虹灯亮了，就高兴地招呼工作人员一起去看看。到了百货大楼，周恩来听到店里正在广播清场，他就严肃地批评这种做法要不得，怎么能把领导同群众隔离呢？那天晚上，他是以一个普通顾客的身份，来市场看看，也像群众一样买些东西。他还同经理、老职工交谈，了解店里工作情况。有一次他听到有人反映在人民大会堂开会时，在外面的司机、交通民警没有休息和解手的地方，他就让把大会堂东门外地下室改建成休息室，设置了厕所。他工作繁忙，珍惜分秒，乘汽车外出，司机总想把车开快点。这时，周恩来总是提醒司机：慢些，不要抢，无论什么时候，都要想着群众。在路口人多的地方，周恩来不准猛按喇叭，以免人们受惊；遇上雨天，周恩来嘱咐司机不要把泥水溅到行人身上。

1960 年，中央根据"调整、巩固、充实、提高"的方针，成立了精减领导小组，精减多余职工。为了安排好被精减职工的生活，周恩来绞尽了脑汁。在一篇关于精减的文件草稿中，周恩来在"对被精减人员一定要负责到底"一句话前边，亲笔加上"党政领导机关"几个字，重点强调领导机关的责任。在文件草稿中讲到精减职工的安置办法时，他又加了一段话，强调"对于一切精减下来的职工，都要采取各种补助和帮助的办法妥善安置"。在他的关怀督促下，全国 2000 多万精减人员的安置和生活问题大都得到了妥善解决，没有发生大的问题。

1966 年 3 月 8 日，河北邢台地区发生强烈地震。周恩来知道后，冒着六七级大风马上来到地震中心隆尧县白家寨。这里留下的是震后的一片废墟，周恩来见此情景，潸然泪下。他冒着随时都可能袭来余震的危险，穿行在残垣断壁之中查看灾情。他走遍了一户户窝棚，访老探少，嘘寒问暖。他在路上，遇到小孩就抱在自己的怀里，关心地问孩子吃上饭了没有，爸爸妈妈受了伤没有。他走进帐篷里，握着受伤农民的手，亲切地询问他们的伤情，摸一摸褥子铺得厚不厚，被子盖得暖不暖。当他得知老党员、贫协主任王老齐因地震失去了儿子和儿媳时，他的眼睛湿润了，握着王老齐的手，两人相对落泪。总理对人民的深情厚爱，使在场的人都落泪了。周恩来总理在灾区召集当地农民讲话，因为当时天气很冷，又有北风，当地干部特安排一辆卡车，让总理站在车上背着风面向群众。当周恩来发现乡亲们都迎风而立时，他说："听我口令，全体向后转。"然后，时已68岁的周恩来一个人迎风而立，向受灾的乡亲们表示慰问，鼓励他们重建家园。邢台地震时期，周恩来冒着危险三次前往震区。有一次坐火车去，由于震区流行脑膜炎，下火车前，医生让周恩来吃两片抗菌素，周恩来说：保健康是你的责任，但是绝不能脱离群众。周恩来到一家农户查看灾情时，见一中年妇女带了两三个孩子，丈夫不在家，家中乱糟糟的。他坐在炕上与这位农妇亲切交谈，农妇不认识他，只知是从北京来的客人，便拿起碗来倒了一碗水。医生一看，碗没有刷，碗上还粘着玉米面糊糊。刚想张嘴劝总理不要喝，但看见总理瞪了他一眼，于是没敢吭声。周恩来端起粗瓷大碗一边喝水，一边嘘寒问暖，亲如家人。周恩来又来到工地，看望修水库的工人。正值吃饭时间，他与大家席地而坐。工人们你传我、我传你地给周恩来传过来一个玉米面饼子。医生想，总理也没有擦擦手，又经过这么多人的手传过来的饼子，让不让总理吃？吃了会不会生病？他刚要张嘴干涉，周恩来看了他一眼，他没有吭声。只见周恩来接过玉米饼，一边吃，一边与工人们亲切交谈。晚上回到住地，总结一天的工作时，周恩来表扬了医生：你今天表现不错，没有干涉我的行动。他意味深长地说：我们所以能取得革命胜利，还不是靠人民群众真心实意地支持！战争年代，我们共产党人和老百姓滚在一个炕上，群众身上有多少虱子，我们身上有多少虱子。现在解放了，我当了总理了，连群众给我的水都不敢喝了，那还叫什么人民公仆?! 在人民眼里我们还叫什么共产党员?! 我们还如何得到群众真心实意地拥护?! 周恩来这番话讲得何等好啊！这是一个把群众观点、党的宗旨融入血肉、化为灵魂，把"保党的政治影响"视为义不容辞责任的共产党人的肺腑之言！

周恩来曾到过陕西、云南和广东一些有温泉的地方，每次都要问地方领导：当地居民是否洗得上温泉，有没有洗澡的地方。当得知一个地方，当地温泉给干部疗养院占了，群众无处洗澡，周恩来很生气，严肃地批评说：都知道洗温泉好，能治病，可人民群众祖祖辈辈生活在这个地方，却洗不上温泉，他们会怎么想？后来在广东从化又遇到这种情况，地方的同志跟他解释，因为经费不足才没修建。周恩来回到住处后，让秘书送去 200 元钱，转告说，一定要给群众修建洗澡的地方，这点钱仅仅是他和邓大姐的一点心意。管理局的同志不好收，送了回来，周恩来又派人给送去，并让转告他们，下次他还要来检查，看看到底修了没修。

1972 年至 1973 年，甘肃定西连续 22 个月无雨，百万人缺粮，数十万人缺水，病床上的周恩来听了汇报后，伤心地流下了热泪。他说："解放几十年了，甘肃老百姓还这么困难，我当总理有责任，对不起老百姓。"他用颤抖的手连批了九个不够，又画了三个感叹号："口粮不够，救济款不够，种子留得不够，饲料饲草不够，衣服缺得最多，副业没有，农具不够，燃料不够，饮水不够，打井配套都不够，生产基金、农贷似乎没有按重点发放，医疗队不够，医药卫生更差，等等，必须立即解决。否则外流更多，死人死畜，大大影响劳动力！！！"什么叫把人民放在心中最高位置？什么叫全心全意为人民服务？什么叫以人为本？什么叫想人民之所想，急人民之所急，帮人民之所需？周总理这样发自肺腑、切中民心、感人至深的批示，做了最好的回答。这也是周恩来对人民极端负责精神的生动写照。

1956 年 4 月，国务院常务会讨论关于职工伤亡事故报告规程时，有关部门谈到旅大市的两只渔船沉没，原因是渔业公司领导对群众的生命安全不负责任，气象部门发出大风预报，渔业公司压了 24 小时才通知渔船；通知开头不是让他们转移到安全地带，而是问鱼捕得怎么样。周恩来听后十分气愤，严厉批评说：封建时代马厩被烧了，孔子还问人不问马，"益贵人贱畜"，我们今天共产党的干部却问鱼不问人！他责令有关部门在制定政策、起草安全生产指示时，要以事例说明：关心工人，事故就少；不关心，事故就多。关心人，是每个干部的责任。在这次会议上，他提出鞍钢矽尘损害工人健康，"像现在这样，工人在那里劳动几年，就得死掉，事故死亡是看得见的，这是看不见的。""越是在这些'看不见'的地方，我们越是要关心工人。"他要求有关部门赶快去解决这一问题。

1934 年，红军进行第五次反"围剿"斗争。当时，仗打得很激烈残酷，红军的生活越来越艰苦。有一段时间，从总部首长到炊事员，每人每天一律发半斤粮食，装进用灯芯草编成的小袋子。每天早上装上半斤米，分三餐吃，大家叫它"布包饭"。身为军委副主席的周恩来也是每天一份"布包饭"。他看到身边的红小鬼，一个个都处在长身体的年纪，就常常让出一些饭给他们吃。

　　一个上午，周恩来叫过理发员陈友才，说："小陈呀，给我理理发吧，又长了。"陈友才高兴地走进屋子，给周恩来副主席理发。理完发，正在收拾工具的时候，忽然听到外面"嗡嗡"地响，还有"轰隆轰隆"的爆炸声音。陈友才推窗一看，哎呀，不得了，敌机正"瞪着大眼睛"朝这间屋子冲来。陈友才一转身就喊："副主席，快进隐蔽所！"周恩来一把抓住陈友才的手："快，跟我一块儿去隐蔽所。""不不，我去勤务排。"陈友才说。周恩来不由分说拉起陈友才就跑。进了隐蔽所，陈友才一看，隐蔽所太小，他怕自己再进去，周恩来活动不方便，又转身想再回理发的房间去。周恩来又把他拉回来，自己站在隐蔽所门口用身体挡住他。就在这时候，"轰隆"一声，炸弹响了。刚才周恩来理发的那间房子被炸塌了。看看炸塌的房子，又看看周恩来，陈友才的热泪夺眶而出。周恩来笑着瞧瞧他，替他抹抹泪水："哎，'红小鬼'是不许哭鼻子的！"陈友才看看周恩来，又笑了。

　　1946 年 1 月，周恩来从延安乘飞机去重庆。同行的除了工作人员，还有叶挺的女儿小扬眉，当时她才 11 岁。飞机飞得又快又稳。透过云层，可以看到积雪的山峰层层叠叠，好像波涛汹涌的大海。突然，飞机遇到一股强烈的寒流，机翼和螺旋桨上都结了冰，而且越结越厚。不大一会儿，机身也蒙上了厚厚的冰甲。飞机像冻僵了似的，沉甸甸地往下坠，还失去了平衡。机翼掠过一座座山峰，眼看就要撞着山尖了，情况十分严重。机长命令机械师打开舱门，把行李一件一件往下扔，好减轻飞机的重量，还要大家背上降落伞包，做好跳伞的准备。大家正忙着，忽然听到小女孩的哭声。周恩来立刻站起来，从摇摆不定的机舱一头，几步跨到小女孩面前。原来小扬眉的座位上没有降落伞包，她急得哭了。周恩来马上解下自己的伞包给小扬眉背上，还亲切地鼓励她说："孩子，不要哭，要像你爸爸那样勇敢、坚强，同困难和危险做斗争！"大家看到周恩来不顾自己的安危，把伞包让给了小扬眉，都要把自己的伞包让给周恩来。周恩来用命令的口吻说："不要管我！大家要沉着，不要慌张……"就在这时候，飞机冲出了寒流的包围。在阳光的照射下，冰甲开始融化了，整块整块的冰哗哗地往下掉。飞机渐渐升高了，继续快速平稳地向前飞行。"咱们脱险啦！"机舱里一片欢腾。

　　1947年8月18日，沙家店歼灭战打响了。下午3点钟，有一批伤员从前线抬下来，路过周恩来的住地梁家岔村。周恩来站在一个山坡上，检查安置伤员的工作。他查看了每一副担架，慰问了每一个伤员。忽然，他看见有副担架放在村口，便急忙走过去，轻声地问伤员："同志，你伤着哪儿啦？""唉，大腿打坏了。"伤员说。"疼得厉害吧？不要难过，到了医院，过几天就会好的。"周恩来疼爱地说。他对担架旁边的一位老乡说："请你赶快把他抬走吧！""唉！"那老乡叹口气，指着躺在树下的一位农民说："这担架是我们俩抬的。他病了，剩下我一个人，村里的人都支援前线去了，找不到人。"周恩来一听，马上叫警卫员扶那生病的老乡去医务所。然后对留下来的老乡说："来，咱们两个抬吧，快抬到前面的村里去，别耽误了时间！""同志，你恐怕抬不动吧？"那老乡犹豫地说。"能，能抬，走吧！"周恩来说着，就和老乡一起抬起了担架。一路上净是弹坑，很不好走。周恩来生怕伤员再受痛苦，尽力把担架端平，脸上渗出了豆大的汗珠。伤员在担架上望着他，心里很不安。机枪连的战士们赶来了，争抢着抬担架，换下了周恩来。周恩来离开担架的时候，握着伤员的手说：

"同志，你们打了胜仗，意义很大。你们负伤是光荣的。安心养伤吧，不要着急。"伤员看他走远，悄悄地问战士："他是谁呀，好面熟。""是周副主席！"战士轻声地说。伤员一听，猛地坐起来，抱住战士呜呜地哭了起来："哎呀，真是周副主席呀！你回去给他捎句话，就说我养好伤，马上回前线杀敌人，就是流尽最后一滴血，也要保卫党中央，保卫毛主席和周副主席的安全！"

周恩来少年时期就具有尊重、同情劳动人民的意识。旧时代的学校崇尚孔夫子的"学而优则仕"，不提倡劳动，因此清扫教室、烧炉子一类的活都是"卑贱"的堂役的事。周恩来看到堂役们一天到晚干活，很是劳累，出于对劳动人民的深切同情，他每天总是提前到校，主动打扫教室。一次烧茶炉的老人病倒了，他知道后，把平时节省下来的八个铜钱送给了老人，让他买药治病。饱经世事艰辛的老人知道周恩来一日三餐都很节俭，手拿周恩来给的八个铜钱嗫嚅无语，热泪盈眶。

周恩来请掏粪工人时传祥到西花厅做客，和他共进晚餐，亲切地与他交谈，鼓励他为人民多做工作，多做贡献。"文革"中，林彪、"四人帮"借时传祥与刘少奇握过手，把他打成"粪霸""工贼""反革命"，遣送回乡，周恩来知道后，指示北京市公用局党委书记立即把时传祥请回北京，给他平反，为他治病。

周恩来与北京饭店的理发员朱殿华师傅结下了深厚的友情。新中国成立后，周恩来一直在北京饭店理发，对朱师傅不仅关心，而且非常体谅和尊重。有一次，朱师傅在给他刮胡子时，由于他一声咳嗽，不小心把他的下巴刮破了。朱师傅连忙道歉。周恩来却宽慰他："怎么能怪你呢？怪我咳嗽没有事先和你打招呼，还幸亏你刀子躲得快。"一席话说得朱师傅心里热乎乎的。周恩来是重情重义的人，1975 年 9 月，知道自己将不久于人世，最后一次去北京饭店理发，提出和理发员们合影。朱师傅心肠好，说有些理发员不在，下次人齐了再照吧。没想到这是周恩来的明白暗示。1975 年 12 月底，周恩来病情恶化。朱师傅几次捎信要到医院给总理理发。周恩来说："老朱给我理了二十几年发，看我病成这个样子，他会难受的，还是不要让他来吧，谢谢他了！"周恩来去世后，朱师傅极度悲痛。

周恩来对北京饭店其他同志也是同样的关心、尊重。由于工作关系，他去北京饭店次数比较多。每次去，总喜欢在饭店内走动走动，同店里的领导、服务人员见见面，打打招呼，聊聊天。饭店里的所有同志都对周恩来有一种特殊的感情。老职工们至今一提起周恩来，没有不挥泪的。

一次，周恩来去某地视察工作，飞机着陆后，他同机组人员一一握手，表示感谢。这时机械师正蹲在地上工作，周恩来和其他同志握手后就站在机械师身后耐心地等他，并示意别人不要惊动他。机械师工作结束后转过身来，才发现周恩来站在身后，不禁大吃一惊，忙说："对不起，总理，我不知道您在等我。"周恩来笑着说："我没影响你的工作吧？""没有，没有。"机械师赶忙说。周恩来这种尊重别人、诚恳待人的好品质、好作风深深地感动了机械师和在场的所有人。

1955 年夏天，农业劳动模范吴春安来北京参加全国人民代表大会。有一天，下着蒙蒙小雨，吴春安急着上车去会场，忘记带雨具，下了车顶雨往会场走。走了没几步远，突然感到不淋雨了，抬头一看，原来已有一把伞撑在自己头上，转身望去，啊，是周总理！霎时，吴春安浑身热乎乎的，不知该用什么语言表达自己内心的激动。吴春安对总理说："您一个人打着就行了。"说话间，周恩来的半个身子都淋在了雨里。

　　著名歌唱家邓玉华回忆说，20 世纪 60 年代正是国家困难时期，连续三年自然灾害，加上苏联的制约，粮食短缺，副食很少，人民生活十分艰难，煤矿工人仍然坚持下井挖煤，当时的能源就是煤炭。有一次，我们文工团演出队到黑龙江一个新建的煤矿演出，同时体验生活，这个矿的挖煤工作面只有八十几公分，工人干活立不起来，要跪着挖煤，非常辛苦。井深近八百米，阴暗潮湿，为了多出煤，工人们打连班，十几个小时不上井。我们去演出的那几天，绞车坏了，没有零件，一时间修理不好，工人们就把煤装进麻袋里，从井下背上来。有的人关节不适，膝盖红肿，上井后工人用火盆烤腿，贴膏药。本来工人平时上井后能喝上点白酒，去去寒。但是在那极度困难时期，粮食都不够吃，哪里有酒啊？为了祛寒，有的工人偷着用酒精兑水喝。文工团的同志们除了在广场、剧场、医院、井口、食堂、井下工作面演出外，还去矿灯房、选煤厂、煤井体验生活。在生产一线，我们体会到工人们的辛苦和干劲，还有他们无私的奉献精神。一个月后，我们回到北京，有机会见到了周总理，总理问起基层的情况。之前团长吩咐过，矿下生活很苦，条件很不好，不要将这些困难告诉总理，免得总理担心。所以开始，我们只是说，工人们干劲很大，一心想着多出煤，出好煤，工人们都挺好的，您放心吧。总理好像看出我们没有讲实话，说："现在国家很困难，但是暂时的，很快就会克服的，你们要把实际情况告诉我。"我看到总理恳切的神情，和对工人们的关爱，忍不住说："总理啊，煤矿的工人们上井后没有酒喝了！"总理听完后一怔，神情有些沉重，站起来就出去了。我当时很害怕，我的话让总理着急了，害怕领导会批评我。过一会儿，周总理回来了，身后跟着几位部长，他们坐下来，轻轻说着话，商量什么。突然，总理站起来，说："听说现在矿工们喝不上酒啊！同志们，我周恩来可以不喝酒，在座的陈老总可以不喝酒，部长们可以不喝酒，但是煤矿工人绝对不能断酒！"总理眼睛有些湿润，我激动地落了泪，这就是我们的好总理啊，他和基层的煤矿工人心连心啊！没过多久，矿上传来了喜讯，下井工人发酒票了，一个月可以领一斤，慢慢涨到一斤半、两斤。现在，有一些经历过那段时期的老矿工，一提起周总理给煤矿工人们送酒的事，就热泪盈眶。

随着年龄的增大，周恩来工作量不减，饭量不减，但是变化还是在悄悄发生。周恩来喜欢和群众一道吃饭。在田间地头，他与农民一道吃饭；在工厂矿山，他与工人一道吃饭；在招待所、饭店，他喜欢和服务员一道吃饭。有一次，周恩来陪外宾外出参观。那几天他吃饭很费力，吃得慢，吃得少。工作人员看到总理吃饭时的费力，问："总理，你身体不舒服吧？""不，我身体很好。"周恩来说得肯定，但能感觉出那种看不见听不出的异常。工作人员问："总理，你有什么事吧？"周恩来略一沉吟，说："这次活动，吃饭要一起吃。你看，能不能设法把我碗里的饭弄软一些？""可以。饭都是盛好了才端上来么。""搞特殊了。"周恩来笑了笑，有些不安和苦涩。他忽然轻轻叹出一口气："唉，我的牙齿已经全松动了。"因为牙齿松动而提出把饭弄软一些，这就是周恩来犹豫再三才说出的"特殊化"要求。

周恩来吃饭，一般是一荤一素。他爱吃扁豆、豆角类，最爱吃的是豌豆，过不过油无所谓。他不忙的时候，还自己动手做红烧狮子头，这是他最拿手的菜。周恩来吃饭，桌子上特别干净，因为他特别注意不要掉饭粒。只要桌上有饭粒，他就一粒粒捡起来吃了。"谁知盘中餐，粒粒皆辛苦。"他常拿这句话告诫工作人员。他的主食至少三分之一是粗粮。他吃饭从不丢掉一粒米饭，有时不注意掉了，便捡起来吃。他吃完饭，总是在碗里倒点开水涮涮喝下去，从不浪费一粒米、一片菜，哪怕是一杯水、一片药，他也不浪费。周恩来喝茶，但一上午只准泡一杯。接待外宾时，泡好了茶，若要离开，他就拿起茶杯说："这杯茶我带去，还可以喝，不要另外泡了。"有时他把杯里的茶叶也吃了，说倒了可惜。有一次，周恩来在宾馆休息时，护士请他按时吃药，不慎把药掉在地上。护士说，再换一片算了。周恩来不同意，坚持把药找出来，用手绢把这片药擦了擦，照样吃了下去。国务院经常召开国务会议，会议过午还不能结束，食堂便做出工作餐。周恩来规定工作餐标准是"四菜一汤"，饭后每人交钱交饭菜票，谁也不准例外。有人对他如此节俭感到不解，他说："这比人民群众吃得好多了！""三年困难时期"，周恩来和全国人民同甘共苦，带头不吃猪肉、鸡蛋，不吃稻米饭。一次，炊事员对他说："你这么大年纪了，工作起来没黑天白日的，又吃不多，不要吃粗粮了！"周恩来说："不，一定要吃，吃着它，就不会忘记过去，就不会忘记人民哪！"

1958 年 7 月中旬，周恩来到上海上钢一厂和三厂调研。厂里为周恩来准备了丰盛的晚餐，他不吃，自己到食堂要了一副碗筷排队买饭。工人们让他先买，他笑着谢绝了，排到他跟前，花五分钱买了个大白菜，二分钱买了个馒头，一分钱买了一碗汤，跟工人一起吃。

1959 年 5 月 28 日，周恩来到南开大学参观。"周总理来了！"这消息像春风一样吹遍了天津南开大学。午饭已经开过了。食堂里，炊事员正在议论这个消息，想不到周恩来突然出现在食堂门口，微笑地向大家点头致意。"你们的工作很忙吧？又在做下顿饭了。"说着，走进了厨房。他走到菜桶旁边，俯身望着："中午的菜没有卖完？多少钱一份？"炊事员说："这是萝卜，五分钱。"然后走到另一个菜桶旁边，问："这个呢？""小白菜粉条，也是五分。"他看到笼屉里还有窝窝头（玉米面做的干粮），走过去拿了一个，用手掂了掂，问："窝窝头多少钱一个？""两分。""我买两个。"周恩来说着拿了两个窝窝头走出厨房，在食堂中找了一个座位，笑着说："就在这儿吃饭吧，吃饱了好参观。"他招呼着随行人员和新闻记者们："你们忙了半天，肚子也一定饿了，坐下来一起吃饭吧！"炊事员急坏了。总理这么忙，这么累，回到母校来参观，让他吃凉窝窝头、剩菜？这怎么也说不过去呀！周恩来微笑着说："我买一盘五分钱的萝卜，再加两分钱的咸菜。"炊事员们你看看我，我看看你，可一时又拿不出什么好东西给总理吃。周恩来说："哈哈，我就是喜欢吃萝卜。"说着大口地吃起来。食堂里一片愉快的笑声。吃完饭，周恩来走进厨房，和炊事员一一握手道谢，亲切地说："你们的工作很重要哇！"

周恩来喜欢喝茅台酒，但在外事活动和公开场合很注意节制，只是举举杯沾沾嘴边，祝酒致意。有一次例外，那是 1958 年 10 月 28 日，最后一批中国人民志愿军在司令员杨勇上将、政委王平上将率领下回国。北京市在前门火车站组织了群众夹道欢迎。当晚，周恩来即在北京饭店宴请归来的部分志愿军指战员。朱德、陈毅、贺龙等老帅们和中央各部委领导人出席了宴会。那天，周恩来特别高兴，宴会一直沉浸在胜利的欢乐气氛中。周恩来在席间说："今天是抗美援朝伟大胜利，全体指战员回到祖国，为庆祝胜利，今天喝酒要动真格的，谁也不能弄假。"警卫许彦英第一次见到总理这么兴高采烈，杨司令员等首长一杯一杯向周恩来敬酒，周恩来含笑回敬，不到两小时五瓶茅台酒喝光了，杨司令员还叫上。警卫看喝得实在不少了，便巧妙地阻止了上酒。宴会结束舞会开始，总政、空政、海政文工团员依次邀请总理、朱委员长跳舞，周恩来边跳边招呼在座的部长们一块跳舞，一时间容纳千人的宴会厅乐曲萦绕，欢声笑语连成一片。跳了几个舞曲后，警卫发现总理坐在皮椅上有点支持不住了，就立即奔了过去，将总理抬进了贵宾休息室，扶总理躺在长沙发上休息。杨司令员、王政委觉得把总理灌醉了，心里很不安。大家为总理的健康很是担心。警卫一直守候在贵宾室门外，直到凌晨总理醒来。周恩来对警卫说："喝多了点，没事，谢谢你们！"周恩来日理万机，很难有机会这样畅饮。欢迎志愿军凯旋，这是我们抗美援朝的伟大胜利，全国人民欢欣鼓舞，举国同庆，总理与民同乐。

1950年，政务院机关从江苏招来一批中学生当服务员，集中训练一段后便走上服务岗位。有个服务员被分配到周恩来身边工作，开始表现不错，后来情况熟了，就有些顽皮了。一次周恩来外出开会，这位小服务员便在周恩来办公室里闹腾起来，把茶几上的玻璃板给打碎了。值班人员发现后，严厉批评了小服务员，并打算把他调离工作岗位。小服务员沮丧万分，低头认错。周恩来回来知道后，没有说一句重话，还为这位小服务员打圆场，说："小孩子嘛，不懂事，何必这么计较！"

在广州交易会上，有一次周恩来在休息室休息时，给周恩来倒茶的服务员因心情过于紧张，不慎把茶倒到桌子上，这位服务员心里非常不安。周恩来看到了她不安的表情，便主动亲切地同她拉起家常，嘘寒问暖，还拿起摆在桌子上的橘子请服务员吃，并详细询问橘子的品种、产地、质量，使她感到亲切和温暖。

在上海锦江饭店，有一次宴会上，一位翻译人员翻译错了菜名，周恩来就亲自加以纠正。事后，他要这位翻译向服务员、厨师好好学习业务知识，以便更好地提高翻译水平，使这位翻译很感动。还有一次，一位服务员缺乏洗涤化纤衣物的经验，不小心把周恩来一件已穿了多年的混纺衣服洗破了，他知道周恩来十分俭朴，急得不知如何是好。按照饭店的规定，损坏客人的物品应该赔偿。饭店领导便买了一件新衣服赔给周恩来。但周恩来知道后，丝毫未责怪服务人员，说："衣服穿的时间长了总是要破的，怎么要赔呢！"还特地叮嘱秘书："新衣服要付钱，也不能批评服务员。"

这里，是几个关于周恩来照相的故事。

中国照相馆坐落在北京王府井大街南口，这是一个车水马龙，人来人往的热闹地方。这家照相馆技术高，服务好，所以生意特别兴隆，南来北往的人们都愿意在这儿拍照。1956 年 12 月的一个星期天，中国照相馆里，很多人都在等候拍照。忽然，一个人走了进来，啊！是周总理，大家纷纷向他问好。周恩来向大家招手致意，然后走进照相室。照相室里有一位战士，正摆好姿势准备照相。他一眼看到周总理，马上敬礼，一定要让总理先照。周恩来说："你先照，我等一下没关系。"那战士激动得不知说什么好。周恩来同他握手、攀谈，问他叫什么名字，在哪个部队，战士一一回答以后才依依告别。给总理照相，这家照相馆还是第一次，摄影师有些紧张。周恩来说："不要紧张嘛，一切听你们的。"他坐在那里，按照摄影师的要求移动着脸和身体的位置。照了半身相，又照全身相。摄影师想多拍几张以便选取最好的作品。"总理，您的右手是不是放下来？"摄影师说。周恩来笑了："我的右手受过伤，放不下来呀！""啊，真对不起！""没什么！"照完相，周恩来同摄影师和助手握手，连连说："谢谢你们，谢谢你们！"照相馆的全体职工，精心冲洗拍好的照片，还特意挑选了其中的半身相底片放大了四张，代表全店职工赠送给周恩来。周恩来接这照片非常满意，他派人送来四张照片的钱款，还特意送给摄影师和职工每人一张照片，作为纪念。这张照片，在周恩来逝世以后，被放大了挂在他的追悼会会场上。如今，几乎全世界都熟悉这张照片了。在照片上，周恩来亲切地微笑着望着每一个人。

1961 年 4 月 15 日到西双版纳景洪。午饭后，周恩来接见州县干部，在合影留念时，西双版纳报社 25 岁的刀维汉因既兴奋又紧张，慌乱中相机刚照了一张就出了故障，片子卷不过去。此时，其他记者都已经拍摄完毕，仅剩小刀一人在满头大汗地修相机。州委领导考虑到周恩来马上就要乘车返回思茅，就请他去休息，但周恩来没有动，亲切地注视着身穿傣装的刀维汉对大家说："同志们，等一等，他是年轻的傣族记者，给他个锻炼机会，让他照几张吧！"西双版纳 4 月的中午，骄阳似火，周恩来在炎炎烈日下站着等了好一阵，直到小刀将相机修好，照完相后才离去。

1973 年 1 月 9 日，意大利著名摄影家焦尔乔·洛迪想给周恩来拍照。当他近距离观察周恩来的时候，他被深深感动了：

"他的微笑，他的高雅气质，他的沉着稳重和高大形象立刻打动了我并给我留下深刻印象。他是一个非常有涵养而且高雅的人，他的确懂得预知未来，预知自己的国家。我不是一个政治家，但我认为，如果说毛主席是一个伟大国家的舵手的话，周总理则凭他的勇气为这个国家照亮了前进的道路。这是我的一点看法。"在他接近周恩来的时候，他说："总理先生，我有生以来第一次撒了谎，我向别人谎称没有带照相机，但实际上我带了。因为这是唯一的机会能为您拍一张照片，我再也不可能有其他的机会、再也不可能有像今天这么好的运气给您拍照了。"周恩来看了看焦尔乔·洛迪，幽默地说："满头白发的人也会说谎吗?""是的，总理先生，我是说了谎。但是，如果可能的话，如果您愿意的话，我这是第一次请求您，耽搁您一小会儿时间让我为您照一张相。"周恩来对他笑了笑，说："面对一个满头白发的人，我总是愿意的。"焦尔乔·洛迪让周恩来坐下来，拍下了第一张照片。但那时周恩来的眼睛几乎是往地上看，焦尔乔·洛迪认为这张照片不太好。于是，走近周恩来，对他说："总理先生，我不是一个出色的摄影师，您能给我一个机会再为您拍一张照片吗?"周恩来同意了。当焦尔乔·洛迪正在取景时，周恩来的一个秘书从远处叫他，他的目光移向了远方，朝着中国的未来看去。就这样，焦尔乔·洛迪拍下了第二张照片。这张照片一发表，很快传遍了千家万户，曾被邓颖超赞为"恩来生前最好的照片之一"。

对革命先烈，周恩来一直念念不忘。

陈友才是战争年代周恩来的警卫参谋，抗战初期牺牲了。这件事情，周恩来一直记在心里。原延安地委书记土金璋回忆：1970年6月1日，邓颖超大姐到延安来，在宝塔山跟我说起这个事。她说："金璋同志，我有一个事情要跟你说一下，我这次来的时候，总理跟我说，陈友才同志是替他死的，你要想办法把那个坟墓给找到。"这是周总理的指示，邓大姐转告的。我们就找过去在直属队的周恩来的警卫员，查资料，问群众。经过我们调查研究，还组织了几个人，基本上搞清楚了陈友才的坟墓肯定是在清凉山上。但是清凉山烈士的坟墓比较多，大致的位置大家讲是靠南边，到底是哪一座，说不清。1973 年 6 月 9 日周总理来延安，他问我："哎，我请大姐跟你说的那件事，你给我办得咋样啊？"我知道这就是问陈友才的坟墓找到没有。我向他详细汇报了。他把当时的战斗经过，他怎么脱险，给我说了一遍。大姐说过一遍，恩来同志又亲自和我说了一遍。总理跟我讲，陈友才是替他死的。陈友才身上装着他的一个名片，他当时做交际和联络工作。陈友才穿的衣服比较整齐的，一身黑衣服，戴着一个礼帽，长得也很精神，结果敌人以为打死的就是周恩来，所以就没继续追。恩来同志讲："敌人从西面那个沟翻过去，走了。他们都是长枪，我们都是短枪，敌人要是拿长枪射我，打我，我们也走不了。敌人要是追赶我，我们人少，武器只是短枪，也不好脱险。正因为敌人在陈友才身上找到了我的名片，所以没有追，陈友才是代替我死的。"土金璋感叹，作为一个大国的总理，他的一个警卫参谋牺牲了这么多年，一直念念不忘。直到 1973 年，还那么认真地要把陈友才的坟墓给找到，这说明他的高尚品格，心中始终有他人，给人以非常深刻的教育。

周恩来和叶挺的友谊非比寻常。叶挺在同好友谈起周恩来时曾动情地说："人生得一知己，可以死而无憾。""生我者父母，知我者周公也。"这些话语饱含了他对周恩来的全部感情。在周恩来生命的最后日子里，也想起了叶挺。有一次他对工作人员说，想喝六安瓜片茶。这并不是很有名的茶，工作人员奇怪，总理为什么忽然想喝这种茶？喝完茶，他才对工作人员说："想喝六安瓜片，是因为想起了叶挺将军。抗战初期，叶挺任新四军军长时，送了我一大筒六安瓜片茶，喝了这茶，就好像见到了叶挺将军。"听着一个生命垂危的人这样深情地怀念战友的话语，工作人员深深地为这种深厚的战友情谊所感动！

周恩来和邓颖超没有孩子，但他们都很喜欢孩子，和孩子们在一起的时候，他们也天真得像孩子。

原中顾委秘书长、国家体委主任荣高棠回忆：革命时期，红岩有个乐氏家族。我的儿子3岁，名字叫小乐天，是周副主席和邓大姐起的。我保存了两张照片，一张是周副主席抱着我的儿子小乐天，旁边站着的是叶挺将军的小女儿扬眉；另一张是邓大姐抱着小乐天，周副主席在照片旁题了诗，写着"赛乐天题双乐天图"，他自称赛乐天。他们工作之余休息的时候，常常过来抱孩子玩一会儿。邓大姐说，这孩子爱乐，就叫乐天，他叫小乐天，我就是大乐天，所以周副主席自称赛乐天。诗是这样写的：

大乐天抱小乐天，嘻嘻哈哈乐一天；
一天不见小乐天，一天想煞大乐天。

周恩来还抚养过一些烈士遗孤，对这些烈士子女关怀备至。革命战争年代，周恩来在白区经常做的一件事，就是搜求烈士遗孤，安排抚养。他常说："不这样，我怎么能对得起他们的父母？"他在延安时亲自安排将瞿秋白、蔡和森、苏兆征、张太雷、赵世炎、王若飞等烈士之子女送到苏联教育、看护，并且亲自到苏联去与斯大林谈判，达成了一个谁也想不到的协议：这批子弟在苏联只求学，不上前线。这恐怕是当时世界上两个最大的人物达成的一个最小的协议。当周恩来的表姐龚志茹遗憾地说："唉！美中不足的是你们没有一个孩子"时，周恩来反驳说："谁说没有？我们有十个！他们的父母是为革命而牺牲的，我们就担当起父母的责任。他们都生长得挺不错嘛！"

1960年秋季的一天，天下着大雨，北戴河外宾阅览室里，忽然电话铃响了。管理员小王拿起话筒一听，原来是北戴河疗养所外事处的一位同志打来的，说是有位领导要看世界地图和其他一些书籍，请图书室的同志给送去。小王看了一下墙上挂的借书规定，又望了望窗外正下着大雨，就委婉地回答说："图书室有规定，这些书不外借，如果需要请到图书室里来看。"小王放下话筒，又望着窗外越下越大的雨，心想：这样的天气，一定不会有人来借书了。不一会儿，图书室的门开了，走进一个身材魁伟的人，手里拿着一把水淋淋的雨伞，裤脚已经湿透了。他走到小王面前，笑着向她借书。小王把书拿出来，抬头把这位同志仔细看了看，惊叫了一声："啊，是周总理！"她赶紧把书捧给总理，后悔自己在电话里没有问清是哪位领导借书，早知道是总理，无论如何也要给送去。她望着总理，喃喃地表示歉意。周恩来爽朗地笑着说："你把图书管理得很好嘛。有一套制度这很好，没有章程、制度，办不好事情。无论什么人都应遵守制度。"说完，就拿起书坐在桌边认真地查阅起来。离去时，周恩来握着小王的手，再次说："一定要办好图书室。"小王激动地表示："听总理的话，改进工作，办好图书室。"

　　周恩来是彻底的唯物主义者，因而是党的群众路线、群众观点的彻底执行者，他用一生践行了永远不脱离群众、永远不脱离实际的诺言。民主革命时期，周恩来就提出团结一切可以团结的力量，建立最广泛的统一战线。要争取多数，"那个多数一直要包括到敌人营垒中的少数开明分子"。"凡是有群众的地方一定要进去工作"，包括黄色工会。他提出在统一战线问题上要反对关门主义的"左"倾错误和投降主义的右倾错误。"'左'倾是把整个队伍推出去"，"是把自己孤立起来，成了'无兵司令''空军司令'"。而"右倾是把整个队伍送出去"，因而都不能坚持无产阶级的领导权。社会主义时期，周恩来提出要"团结一切可以团结的力量，动员更多可以动员的因素，来参加社会主义建设。"他教育党员，要有团结广大人民群众一道前进的气概和宽广胸怀。不仅要团结工人、农民、知识分子及城乡小资产阶级，同时要团结、改造民族资产阶级，即使对地主，也要通过劳动把他们改造成为新人，甚至对末代皇帝也要进行有效的教育和改造；不仅要团结有共同信仰的人，而且要团结有不同信仰的人；不仅要团结先进的人，也要团结思想落后，有各种缺点的人。周恩来对党外朋友襟怀坦荡，赤诚相见，传为佳话。周恩来与张治中虽属两个党派，可在感情上却是多年的朋友，有着很深的私交。早在 1924 年第一次国共合作时，两人就已相识，周恩来是黄埔军校政治部主任，张治中是入伍生总队长。在周恩来革命思想的熏陶下，张治中对共产党有了认识，并对周恩来大公无私、献身革命的精神十分钦佩。土地革命时期，张治中为了不与共产党作战，既不带兵也不参政，当了 10 年军校教育长。1945 年重庆谈判时张治中腾出自己的房子给毛泽东住，又接受周恩来建议，亲自陪送，以确保毛泽东的安全。在新疆兼任省主席时，张治中受周恩来嘱托，释放了被国民党关押的共产党干部及其家属，并安排专人专车，将他们送回延安。对这样一位为中国革命作出特殊贡献的有功之人，周恩来始终给予真诚的关怀。1949 年 4 月 1 日，张治中率代表团到北平与中共代表团谈判。张治中虽认清了国民党的腐败及必然灭亡的结局，但受封建忠君思想束缚，不能毅然决然站到人民一边来。周恩来诚恳地同他多次交谈，设身处地地为他着想，明确指出："代表团不管回上海或广州，国民党特务分子是不会放过你的。"他动情地说："我们共产党人，从不做对不起朋友的事。西安事变时，我未能及时拉住一个姓张的朋友，今天我再也不能对不起你了。"为了解除张治中的后顾之忧，周恩来又亲自作了精心安排，把张治中的夫人及女儿安全地接到北平。周恩来的真情深深感动了张治中，使他毅然站到了人民一边。张治中曾说过，"我的一切进步与我的老朋友周恩来的帮助、教育是分不开的，我永远不会忘记他的情怀，他那广泛团结人的思想是国人学习的楷模。"

周恩来生前和很多老中医都有交往。施今墨曾被称为"南北驰名的名医"，多次为周恩来看过病，深得周恩来的赏识。1953 年 4 月，周恩来在中南海接见施今墨，说："施老先生，我想请你当老师，谈谈祖国医学事业的发展问题，这是当务之急啊！"施今墨向总理提出了久郁心中的愿望，建议成立中医研究院、中医医院、中医学院……周恩来听完后说："在新中国，中医一定会有新的发展，新的变化，我们不但要让中医在国内占有重要的地位，还要把它介绍到国外去，让西方懂得，中医是人类医学宝库中的重要财富。""十年动乱"中，施今墨遭遇被批斗的劫难，周恩来亲自派人把他们全家保护起来，并解决了生活费、医疗费等问题。

1968 年 5 月，岳美中被扣上"反动学术权威"的帽子后，以古稀之年带病之身，一边做检查接受批判，一边清扫厕所。周恩来知道后，指名让他去越南为胡志明看病，从越南回来后，周恩来又关照，把岳美中安排在北京饭店住了一段时间才送回到医院，不久就给他恢复了工作。1972 年 5 月，周恩来被确诊为膀胱癌，岳美中参加了总理的治疗工作。1975 年 12 月下旬，岳美中最后一次为周恩来会诊，会诊后，岳美中汇报：总理的病，主要是长期重病和劳累，体内已经正气不支。周恩来听后，微微点头，对邓颖超说："岳老讲的，一语破的。"看完病，岳美中走出病房，工作人员追出来说："总理吩咐，岳老有糖尿病，不要留他吃饭了，让他抓紧时间回去休息。"岳美中后来回忆说，当时距离周总理去世只有十多天，病情已见危重，但总理谈到自己的病情时平静得如同讨论一件日常事，而对别人的关心仍旧那么细致入微。

1955 年，周恩来亲自把治疗乙脑有绝招的老中医郭可明从石家庄接到北京，邀上天安门观礼。为表扬老中医黄竹斋治愈德国友人的中风病，周恩来亲自给黄先生敬酒，赞扬他为祖国、为中医争了光。1962 年，骨科名医杜自明病逝，周恩来深感惋惜，亲到友谊医院向杜老遗体告别。葛云彬老中医作古，周恩来指示，把骨灰安葬于八宝山革命公墓。1950 年，林伯渠久呃不止，西医治疗效果不理想，周恩来亲自参加林伯渠的病案讨论，建议改用中医方法治疗。根据周恩来的建议，章次公老中医把林伯渠的病治好了，周恩来感慨地说："西医好，中医好，中西医结合更好。"这句话，一直是指导中国医学界的至理名言。周恩来还说过，希望不要让我们的子孙后代到国外去学中医。

他听说蒲辅周老中医家的收音机破旧了，就将自己访日带回的半导体收音机赠送给了蒲老。有一次，周恩来患癃闭症，许多医生一筹莫展，后经蒲辅周治愈。周恩来问他："你给我开的药为什么特别灵？"蒲辅周回答说："别人把你当总理医治，我把你当病人医治。总理的病非医生可医，病人的病是医生可医的。"周恩来称赞蒲辅周是"高明中医，又懂辩证法"。蒲辅周生病的时候，周恩来或者亲自去探望，或者让邓颖超代为探望。蒲辅周过意不去，周恩来说："你为我们保健负责，我们也对你的保健负责，彼此不是一样的吗？蒲老，你要好好保重身体，一般的病请你的学生去看就行了，我也转告其他首长，不要轻易惊动你，你健康长寿，我们大家都有好处嘛。"周恩来曾指示蒲辅周的弟子高辉远，一定要把蒲老的学术思想和宝贵经验整理出来，继承下去。高辉远等人几经寒暑，整理出一部经验手稿交给有关部门，时值"文革"前夕，山雨欲来，这部手稿无人过问，竟被扔进废纸堆。高辉远费尽周折，找到手稿收藏起来。一次，周恩来又向高辉远问起此事，高辉远如实作了汇报。周恩来让他把手稿拿来，亲自翻阅，批示予以出版。1972年12月，《蒲辅周医案》终于付梓问世。

周恩来在文艺界交了很多挚友。周恩来和郭沫若是心心相印的莫逆之交。1941年皖南事变以后，重庆政治环境日益恶化。周恩来领导南方局组织大批文化人撤退到外地，留下郭沫若等部分文化人坚守重庆的岗位，但他们已不可能大规模地进行公开活动，"清闲"下来了。周恩来便公开号召郭沫若："复活过去的研究生活，指导这一代青年，提倡起研究学习精神，以充实自己，以丰富我们民族的文化，郭先生，现在是时候了。"郭沫若对周恩来的话深以为然。皖南事变以来，他憋在心里的愤怒、"伟大的忧郁"终于找到了发泄的时机和方式。"冷静的火山重新爆发"了，但不再以新诗的形式，而是以更接近广大群众，也更刺痛顽固派的戏剧形式喷射他的诗情。1942 年 1 月《屈原》、同年 2 月《虎符》、同年 6 月《高渐离》、同年 9 月《孔雀胆》、1943 年 4 月《南冠草》，郭沫若几乎是一口气创作了五部历史剧。这以后，郭沫若从戏剧创作又转向了历史研究，主要是向周秦的意识形态领域开拓。一年多时间里的研究成果汇编成两个集子——《青铜时代》和《十批判书》，此外还有《屈原思想》和影响很大的史论《甲申三百年祭》等等。无论史剧或史论，一稿初成，郭沫若总要请周恩来做第一读者，或向包括他在内的朋友们朗诵，听取意见。周恩来总是直抒己见，同郭沫若商榷。他在信上对《棠棣之花》修改稿提出的意见多达 30 条；他对《屈原思想》一文提出异议，以为屈原是一个"伟大的思想家兼艺术家"，却不能说是一个"革命的思想家"，这意见是中肯的，他将郭沫若对"仁义"的阐释"把人当成人，该做就快做"，改为"该做就要做"，一字之差反映了革命家和诗人气质的不同。周恩来和郭沫若都是时代之子、革命之子，同时也是民族之子。他们既吸取了时代精神，掌握了马克思主义世界观，同时又深深地植根于中华文明的沃土之中。

周恩来逝世后，郭沫若写了一首《七律·悼念周恩来》，表达了对周恩来的深切怀念。

革命前驱辅弼才，巨星隐翳五洲哀。

# 周恩来 永远的榜样

奔腾泪浪滔滔涌，吊唁人涛滚滚来。

盛德在民长不没，丰功垂世久弥恢。

忠诚与日同辉耀，天不能死地难埋。

  曹禺是"大器早成"，如邓颖超评价的，他"从青年时，就是一位才华出众的剧作家。"他青年时代写的《雷雨》以及后来的《日出》《原野》《北京人》等，感染了一代又一代观众。1946年，他接到美国国务院的邀请，经上海赴美讲学，后来在周恩来的邀请下回国。1949年，在中共地下党保护下，曹禺顺利回到北平，投身建设新中国的伟大事业中，为新中国戏剧事业的发展作出了重大贡献。周恩来和曹禺有相同的经历和爱好。他们都曾在天津南开学校读书，中学时代受到相同的教育和影响，而且他们都热爱话剧。1990年，邓颖超在祝贺曹禺从事话剧活动65周年时给他的一封信中写道，周恩来同志和我"在少年时期就热爱戏剧，并有小小的尝试，这是我们俩的共同爱好。"他们相识也得益于对话剧的热爱，邓颖超曾对曹禺说过："我们相识了几十年，相识是由你的话剧作为桥梁的。"曹禺的成长伴随着周恩来的关怀。周恩来喜欢看曹禺的戏，抗战在重庆时，凡是曹禺的剧本演出，只要有空，就和邓颖超一起去看，是忠实的观众。几十年后，周恩来谈起当年观看曹禺的戏，还是记忆犹新，回味无穷，他说："我在重庆时对曹禺说过，我欣赏你的，就是你的剧本是合乎你的思想水平的。"还说过："我是热爱他作品的一个，推荐他作品的一个。"1961年，周恩来曾几次观看《雷雨》的演出。有一次，他看《雷雨》时，指出于是之的台词听不清，剧场经理为之解释说："总理坐的第七排的座位是声音效果不好的地方，后边十排左右的座位反而好些。"又一个晚上，周恩来再次去看《雷雨》，他就执意坐在十一排，并向剧场经理说他一定要坐在这个位置听听声音效果如何。演出中，周恩来还指着台上的于是之问旁边的观众，他的话你能听清楚吗？身旁的观众也反映听不清楚。戏演完后，为了体谅演员，他并没有一开口就批评，而是说了许多自我批评的话，然后才批评于是之读词声音太轻，使观众听不清，影响演出效果。同时，周恩来还正面提出一个演员在台上要"目中无人，心中有人"的精辟见解。他说："眼睛老看观众就忘了戏里的环境和人物关系，但只顾自己的真实，心里忘了观众，声音小得叫人听不见，也就没有了'群众观点'。"

欧阳予倩于1889年出生，比周恩来年长9岁。周恩来对欧阳予倩十分敬重。1939年，周恩来途经桂林时，受到桂林文化界包括夏衍、田汉和欧阳予倩等100多人的欢迎。当时，欧阳予倩的话剧本在国统区影响很大，体现了中华民族的抗争精神和勇气。他的名作《桃花扇》锋芒指向就是汪精卫汉奸政府，以及在外敌面前不予抵抗的腐败残暴的反动势力，激发了国统区人民的抗日热情。周恩来十分欣赏他的爱国心和勇气。新中国成立后，《桃花扇》又出现在话剧和京剧舞台上。对主人公侯朝宗的刻画，学界有不同的看法，周恩来没有就戏的人物定位发表意见，而是对欧阳予倩的勇气予以肯定，他说："欧阳老到晚年还给侯朝宗翻案，否定侯朝宗，很有勇气。"对创作中的不同意见，周恩来总是真诚地提出自己的看法。1957年9月，北京人民艺术剧院为了纪念话剧运动五十周年，演出了欧阳予倩、田汉的《潘金莲》和《名优之死》。对潘金莲的人物定位，有人认为这是为潘金莲翻案。欧阳予倩说："我没有为潘金莲翻案，只是想写不合理的婚姻制度、封建道德的束缚，有钱有势的男人对女人的压迫蹂躏，可以造成罪恶的悲剧，我不过是想借这个人物描绘一下这一矛盾罢了。"周恩来对此剧也很关心，他对田汉说："欧阳老当时这么写是可以理解的，作者之意在于同情被压迫的妇女，是反封建的戏。"同时也表达了不同的意见，指出这样写潘金莲不合适，认为创作"要选真正的典型"，而"潘金莲由反抗到堕落，与西门庆通奸，杀害武大郎，如果同情潘金莲，就有问题了。"他说："《潘金莲》有毛病，我看后一晚没睡觉，甚至想到怎么修改。但很难改，有很多矛盾不好解决。我们的戏曲从来都是同情被压迫的女子，如王宝钏、白娘子、祝英台、穆桂英，因而带有人民性、进步性。有些人物是典型，值得同情，但潘金莲这个典型没有找对。"周恩来在小范围内谈了意见，请田汉向欧阳予倩转达，还特别嘱咐："不要登批评意见，如果欧阳老自己愿意写，有时间写，也可以写一篇，不写也可以。"

他亲自培养、介绍程砚秋入党，不止一次到程家促膝长谈。周恩来认为，程砚秋有民族气节，又是著名京剧表演艺术家，代表一个方面，在戏剧界有较大影响，介绍他入党不是一个人的问题，这样做，给戏剧界指出了他们努力的政治方向。

1962 年，一个细雨蒙蒙的下午，一个撑着油纸雨伞的人，敲响了著名京剧表演艺术家盖叫天的家门。盖叫天应声开门，一看是周恩来，急忙用颤抖的双手接过周恩来手中的雨伞，说："总理啊！您冒雨前来看我，这可担当不起啊！哪朝哪代，有宰相登门拜访一个玩把式的？"周恩来把手一摇，笑着说："唉！哪个朝代人民不爱'国宝'呢？今天晚上你还要为外宾演出哩！"盖叫天说："我正忙着练功准备！"周恩来说："你呀，真是活到老、学到老呵!"周恩来和盖叫天亲切地攀谈了一个多小时。晚上，周恩来陪同外宾观看了盖叫天的演出之后，又一次到后台看望他。盖叫天正光着脊梁，赤裸着上身在洗脸卸装。旁人要招呼盖叫天，周恩来一面摇手阻止，一面拉过凳子坐下，慈祥地看着他卸装。盖叫天正对着镜子埋头揩擦油彩，抬头猛见镜中映出周恩来慈祥的笑容，回转身来，又惊又喜地说："啊，总理，您是宰相，要在过去，我这样赤身裸体，就会犯大不敬之罪的啊！"周恩来脱下身上的夹大衣披在盖叫天身上说："那是过去呵，今天，你是'国宝'，我是人民的服务员啊！"

在一次会议上，周恩来看到老舍先生穿着笨重的毡靴，在交谈中了解到老舍的住房是旧砖地，又凉又潮，因为个人买不到木材换不了地板，即告北京市领导同志帮助解决，并派人前往察看，做了防潮处理。老舍当时就高兴地说："我出钱！"周恩来还亲自到他家中看望，和他探讨修改上演的剧目。老舍不止一次深情地对家人说，他对周恩来崇拜得五体投地，敬佩万分，从心眼里把他当成自己的良师益友。

著名电影表演艺术家张瑞芳说：跟周总理接触，他的身教、言教，处处都是，不是说没大没小，就是觉得真亲，什么话都想说，所有浮上来的思想，都可以和他讲。我觉得跟他谈话，应该说是一种灵魂净化。我感觉跟他谈了以后，总有所得。因为他也不是随便就下结论的，他有时也原谅我们的弱点，看你怎么对待你的弱点。看到你在纠正你自己，他非常鼓励你。20 世纪 60 年代，演《红色宣传员》那个戏，在电话里，周总理说，希望你们在生活和工作时学习政治，你要学习活的政治。我说，好，我记得了。"为什么我们共产党员，倾听群众的意见，走群众路线是我们最重要的。"周总理说，"你知道为什么？"他解释说：群众最善于从自己最熟悉的角度提出问题。他最熟悉的是他的角度。他跟你谈，马上就三句话不离本行。比如我跟总理谈话，我就谈戏。周总理说，作为领导人，不可能熟悉到那个程度。所以他说倾听群众意见，群众善于从自己熟悉的角度提出问题。周总理在倾听时，他的眼睛那样专注地看着你，尽管你说得乱七八糟，或者有些东西好像不是那样的有条理，但他很清楚你在说什么。

周恩来对他的三位母亲，更是充满浓浓的亲情。

周恩来生于江苏省淮安府山阳县（今淮安市）。原籍浙江省绍兴县（今绍兴市）。在富饶、美丽的苏北平原，有座文化古城淮安，城内有条叫驸马巷的小巷，巷中有一所三进院落组成的宅院。1898 年 3 月 5 日，东宅院的一间屋子里忙碌异常，在一位产妇的呻吟声中，一个男婴出生了。他就是周恩来。周恩来出生的第二天，他的父母给他取幼名叫"大鸾"。传说中，鸾是一种与凤凰齐名的神鸟。周恩来的生母姓万，小名冬儿，在家排行十二，大家叫她万十二姑，是一位性格爽朗、精明强干、乐于助人的女人。由于万氏性格爽朗，待人接物礼节周全，家族间发生了纠纷，常要请她出面调解。这对周恩来的性格的养成是很好的熏陶。1899 年初，周恩来最小的叔父周贻淦一病不起。为了使贻淦在弥留之际得到一点安慰，也为使他的妻子陈氏有所寄托，周恩来的父母决定把自己不满周岁的头生子周恩来过继给他们"冲喜"。陈氏寡居后，养子周恩来成了她唯一的希望与寄托，她把最炽热的母爱无私地献给了年幼的周恩来，养母陈氏出身书香门第，勤于书画，爱好诗文，是周恩来的文化启蒙老师。5 岁起，陈氏每天教他读书识字，背诵唐诗宋词，还给他讲故事。养母的一言一行，一举一动，对幼年周恩来性格的形成、文化修养的提高影响很大。为了更好地照顾周恩来，陈氏还为他请了一位勤劳善良的乳母——蒋江氏。从蒋妈妈那里，周恩来学到的是另外一种知识。蒋氏勤劳简朴，在用乳汁哺育小恩来的同时，也向他灌输了朴素的感情。春天到了，小恩来和蒋妈妈种了几棵南瓜。秋天，结了几个大南瓜，小恩来高兴极了，从心里钦佩蒋妈妈。

三位母亲，把同样的慈爱给予周恩来，也以不同的性格，给周恩来以不同的影响。周恩来的一生，从性格、学识、修养到为人处世等方面，都受到他母亲的影响。生母、嗣母、乳母，三位亲人的教育和启蒙，为他日后所走的道路及成就，奠定了良好的基础。在旅欧时期，他写的一封表明自己"当信共产主义原理"的信中说：自己一来"天性富于调和性"，二来"求真的心又极盛"。这两大性格都与三位母亲的早年熏陶有关。周恩来生母万氏对周恩来成长影响很深。他在日本留学时期的日记里，多次写到对生母的怀念。每逢新年除夕、清明、端午、中秋等节日，都无限思念亲人，时常"想亡母，不能成眠"。1920年，他因领导学生运动在天津被捕，在狱中曾写了《忆娘母》，回忆生母万氏。1945年抗战胜利后，周恩来在重庆对新闻记者说："35年了，我没有回家，母亲坟前想来已白杨萧萧，而我却痛悔着亲恩未报！""直到今天，我还得感谢母亲的启发。没有她的爱护，我不会走上好学的道路。"1946年9月，他在接受美国记者采访时，又一次深情地回忆母亲："我的母亲长得很漂亮，为人善良，生了三个小孩——我和两个弟弟……但我的生母是个爽朗的人，因此，我的性格也有她的这一部分。"新中国成立后，与亲属谈话时又讲道："封建家庭一无是处，只有母亲养育我，还是有感情的。"对养母陈氏，周恩来曾对美国记者说：我出生后，因叔父周贻淦已经去世，照传统习惯，把我过继给叔父，由守寡的叔母扶养。嗣母"是受过教育的女子，在我5岁时就常给我讲故事，如《天雨花》《再生缘》等唱词。嗣母终日守在房中不出门，我的好静的性格是从她身上承继过来的"。周恩来10岁时，两位母亲相继去世。1918年，嗣母去世十周年时，他在日记中写道："我把带来的母亲亲笔写的诗本打开来念了几遍，焚好了香，静坐了一会儿，觉得心里非常的难受。那眼泪忍不住地要流下来。计算母亲写诗的年月离现在整整的26年。那时母亲才15岁，还在外婆家呢；想起来时光易逝，墨迹还有，母亲已去世10年，不知道还想着有我这个儿子没有。"可见对嗣母的怀念之深。周恩来对乳母也怀有深深的情谊。乳母蒋江氏是位勤劳、朴实的劳动妇女，周恩来从她身上学到了劳动人民的勤劳、朴实，从小就对普通劳动者有心灵上的沟通。他对乳母一直怀有感激之情。新中国成立后，还记挂着乳母。

"周恩来，字翔宇"，这是他早年发表文章及留学日本、法国时常用之名。周恩来如此珍爱此名，其中饱含着他对老师的敬重与缅怀。早年，周恩来曾在沈阳东关模范学校就读于高盘之先生。1913年，周恩来毕业后南归天津，高先生斟酌忖度，命字翔宇，愿这位大志青年如鲲鹏翱翔宇宙。周恩来始终不忘恩师的教诲。在延安时期，一位外国记者问道："阁下，以您的出身情况，是如何走上无产阶级革命道路的？"他回答说："少年时代在沈阳读书时，得山东高盘之先生教诲与鼓励，对我是个很大的促进。"1950年12月，高先生的儿子高肇甫接到电话，来到总理办公室。"肇甫呀，刚刚建国，很忙。今天抽时间，咱们见见面。"周恩来边说边笑着握住了高肇甫的手，情殷意切地说，"没有高老师的教导，我不会有今天。"1961年，高肇甫夫妇带着3个孩子回北京探亲。周恩来获悉后，接见了他们全家。饭后，周恩来让秘书搬出一包礼物托他们带给师母，并附上放大的老师照片一张。想不到周恩来戎马倥偬，历尽峥嵘，还一直珍藏着老师50年前送给他的一张照片！师母手捧丈夫的照片，感动得热泪盈眶。

周恩来是南开校友的杰出代表。青年时期，他怀着"为中华之崛起而读书"的远大理想，在南开经历了中学和大学生活，是南开大学文科第一期学生。20世纪20年代旅欧期间，周恩来始终与严修、张伯苓等南开先贤保持通信联系，与旅欧南开同学保持紧密联络，并积极推动留欧南开同学会的成立，曾被推选为南开同学会法国干事。新中国成立前，尽管时局动荡，工作繁忙，周恩来始终积极参加母校的有关活动，如向南开师生发表"抗战救国与南开精神"演讲、观看南开剧社演出、出席南开校友聚会、支持出版张伯苓教育言论集等等。新中国成立后，周恩来一如既往地关心南开大学和南开师生，体现了他对教育事业、对知识分子的关怀。1949年10月1日，南开大学教授杨石先受邀出席开国大典，在天安门城楼上，周恩来特地向毛主席介绍了杨石先，说"这是教育界的代表，南开大学负责人、老科学家杨石先同志"。毛主席紧紧握住杨石先的手说："你在教育工作岗位上付出了多年的辛勤劳动。"这件小事，让南开师生深受感动，备受鼓舞。1950年春，张伯苓向周恩来表示，希望返回北方。周恩来不仅派专人到机场迎接，还指示政务院做好接待准备。张伯苓抵京后，周恩来立即前往问候，嘘寒问暖，还动员张伯苓的在京旧友前来叙谈，打消大家对张伯苓当过国民政府高官的顾虑。张伯苓十分感佩，曾对亲友说："我活了 70 多岁，与政府高级官员谈话，还没有一个人能像周恩来那样推心置腹。"1951 年，张伯苓去世后，周恩来亲赴天津吊唁，中肯评价了张伯苓献身教育的一生，深情地指出："张校长办教育这么多年，确实是有贡献的，咱们都是他的学生。"周恩来特别关心张伯苓遗属的生活，1961 年困难时期，他把自己的高干购物证和 500 元钱送给张伯苓夫人，并嘱天津市政府多加关照，直到张夫人去世。五六十年代，周恩来多次接见杨石先、滕维藻等南开教师，叮嘱杨石先处理好教学科研与行政事务的矛盾；他还自己掏钱在天津邀请一些老同学吃饭，席间，勉励在天津图书馆和南开大学图书馆工作的黄钰生、冯文潜做好工作、保存好文献资料，鼓励严氏后人严仁曾编写《严修年谱》。"文革"期间，南开园遭受劫难，教师干部受到严重冲击，周恩来特意嘱托天津市委书记，称"南开大学杨石先这些同志是搞科学研究的，要关心保护他们"。在生命的最后岁月，周恩来仍牵挂南开师生。1975 年 1 月，他抱病接见参加第四届全国人大的天津代表。周恩来对杨石先说："我的病已经大有好转，基本控制住了。回校后，代我向南开大学的同志们问好，将来有机会我还会到南开看望大家的。"这是周恩来留给母校的最后一句话。

周恩来豁达大度，有着解放全人类的广阔胸怀。他主张在社会主义革命和建设中要团结一切可以团结的力量。他批评一些人对党外人士另眼看待，指出，党团员总是少数，"少数人自己画个圈子把自己圈起来，用中国的古话来说，就叫'画地为牢'"。

周恩来对人向来是尊重的，从他内心自然地流露出对别人的尊重与平等。他认为高高在上、脱离群众、搞特殊化是低级趣味，干部被人看成是凌驾于人民群众之上的官老爷，这是一种耻辱。"文化大革命"那么多人被批斗，错误地对刘少奇口诛笔伐，但周恩来从来没有说过不得体的话。他对工作人员说，即使有错误也要注意从政治上去批评，不能侮辱人格。20 世纪 60 年代初，日本女排独霸世界排坛。周恩来认为与训练得法有关，就把日本女排教练请来帮助训练。这个日本教练很严厉，如果哪个女队员的动作达不到要求，他有时会动手打人。因为他是周恩来请来的客人，事情就传到周恩来的耳朵里。周恩来就亲自去看女排训练。看完以后，就对日本教练说："训练中，对我们的姑娘们怎么严格要求都可以，'严师出高徒'么。但是有一点，不能动手打我们的姑娘。在日本你们可以这么做，但在中国不行。两国的社会制度不同，我们是社会主义国家呀，我们的制度不容许打人。"

周恩来作风民主，乐于听取不同的意见。他说，只有听取不同意见，才能使你及早发现问题和执行中的困难，使你的工作计划和方案更加周到全面。"总理"这个职务对他来讲，就是意味着责任和服务，意味着为人民的幸福努力工作，丝毫没有高人一等的含义。对周围的同志，不论其职位高低，总是以平等态度相处，同他们谈问题，鼓励他们谈看法，提意见。秘书呈送请示文件，或口头请示时，他经常要问："你怎么看？你有什么意见？"他研究讨论问题，不仅要有关单位的领导同志讲意见，也要一般同志讲意见，既听取多数意见，也很注意听取少数同志，甚至个别同志的意见。他常说：要听取多方面的意见，多听不同意见和少数人的意见没有坏处，相反可以和多数人的意见进行比较，互相补充，这样才能得出比较正确的结论。有一位同志长期搞水利工作，对许多问题有独到的见解，也敢于发表不同意见。周恩来很尊重他，在开会谈重大水利问题时，经常要找他参加，征求他的意见。为了研究长江修建葛洲坝工程问题，周恩来又把这位同志请来了。经过反复讨论对比各种方案，多数同志的意见趋向一致。但是，这位同志在有的地方还保留自己的意见。周恩来说："不同意见你可以保留，但决定之后，要积极配合做好工作。"尽管这样，总理仍要这位同志把意见写成书面材料，连同大家同意的报告一起报送党中央、毛主席。

周恩来情系人民的高尚品德，赢得了广大党内外人士的称赞。彭真说："周总理政治水平高，工作能力强，民主作风好，识多、见广，又经常注意听取群众意见，党内外高级干部有问题，都愿意找他请教、找他解决，是我们党一位杰出领导人，是一位好总理啊！"陈叔通深情地说："周恩来对人是以理服人，以情动人，以礼待人，工作做到家了。"张治中深有感慨地说："是毛主席、周总理挽救了我的生命，唤醒了我的灵魂，怎能不叫我刻骨铭心地感谢共产党，永世不忘呢？"张学良说："我在中国人里佩服几个人，周恩来是第一个，我是非常地佩服他。"宗教界著名人士吴耀宗说："周恩来是中国人民尊严和自豪的象征。凡是和他接触过的人，无不感到一种伟大和平凡浑然融成一体的魅力。在他身上，我看到了能够代表共产党人的一切最优秀的品质。"赵朴初满怀激情地说："周总理值得怀念的事情太多了！父母之丧三年，留在人们心中的对周总理的怀念是终身的。"孙起孟说："周总理把共产党的领导工作导入了化境，使人心悦诚服地接受领导而又毫无高低之感。"

1973 年 6 月，已重病缠身的周恩来陪同越南劳动党第一书记黎笋和越南总理范文同访问革命圣地延安。周恩来一下飞机，就激动而深情地说："我又回到老家了！"在延安，周恩来特地请来当年大生产运动的劳动模范杨步浩，亲切握手，问长问短。当杨步浩说"党中央对我们延安很关心"时，周恩来立刻说："我们对你们关心还不够，是延安的土地、延安的水哺育了我们，哺育了中国革命的成功。"在杨家岭，他很想见一见当年的邻居杨大嫂，却见家家户户紧关大门。经再三追问，大队党支部书记才说了实话："乡亲们连一件像样的衣服也没有，说是叫外宾看见了会丢我们社会主义国家的脸，不如白天躲出去，晚上再回家。"周恩来一听，泪水夺眶而出，这是多么淳朴的老区人民啊！这位党支部书记难过地低下头，说："总理啊，我们这些当干部的，没有搞好生产，辜负了您的希望。"周恩来一听，连忙用手势止住他，沉重地说："我们国家建设这么多年，老根据地的人民还过着这么贫困的日子，我作为一个人民哺育的战士，一个国家的总理，对不住延安乡亲们啊！"说到这里，他再次难过地流下了泪水。周恩来送走越南贵宾后，又专门留下中共延安地委和专署的几位领导，详细询问延安的生产和人民生活情况，语重心长地说："延安人民支援我们取得了全国革命的胜利，我们有责任把延安建设得更好。"地委的同志表示一定要努力奋斗，"三年改变面貌，五年粮食翻一番"。周恩来告别杨家岭时，握着地委书记的手说："你们要说到做到，把粮食生产搞上去，把群众生活安排好，到那时，我一定会再回延安的！"然而，遗憾的是，从此周恩来再也没有回过延安。

1975 年 2 月，周恩来的病情已相当严重了。一天，他刚做完手术，还没有下手术台，就把医院负责人李冰叫到跟前，用细微的声音吃力地说："云南锡矿工人肺癌发病的情况，你知道不知道？你们要去解决这个问题，马上就去。"李冰一听，愣了。她万万没有想到，正在同癌症作斗争的总理，一点也没有想到自己，惦念的却是万里之外的广大矿工啊！她强忍住眼泪，急忙走出手术室，站在走廊里，大颗大颗的泪珠流下面颊。

1976年1月7日，周恩来病情继续恶化，气息已变得十分微弱，长时间处于昏迷状态。医疗组成员、护理人员等昼夜守护在病房，随时准备抢救。深夜11时，弥留中的周恩来从昏迷中苏醒。他微睁双眼，认出守在他身边的吴阶平大夫，用微弱的声音说道："我这里没有什么事了。你们还是去照顾别的生病的同志，那里更需要你们……"所有在场的人，再也无法抑制内心的激动和痛苦，默默地转过身，任泪水滚滚流下。谁知道，这就是周恩来留下的最后几句话！10小时以后，他就永远闭上了双眼。

他走了，他没有带走人民的一草一木，两手空空地走了。他没有遗产，他把平时节省下来的薪金，作为党费交给了党；他没有子女，他把自己的一切都交给了所有炎黄子孙的后代；他没有坟墓，没有留下骨灰，他的骨灰撒向祖国的千山万水。他似乎什么也没留下，但是，他拥有中国，拥有几亿儿孙！诗人臧克家说："你会觉得心的太阳到处向你照耀，当你以自己的心去温暖别人。""我以为周总理就是这样一个人。""他，很少想到自己，处处时时关心别人。""他的遗爱像阳光，普照人心"。

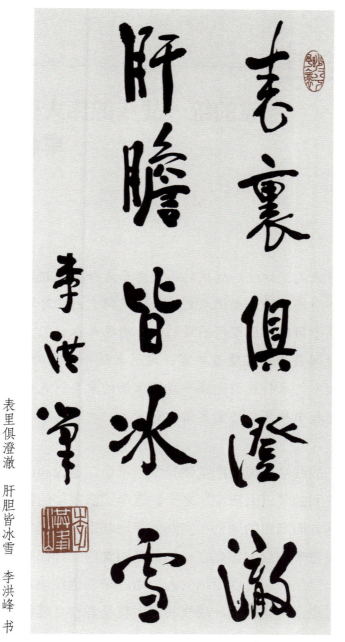

表裏俱澄澈　肝胆皆冰雪　李洪峰　书

# 第六章

## 党的统一战线的伟大奠基者和卓越领导人

　　周恩来是党的统一战线的伟大奠基者和卓越领导人。毛泽东曾经赞誉周恩来的最大优点之一，就是同党内党外都有最广泛的联系，善于团结一切可以团结的人。周恩来在我们党内，从事统一战线时间最长，经验最丰富。周恩来统一战线的理论和实践，成为他领导艺术和我们党统一战线理论的重要组成部分，是他留给我们党和中华民族的宝贵精神财富。

　　统一战线是中国共产党领导中国革命、建设和改革不断从胜利走向胜利的"三大法宝"之一。这个"法宝"的获得，是与周恩来在这方面杰出的理论和实践紧密地联系在一起的。毛泽东曾经赞誉周恩来的最大优点之一，就是同党内党外都有最广泛的联系，善于团结一切可以团结的人。周恩来创造性地贯彻毛泽东统一战线思想，是党的统一战线的伟大奠基者和卓越领导人。周恩来统一战线的理论和实践，是他留给我们党和中华民族的宝贵精神遗产。

团结一切可以团结的力量，争取一切可能的同盟者，以集中力量反对最主要的敌人，这是马克思列宁主义革命战略策略思想的一个重要原则。

马克思、恩格斯在《共产党宣言》中号召："全世界无产者，联合起来"，"共产党人到处都努力争取世界各国民主主义政党之间的团结和协议"。马克思强调："在政治上为了一定的目的，甚至可以同魔鬼结成联盟，只是必须肯定，是你领着魔鬼走而不是魔鬼领着你走。"

列宁在领导俄国革命的过程中，不仅强调要依靠基本劳动群众，而且要注意争取一切可能的同盟者，提出了"全世界无产者和被压迫民族联合起来"的口号。而且列宁强调，"要战胜更强大的敌人，只有尽最大的力量，同时必须极仔细、极留心、极谨慎、极巧妙地一方面利用敌人之间的一切'裂痕'，哪怕是最小的'裂痕'，利用各国资产阶级之间以及各个国家内资产阶级各集团或各派别之间的一切利益对立；另一方面要利用一切机会，哪怕是极小的机会，来获得大量的同盟者，尽管这些同盟者是暂时的、动摇的、不稳定的、靠不住的、有条件的。谁不懂得这一点，谁就是丝毫不懂得马克思主义，丝毫不懂得一般的现代科学社会主义。"

由于中国工人阶级人数很少，而我们面对的敌人又异常强大，所以建立广泛的革命统一战线，在中国革命中具有极其重要的地位。毛泽东对此有极为深刻极为丰富的论述。1939年，在《〈共产党人〉发刊词》中，毛泽东提出了著名的"三大法宝"的思想。他说："十八年的经验，已使我们懂得：统一战线，武装斗争，党的建设，是中国共产党在中国革命中战胜敌人的三个法宝，三个主要的法宝。这是中国共产党的伟大成绩，也是中国革命的伟大成绩。"周恩来是我们党从事统一战线工作时间最长，经验最丰富的领导者。从民主革命时期的第一次国共合作起，直到社会主义革命和建设时期，在每一重大事变关头和每个历史阶段，周恩来总是亲临第一线，亲力亲为，从事党的统一战线工作。他丰富的统一战线工作经验，成为他领导艺术的重要组成部分，他的精辟的理论阐述，成为我们党统一战线理论的重要组成部分，极大地丰富了中国化马克思主义的思想宝库。

周恩来青年时期就提出了"爱国必先合群"的思想。1914年9月，他在南开学校的一篇作文即以此为题，进行了系统阐述。他认为：第一，爱国必先树立合群的思想，否则，要想国家富强，只能是南辕北辙。他指出："聚多数团体而成者曰社会，合若干社会而立者曰国家。国无社会不名，社会无团体不生。国与社会，两相表里，一而二,二而一者也。是故爱国者，必先及其社会，首必爱其群，斯为爱国之士焉。不然终日号嚣于市，辄曰爱国爱国，而口与心违，言与行背；贫者弗恤，病者弗救；不为公益之事，不作道德之举；视同胞如草芥，奉外人若神明；党同伐异，争权攘利；无合群之思，鲜爱众之想；一国之肥瘠，犹越人之视秦人；一毛之不拔，如洛钟东应铜山。夫以此种不爱国、不合群之国民，趋之使强，未有不南辕而北辙者也。"

第二，辛亥革命以来，中国之所以仍然受欺侮，就是因为国民没有合群的意识。他说："吾国自改建共和以来，国民之心理，脑中仍复影成昔日夜郎自大，及苟且自卑之习惯。见官吏而胆怯，视人民而自严。阶级不除，无平等之望。人群不合，无爱国之理。举凡种种，无不蹈之践之。外人之讥吾国民无共和程度，良不诬也。"

第三，国民只要合群，国家就能摆脱积贫积弱的局面。他说："吾国民果欲占颜色于世界也，则当爱国。欲爱国则必先合群，无分畛域，勿拘等级，孤寡者怜之，贫病者恤之，优者奖之，劣者教之。合人群而成良社会，聚良社会斯能成强国。神州不沉，吾种不灭，均如千钧系之一发，吾国可不于此加之意乎?"

在新民主主义革命时期，周恩来同志为我们党探索中国革命正确道路、创建人民军队、创建革命统一战线、创建人民当家作主的新中国建立了不朽功勋。1924年，他回国后即投身大革命洪流，担任黄埔军校政治部主任，是我们党最早认识武装斗争重要性和最早从事军事工作的领导人之一。大革命失败后，周恩来同志作为党中央主要领导人之一，领导发动南昌起义，打响了武装反抗国民党反动派的第一枪，党领导的人民军队从此诞生。在极其严酷的白色恐怖下，周恩来同志积极开展党在国民党统治区的秘密工作，指导和支持各地工农武装割据斗争，为推动"农村包围城市，武装夺取政权"的中国革命正确道路的形成作出了突出贡献。周恩来同志到江西中央革命根据地后，同朱德同志等一起指挥了第四次反"围剿"斗争并取得胜利。在遵义会议上，他坚定支持毛泽东同志的正确主张，为确立毛泽东同志在红军和党中央的领导地位，为在危难中挽救红军、挽救党，为中国革命实现历史性转折，发挥了十分重要的作用。西安事变发生后，周恩来同志根据党中央的方针，亲赴西安，多方斡旋，推动了西安事变和平解决，促成第二次国共合作、团结御侮的新局面。全民族抗日战争时期，周恩来同志代表我们党长期在国民党统治区坚持工作，广泛团结和争取各界爱国人士，同国民党顽固派进行有勇有谋的斗争。抗日战争胜利后，周恩来同志陪同毛泽东同志赴重庆同国民党进行谈判，随后率领我们党代表团同国民党当局进行了长达一年多的谈判斗争。解放战争时期，周恩来同志协助毛泽东同志部署指挥一系列改变中国命运的战略大决战，并推动国统区形成第二条战线。周恩来同志代表我们党同各民主党派和爱国民主人士共商建国大计，筹备召开中国人民政治协商会议，主持起草《共同纲领》，为新中国的筹建作出卓越贡献。

中华人民共和国成立后，周恩来同志为积极探索符合我国国情的社会主义建设道路、推进社会主义革命和建设事业倾注了大量心血，作出奠基性贡献。周恩来同志担任政府总理长达 26 年，既是国家建设总体蓝图的重要设计者，又是将它付诸实施的卓越组织者和管理者。周恩来同志提出："国家面貌的改变要从经济面貌的改变做起。这样，我们的国家才能永远站立起来。""经济建设工作在整个国家生活中已经居于首要的地位。"周恩来同志强调，要正确处理各种关系，分清轻重缓急，做到统筹全局、综合平衡、协调发展，社会主义不仅要有经济建设，还要有政治建设和精神建设，必须全面发展。周恩来同志提出科学是关系经济、国防和文化发展的决定性因素，"我们必须急起直追，力求尽可能迅速地扩大和提高我国的科学文化力量，而在不太长的时间里赶上世界先进水平"。他高度重视国防现代化建设，强调"我们要搞尖端国防。尖端和国防是密切联系在一起的"，亲自组织领导"两弹一星"大规模科技攻坚取得重大突破，极大提升了我国综合国力和国际地位。周恩来同志高度重视对外经济交往和学习外国先进技术，强调"敢于向一切国家的长处学习，就是最有自信心和自尊心的表现，这样的民族也一定是能够自强的民族"。

周恩来同志作为第一届全国政协副主席，第二、三、四届全国政协主席，高度重视发挥统一战线在社会主义革命和建设中的作用，为坚持和完善中国共产党领导的多党合作和政治协商制度作出了重要贡献。

人民政协是具有鲜明中国特色的政治组织，各项工作都没有先例可循，一切都要结合具体实际，在实践中探索和创造。周恩来作为人民政协的创立者和领导人之一，不仅在思想建设而且在组织建设、制度建设上，做了大量开创性工作，为建立健全人民政协组织，形成和发展政协工作机制，奠定了基础。

## 一、明确人民政协组成原则

新政治协商会议曾经规定，新政协"由各民主党派、各人民团体、各解放区人民政府、人民解放军、国内少数民族、海外华侨及无党无派和各界民主人士代表人物所组成"。在召开政协第一届全体会议确定参加会议的代表名额和人选时，周恩来进一步明确指出，确定参加会议人选的条件要根据人民民主革命的原则，以拥护新民主主义为政治标准，注意代表性、严肃性、广泛性与灵活性，既要有重点，又要照顾到各个方面。他说，在确定参加政协的每个人选时，必须注意到他在社会上的影响，代表着社会上的某一方面；同时，既然是实行反对帝国主义、封建主义和官僚资本主义的新民主主义，"代表中当然不能包括一切反动党派和反动分子"，这就是严肃性。而广泛性和灵活性是指，政协代表中不仅要有参加新民主主义政权的四个阶级的代表，还应该"包括从封建阶级、官僚资产阶级中分化出来并投向革命阵营的爱国民主人士"。政协代表必须有重点，则是指"在确定代表名额和人选的时候，不是平均主义的"，必须体现"以工农联盟为基础，以工人阶级为领导"；同时要照顾到方方面面，就是"在各人民团体的代表中，除工人代表、农民代表外，还有妇女代表、青年代表、学生代表、文艺工作者代表、新闻界代表、工商界代表、教育工作者代表、自然科学工作者代表、社会科学工作者代表"，以及不能立刻组织团体的自由职业者代表、特邀代表等。1954 年全国人大召开后，周恩来又根据政协章程总纲的规定，进一步提出了人民政协的参加单位和个人必须共同遵守七条准则，即："一，拥护中华人民共和国宪法，全力贯彻实施宪法；二、巩固工人阶级领导的人民民主制度，加强社会主义经济成分的领导地位；三、协助国家机关，推动社会力量，实现国家的社会主义工业化和社会主义改造事业；四、密切联系群众，反映群众的意见和提出建议；五、加强各族人民的团结，提高革命警惕性，坚持对国内外敌人的斗争；六、加强中国人民同世界爱好和平人民的友谊，反对侵略战争，保卫世界和平；七、在自愿的基础上学习马列主义和国家政策，开展批评和自我批评，努力进行思想改造。"与此同时，他还提出了第二届政协的委员安排必须遵循四个原则：一是要扩大团结，加强领导；二是要有代表性；三是方面多，各个方面都要照顾到；四是分量够，每个方面都有带头的著名人物。周恩来提出的上述政协组成原则，一直为各届政协所遵循，是各级政协建立组织的重要准则。

## 二、建立人民政协组织机构和工作机构

人民政协的组织机构是在周恩来的直接领导下建立和健全起来的。在人民政协刚成立时，在组织上呈现三层结构，如周恩来当时所说，政协组织的形式有全体会议、全国委员会和常务委员会。1954 年全国人大召开后，由于第二届全国政协已不代行人大职权了，再保留代行人大职权的全体会议已经不必要，因此政协各方面经协商决定，政协组织在结构上作出调整，只保留经常起作用的全国委员会和常务委员会两层结构。1954 年 12 月，周恩来在《关于政协章程和政协第二届全国委员会委员名单问题》的讲话中明确指出："经过一个月同各方面反复协商的结果，大家同意将原来的政协全体会议、全国委员会、常务委员会三层，改为全国委员会全体会议和常务委员会两层。地方委员会也是两层，即地方委员会全体会议和常务委员会。这样，减少了不必要的层次，又可以扩大全国委员会和地方委员会的名额，有利于保持广泛的代表性，扩大团结面。"他还明确提出，"在全国委员会闭会期间，由常委会主持会务，领导日常工作，集中处理一般事情，这样便于开展活动。"在这篇讲话中，周恩来还明确了政协全国委员会和地方委员会的关系。他说，"政协全国委员会和地方委员会是指导关系。上下之间有指导和被指导、指示和接受指示、报告和接受报告的关系。但是，各地设立地方委员会要因地制宜。"因为各地情况不同，这样才能合乎实际，合乎政协的原则。地方委员会在同级中共党委的领导下开展工作。

周恩来在指导建立健全政协组织的同时，对政协如何开展日

常工作的问题也作了周密的考虑。他在全国政协一届一次会议上就提出，政协全国委员会不仅要定期开会讨论重大问题，而且在平时也要组织开展工作。只有平时做好准备，全国委员会定期召开会议的时候才能有更好的议案提出。为此，他"建议建立几个工作小组，在常务委员会指导和秘书长的具体领导下，使全国政协工作能够分类进行"。根据周恩来的建议，全国政协常委会于1949年10月18日通过了《工作条例》，决定分设政治法律组、财政经济组、文化教育组、外交组、国际组、民族事务组、华侨事务组、宗教事务组等8个工作组，作为政协委员开展经常性工作的机构，明确工作组的任务是协助政府审议法案，搜集和反映人民意见，宣传政策法令，并研究问题、提出建议。1950年3月，在全国政协还成立了工作会议，由秘书长、副秘书长、各工作组组长、秘书处正副处长及其他有关专职人员组成，每周举行一次会议，执行全委会和常委会的决议，讨论和决定全委会日常工作中的问题，并就统一战线内部事务进行初步协商。同时还设立了秘书处，作为全国委员会的办事机构。这些工作机构的设立，为人民政协经常有序地开展工作创造了条件。

### 三、确立人民政协主要工作方式和内容

人民政协一成立周恩来就明确指出，政协的主要工作方式是政治协商。开展政治协商，可以通过中共中央或中央人民政府将一些有关国家大政方针和重大问题提到政协全国委员会或常务委员会，同参加政协的各民主党派、人民团体和各界代表人士以协商讨论的方式进行；也可以由政协全委会或常委会就一些重大问

题主动向中共中央或中央人民政府提出建议案的方式进行。政治协商还包括对统一战线、人民政协的内部关系进行沟通、协调，以达到化解矛盾、增进团结的目的。1956年毛泽东提出中国共产党与各民主党派"长期共存、互相监督"的八字方针后，周恩来又将实行互相监督作为政协工作的一项主要内容。后来正是在此基础上，人民政协逐步明确了政治协商、民主监督这两项主要职能。

周恩来在主持政协工作期间，还倡导、推动人民政协开展了学习、文史资料、调查研究等工作：

关于学习工作。新中国成立初期，为了适应各民主党派、人民团体和各界代表性人物进行理论和时事政策学习的需要，在周恩来的倡导下，全国政协于1950年4月成立了学习座谈会。周恩来还在座谈会上作了关于联系实际、开展批评与自我批评问题的发言，指出学习理论的目的是联系实际、解决问题，学习要实事求是、自觉自愿，善于运用批评和自我批评的武器。这次会后形成了《学习座谈会暂行办法》，规定政协学习采取自愿的原则；学习的内容包括马列主义理论和毛泽东思想；学习的形式以自学为主，与小组讨论和报告会相结合；学习的方法要注意同中国的历史实际和政治实际相结合，提倡自由思考、自由发言、相互帮助。1956年3月全国政协成立了学习委员会。此后，学习成为人民政协的一项长期坚持的重要工作。

关于文史资料工作。1959年4月，在全国政协举行的茶话会上，周恩来作了《把知识和经验留给后代》的讲话，提出"希望过了六十岁的委员都能把自己的知识和经验留下来，作为对社会的贡献"。他还指出："政协是联系各方面的，要注意组织这项工作。全国政协要开常委会，成立工作组，其中有收集历史资料的组。各位委员回去，可以利用地方政协和文史馆两个机构做做这项工作。"在周恩来的积极提倡下，政协全国委员会于 1960 年成立了文史资料委员会，并以亲见、亲闻、亲历"三亲"为特色，组织委员编辑、收集和整理出版了大量的近现代史资料，为国家、为后人留下了一笔宝贵的历史财富。

关于调查研究工作。1962 年 4 月，周恩来在全国政协三届三次会议上的讲话中提出，随着社会主义改造完成，我国进入了社会主义建设的阶段，人民民主统一战线的任务更重了，统一战线要把建设的任务担当起来，有新的发展。他说，适应社会主义建设的形势要求，政协工作的责任也更重了，"政协要多组织一些调查研究工作。要使我们的建设搞得更好，首先就要实地调查，才能知道实际情况，如实反映情况，才有具体材料、具体经验可供讨论和研究。不要面临政协开会了，才到下面去视察访问，平常也可以分期去，比如说一年下去几次"。深入开展调查研究，为政协的参加单位和政协委员进行视察、提案、发表意见和建议提供了坚实的基础。到了新时期，这项工作进一步发展成为专题调研，成为人民政协围绕中心、服务大局、发挥优势、参政议政的一项重要工作，在促进改革开放和社会主义现代化建设中发挥了重要作用。

## 四、明确人民政府要加强与人民政协联系

周恩来不仅是全国政协主席，还长期担任政务院后改为国务院的总理。他在领导政府工作中，始终高度重视发挥人民政协的

作用，特别是注意并且善于运用政协渠道，听取社会各界意见，汲取各方面智慧，为政府重大决策和解决重要问题服务。政务院成立不久，他就主持制定了《关于与党外人事合作的意见》，提出要加强政协全国委员会各工作组的工作，增强政府与政协全国委员会中各方面党外人士的联系。在1951年11月第109次政务（扩大）会议上，他指出："凡准备由政务院通过的重要决议和指示等，经常是在征询政协全国委员会有关小组的意见后，再提政务会议讨论通过的。这就使得一切比较重大的决定和法令，更能适合最大多数的共同需要，在贯彻实施时也更能得到最大多数的拥护和协助。"他认为，中央人民政府的这个经验也值得地方各级人民政府采用，并对个别地方不重视政协的现象提出了批评。据当时在周恩来身边工作的同志回忆，平时在讨论或决定某一项重要政策的时候，他总是习惯性地问：这个文件征求过政协方面的意见吗？如果没有，他就指示送请政协征求意见后再决定。新中国成立初期，政务院颁布的许多重要法案和政策都拿到政协征求过意见。全国人大召开后，政府提出重要法律草案和重大问题决定，仍然坚持先拿到政协进行协商，然后才由国务院或提交人大作出决策。在长期领导政府和政协工作的实践中，周恩来善于把这两大机构的工作有机地结合起来，从而既促进了政府的民主决策，有效地帮助改进了政府工作；又广泛发扬了民主，充分调动了各方面的积极性。周恩来为政府和政协工作所确立的这些原则和所从事的实践，不仅在当时而且在今天，对于我们明确人民政协在我国政治体制中的地位，正确处理政府和政协的关系，适应社会主义政治文明建设的要求切实发挥人民政协作用，仍然具有重要意义。

## 周恩来 永远的榜样

　　周恩来同志半个多世纪奋斗的人生历程是中国共产党不忘初心、牢记使命历史的一个生动缩影，是新中国孕育、诞生、成长和取得崇高国际威望历史的一个生动缩影，是中国人民在自己选择的革命和建设道路上艰辛探索、不断开拓、凯歌行进历史的一个生动缩影。周恩来同志是近代以来中华民族的一颗璀璨巨星，是中国共产党人的一面不朽旗帜。周恩来同志的崇高精神、高尚品德、伟大风范，感召和哺育着一代又一代中国共产党人。周恩来同志身上展现出来的中国共产党人的崇高精神，是历史的，也是时代的，将激励我们在新时代坚持和发展中国特色社会主义征程上奋勇前进。

恰同学少年风华正茂　数风流人物还看今朝　李洪峰 书

# 第七章

## 把伟大和平凡结合得完美的人

　　老子说，合抱之木生于毫末；九层之台起于累土；千里之行始于足下。荀子说，不积跬步，无以至千里；不积小流，无以成江海。列宁说，要成就一件大事业，必须从小事做起。居里夫人说，那些很活泼而且很细心的蚕，那样自愿地、坚持地工作着，真正感动了我。我看着它们，觉得我和它们是同类，虽然在工作上我或许还不如他们组织得完密。我也是永远忍耐地向一个极好的目标努力，我知道生命很短促而且很脆弱，知道它不能留下什么，知道别人的看法不同，而且不能保证我的努力自有真理，但是我仍旧如此做。我如此做，无疑地是有使我不得不如此做的原因，正如蚕不得不做茧。周恩来给人们经常性的印象，是春风扑面，谈笑风生，儒雅得体，但贯穿、决定、影响他一生的则是其钢铁般的信念、钢铁般的意志、钢铁般的自制力。鞠躬尽瘁，死而后已，周恩来是说到做到了的。周恩来是巍峨的高山，是澎湃的大海；他也是一抔土，一只蚕。他是把伟大和平凡结合得完美的人。他几十年如一日，他的光辉体现在他一生的每个环节、每一天之中。

鲁迅曾写过这样的话："夫激荡之会，利于乘时，劲风盘空。轻蓬振翮，故以豪杰称一时者多矣，而品节卓异之士，盖难得一。"周恩来就是一位古今少有的大公无私、鞠躬尽瘁、照古腾今的品节卓异之士。

周恩来从青少年时代就注重培养自己"不私于个人"的道德品质。周恩来是个很重感情的人。他自幼远离家乡，备受思念亲人之苦，因而他对学校和同学格外的依恋，"以校为家，以同学为兄弟"，认定一个人不能脱离集体，不能只顾自己而生活。在作文中他曾写道：人立足于世界上，既不能像草木禽兽那样只靠自己生活，必须靠公众的扶持，"而服役之事乃为人类所不可免"。1911 年底，奉天省官立东关模范两等小学校兼修身课的魏校长在课上讲到"立命"这一节时，向全班同学提问道："诸生为何而读书?"有的同学回答："为明理而读书!"有的回答："为做官而读书!"一些家境贫困的学生则回答："为挣钱，吃饭，不受欺辱而读书……"还有一位鞋铺老板的儿子说："为家父而读书!"引得全班同学一阵笑声。当问到周恩来时，他站起来响亮地说："为中华之崛起而读书!"由于周恩来操南方口音，魏校长一时间没有听清楚他的回答，于是周恩来又沉着大声地说了一遍："为中华之崛起而读书!"这异乎寻常的回答，使魏校长为之一震，他万万没有想到年幼的周恩来竟有如此宏大的抱负，高兴地连连点头称赞："有志者，当效周生啊!"周恩来上学期间，经常利用假期到农村、矿区参观游历，增长知识，开阔眼界。还在奉天（沈阳）上小学的时候，他就在暑假期间访问过日俄战争的遗址——魏家楼子，在断坦残壁面前立下了救国救民的誓言。

1912 年 10 月，14 岁的周恩来写了一篇作文：《东关模范学校第二周年纪念日感言》。其中写道:"吾全校之诸同学乎! 吾人何人,非即负将来国家责任之国民耶? 此地何地,非即造就吾完全国民之学校耶? 圣贤书籍,各种科学,何为为吾深究而悉讨? 师之口讲指画,友之朝观夕摩,何为为吾相切而相劘? 非即欲吾受完全教育,成伟大人物,克负乎国家将来艰巨之责任耶? 以将来如许之重负,基础于小学校三四年中,同学,同学,宜如何奋勉,始对之而不愧哉?"对校长、老师,他也提出恳切要求:"吾校司教育之诸公乎! 诸公为国家造人才,当殚其聪明,尽其才力。求整顿宜重实际,务外观先察内容,勿自隳行检,以失人则效;勿铺张粉饰,以博我名誉;更勿投身政界党会,谋利营私,以纷扰其心志,而日事敷衍。校长为学生择良教材,教习为学生谋深造就。守师严道尊之旨,除嚣张浮躁之习。注重道德教育,而辅之以实利美感,更振之以军国民之精神。教育美满,校风纯正,则此纪念日乃可因之而永久。"

这是现在保存下来的周恩来最早的一篇文章,以一个 14 岁的少年而能写出如此篇章,可见其志趣之高远,其格局之宏大,其襟怀之广阔,其责任感、使命感之强烈。国文老师阅后兴奋异常,批曰:"心长语重,机畅神流。""教不如此不足以言教,学不如此不足以言学,学校不如此不足以言学校,文章不如此不足以言文章。"这篇画龙点睛的批语,和周恩来的文章相得益彰,愈益显示了周恩来文章的光昌亮丽。

1917 年,是周恩来在中学的最后一年。寒假期间,他到河北省开平县耿家营一位好友家做客。开平是开滦煤矿的所在地,村里有许多矿工家属。周恩来看到了经济破产后北方农村的萧条景象,也看到了在英国资本家奴役下的矿工悲惨的生活。这些经历，都使周恩来加深了对国家危难的认识，坚定了他爱国救国的志向，也使他更加迫切地想寻求救国的道路。

那时候，列宁领导的俄国十月革命还没有爆发，先进的中国人寻求救国的真理，总是面向西方。中国的近邻日本学习资本主义，改革封建社会，成了东方的强国。因此，也有不少中国青年到日本学习，想从那里获得解救祖国的理论和方法。中学即将毕业，周恩来为自己的道路而思虑，他下定了救国的决心，决定到日本去留学。1917 年 6 月底，周恩来以优异的成绩从南开学校毕业，七八月间奔走于津京两地，向老师同学筹措旅费。在离开祖国前夕，19 岁的周恩来怀着异常激动的心情，挥笔写下了一首气势磅礴的诗篇：

> 大江歌罢掉头东，邃密群科济世穷。
> 面壁十年图破壁，难酬蹈海亦英雄。

诗的大意是：唱罢"大江东去"的词章，我毅然掉头东渡远航；我要深刻精细地钻研各方面知识，用以武装自己，来解救祖国的危亡。我愿像古人一样，达到"破壁而飞"的高尚境界，以此精神来改造社会。即使壮志难酬，跳入东海，为理想献身也不愧为英雄。周恩来就是怀着这样的激情，慷慨辞国。他先北上沈阳，告别伯父，又向沈阳的母校师生辞行。9 月初，渡过鸭绿江，从朝鲜的釜山乘船，横越滔滔的东海，渡向一衣带水的邻邦。

周恩来深明志卑之害，在谈到立志时，明确写道："彼志在金钱者，其终身恒乐为富家翁；志在得官者，百计钻营不以为耻；此志卑之害也。故立志者，当计其大舍其细，则所成之事业，当不至限于一隅，私于个人矣。"接受了马克思主义后，他把这种"不私于个人"的品格完全融入全心全意为人民服务的宗旨，完全遵循"过去的一切运动都是少数人的或者为少数人谋利益的运动。无产阶级的运动是绝大多数人的、为绝大多数人谋利益的、独立的运动"的教导。由此可见周恩来立大"志"而不存大"己"的深厚根基。

从青年时期开始，他就甘于默默地做那些为公众"服役"的事情，从不吝惜自己的时间和精力，而且不图回报，"无时无地而不有责任系诸身"，完全是一种品行本色的自觉行为。从南开毕业时，《同学录》中对他做了这样一段评语："君性温和诚实，最富于感情，挚于友谊，凡朋友及公益事无不尽力。"

红军长征时，长征队伍来到湖南省通道城，红军总部驻扎在一所小学校里。第二天，周恩来到部队去指导工作，他刚出门，迎面走来几个人，说有事想和他商量。周恩来一问，才知道他们就是这所小学校的教师。周恩来微笑着问他们："有什么事，请讲吧！"教师们说，两天前就听说要来军队，学生全吓跑了。没想到来的是你们，你们纪律严，作风好，处处为百姓做好事，和别的军队不一样，大家又都回来了。"那好哇！"周恩来说。"我们想继续上课，可是……"教师们犹疑着。"可是怎么样呢？没关系，请讲吧！"周恩来诚恳地说。一位教师说："可教室都让你们住上人了，我们想跟您商量一下，能不能让出几间教室来。"话音刚落，周恩来立刻喊来分房子的管理员，严肃地问他："同志，你分房子的时候，考虑到学生上课没有？""总部人多，这里房子少哇！我没考虑到。"管理员嗫嚅着，"反正我们只住几天，没多大关系。""同志，"周恩来更严肃地说，"这是关系到人民军队和群众关系的大问题，怎么能说没多大关系呢？我们有三大纪律、八项注意，应该严格执行。我们是人民的军队，要爱护群众的利益，要保卫学校。为了我们住下来而影响学生上课，这对不对呢？""不对。"管理员红着脸说。"不对就要改。"周恩来命令说，"现在你去传我的话，动员大家马上把教室统统让出来，给学生上课。"管理员马上就去执行命令。老师们也满意地走了。第二天，学校开课了。校园里又响起琅琅的读书声。课间，一首师生新编的歌谣飞出了校园，飞遍了通道城："红军好，红军把白狗子打败了，和咱群众心连心，军民团结一家亲。"

1934年10月，正当蒋介石反动派集中兵力向苏区发动疯狂"围剿"的时候，周恩来从瑞金路过于都楂林乡，住在雇农张慈福家里，环境异常艰苦。他的身体很差，但仍然夜以继日地带病坚持工作。警卫员们很为自己首长的身体健康担心，总想给他弄点有营养的东西吃，但一则伙房搞不出什么好菜，二则周恩来不答应。眼看着自己首长的身体一天天瘦下去，他们的心里感到比刀割还疼。有一天，上级发下了津贴费，大伙儿便计议，无论如何也要买点好吃的给自己的首长补补身体。他们听说冬瓜炖鸡营养高，就去老乡家买来一个冬瓜和一只鸡。他们小心地杀了鸡，扯去鸡毛，把鸡收拾好，和冬瓜放在罐子里加水清炖。晚上，罐子被端到了周恩来的房里。一股肉香扑鼻，周恩来以为这是警卫员向有关方面特别要来的，便对他们说："这是哪里来的？同志们要知道，越发在艰苦的时候，越发要坚持原则，丝毫也不能特殊呀！""不，这不是领来的，这是用我们自己的津贴费买的。"大伙赶快向他解释。周恩来听了，沉思了片刻，然后用一种亲切的口气说："好吧，既然买来了，就把张慈福父子俩也请过来，我们一起聚餐吧!"

1949年3月23日,毛泽东、朱德、刘少奇、周恩来、任弼时率领中共中央机关离开当时党中央所在地——河北省平山县西柏坡村,向北平进发。临行前,周恩来对毛泽东说:"多休息一会儿好,长途行军坐车也是很累的。"毛泽东说:"今天是进京的日子,不睡觉也高兴啊。今天是进京'赶考'嘛!"周恩来笑着说:"我们应当都能考试及格,不要退回来。"毛泽东说:"退回来就失败了。我们决不当李自成,我们都希望考个好成绩。"李自成打江山18年,坐江山只有42天,进了城就腐败,很快就垮台了。

毛泽东这段话,对周恩来影响很深。新中国成立后,周恩来始终身体力行,坚持艰苦奋斗、勤俭建国的方针,使我们的党、我们的人民政府,以优良的作风、崭新的面貌赢得了人民的爱戴和拥护。曾经有人提出要修政府大厦,并把国务大楼的模型送周恩来看。周恩来说:"我们一定要执行毛主席勤俭建国的指示,在我任总理期间,决不修政府大厦。"国务院的会议厅,通风不好,根据专家建议,有关方面决定更换屋顶。刚拆了一个小角,周恩来知道后,对此事提出了严肃的批评。他问"谁叫拆的?"说"这间房子比我们在延安住的窑洞好多了。只要我当总理,你们就不许改变这个小厅"。他历来主张,国务院要带头艰苦奋斗、勤俭建国,树立一代共产党人的新风。他认为我们的国家还很穷,应把有限的财力物力用到搞建设、发展生产上,用到改善人民生活上,而不是把钱花到大兴土木盖办公楼和招待所上。

1959年,在"大跃进"的气氛下,水利部未经报告请示,在密云水库附近兴建一座水利建设成就展览馆。有一天,在西花厅开会,周恩来突然转过头向水利部副部长钱正英说:"钱正英,贺老总告诉我，你们在密云水库那里修建一个相当高级的楼，有没有这回事?"钱正英回答:"有，是一座水利展览馆。"周恩来沉默了一会儿，摇摇头，轻声地说了一句:"没有想到你们也会办这种事。"钱正英听了羞愧得无地自容，心里像刀割一样难受。当时，周恩来既未严厉批评，又未责成处理，既无纪委处分的威慑，更无丢官的危险。但在周恩来伟大人格的感召下，钱正英回部后，立即在党组会上作了传达。水利部党组随即决定:将这座价值400多万元的建筑，无偿转让给第一机械工业部一个研究所，并向中央写了一个深刻检查的报告。

周恩来一生过着艰苦朴素的生活。有人称他是中国有史以来第一个平民宰相，是世界上最平民化的总理。当年在国务院会议厅入口处，有一块镌刻着"艰苦朴素"四个大字的木屏风，这是周恩来一生工作和生活作风的真实写照。为了节约，他的办公室椅背上经常挂着一件灰色的布上衣，一到办公室，他就换上这件上衣，有时还戴上两只套袖办公。周恩来的衬衣、睡衣、袜子都是补了又补。他穿的皮鞋、凉鞋都是一穿20多年。端饭菜的木盘有两个缺口。自从上海出产了中国自制手表后，周恩来就戴着这块上海表直到临终。周恩来吃饭，大米、小米、白面、玉米、杂粮、白薯、芋头等什么都吃，吃红烧肉、狮子头是他的最高享受。早餐通常是一杯豆浆和一个鸡蛋，午饭、晚饭两菜一汤。

"不要忘了延安。"这是周恩来常常挂在嘴边的一句话。这句极普通的话，饱含着周恩来深深的情感和不变的操守。买衣裳时，他嘱咐"不要忘了延安"，尽量买便宜的;做饭时，他嘱咐"不要忘了延安"，做简单些;住房时，他嘱咐"不要忘了延安"，住得尽量简朴些;开荒生产时，他嘱咐"不要忘了延安"，要多多增产；工作时，他嘱咐"不要忘了延安"，鼓足干劲，提高效率。

　　进城后，周恩来一直住在中南海西花厅。那是一座老式旧平房院，柱子的油漆已经脱落，地是大块方砖，又湿又暗。工作人员多次请示他，他都不准维修。终于有一次，工作人员趁周恩来外出时将房子小修了一下，于是《周恩来年谱》便有了这一段记载：1960 年 3 月 6 日，总理回京，发现房已维修，当晚即离去暂住钓鱼台，要求将房内的旧家具（含旧窗帘）全部换回来，否则就不回去住。工作人员只得从命。周恩来说，这个居住条件比延安的窑洞强多了。《人民日报》记者金凤回忆说，有一次，她作为记者，采写了一条重要新闻，周总理看过后说："这个消息是否发表，还得回去请示毛主席。等会儿你和我一起到中南海去，先在我办公室等着"。这时天忽然下起大雨。金凤在总理秘书办公室等着总理去请示毛主席，忽然听到滴滴答答的声音，抬头一看，原来是陈旧的屋顶漏雨了。秘书赶快找了一个旧脸盆，放在有裂缝的砖地上，盛接雨水。又找了一个旧脸盆，直奔总理办公室去了。秘书空着手从总理办公室走出来，金凤忙问："总理办公室也漏雨了吗?"秘书点点头。金凤吃了一惊。这滴水声是那样清晰，滴滴打在金凤的心上，如果全国人民知道，也会滴在全国人民心上。如果不是亲眼所见，谁能相信几亿人口大国的总理，还身居漏屋呢? 这滴水声使金凤的眼睛湿润了。金凤深有感触地说，这活生生的事实使人们深切地感受到了新中国与旧中国的不同，共产党与国民党的不同，社会主义与资本主义的不同。

　　1974 年，周恩来病情逐渐加重，可他仍然不顾一切地为党工作。一次，他听说云南个旧这个地方患肺癌的比较多，马上就把肿瘤医院的院长李冰同志找来，说："你们知道什么情况，赶紧去调查研究。"他有时进手术室之前，想到什么事情，马上就要先把那个事情问清楚，说清楚。那时候国家做肿瘤地区分布的调查，画一个肿瘤地区分布图。这个图也是世界上创造性的工作，国际上很重视。因为我们国家大，不同的地区有不同的病，比如说，在北方患食道癌的病人较多，在南方，在广州、广西等地患鼻咽癌的人较多，分布图上都表现出来了。这项工作是通过调查800余万人得出的结果。而参与这个工作的医务人员，间接的和直接的有近200万人，规模很大，时间很长。周恩来很赞许这个事情，立刻要他们做一个沙盘，并把这个沙盘摆到他的病房里。

周恩来是彻底的唯物主义者，他在病中曾向医疗组多次交代：癌症问题全世界都还没有解决，我死后，要彻底解剖检查，好好研究研究，若能为医学发展作出一点贡献，我是很高兴的。他说这番话的时候，并不是在疾病晚期表现出悲观丧气的情绪，而恰恰是在治疗见效，膀胱癌相对稳定的时候。他说话时神情安详轻松、坦荡自若，甚至发出朗朗笑声。他对科学的发展与祖国的未来充满了信心。

周恩来身边工作人员都有一个共同的体会，那就是：周恩来对工作要求非常严格，"在总理身边工作可马虎不得。"周恩来批文件，凡他改过的东西，出手之前必定再看一遍。有时发出去了，还要追回来再改。离开办公桌前，他有个习惯，不是桌子摊了一摊子东西，让秘书收拾，而是自己清理，把已经处理和尚未处理的文件分开放在一定的地方。

有一次，国家计委负责同志去向周恩来汇报工作。他拿出本子，一个数字一个数字地记。国家计委负责同志说，补一份书面材料，您就不用记了。周恩来说：张治中曾经给他写过一封信，说他应该持盈保泰。我说我和毛主席不一样，我是辅佐毛主席办事，我需要把这些情况都记下来，毛主席需要问时我能答得上来。

朱光亚回忆说，周总理要求科技战线上的同志"严肃认真、周到细致、稳妥可靠、万无一失"，特别是在执行大型任务过程中，他指示我们要这样做。他自己更是身体力行的典范。每次搞试验之前，他要听汇报，他总是要仔细地询问可能影响成败的各个关键环节，而且还要求我们把各种不利的，或者意外的因素都考虑到。比如说，原子弹要做试验了，原子弹已经挂上飞机了，气象起了变化，怎么办？我们对气象是有很严格的要求的。万一原子弹投不下来又怎么办？飞机带弹返回机场的时候，原子弹会不会又意外地掉下来了？脱钩了？诸如此类的问题。在这种情况下，又应该采取什么可靠的安全措施等等。有时周总理得不到满意的回答，他就说，我们暂时休会，给你们一定时间，你们回去找更多同志们一起研究，直到我们有了比较令人放心的答案以后，他才决定再复会，作出决定。这样的事不止一次。他多次很严肃地重申十六字方针，语重心长地告诫我们，搞试验关系重大，绝对不能有一丝一毫的马虎。我们国家还很贫穷，做什么事情，都要考虑周到，略有失误，都会加重人民的负担。正是由于周总理严肃而又亲切的教导和榜样的力量，培养和锻炼了国防科技队伍严谨的作风。此后，每一次重大的科研试验里面，我们都要重申十六字方针，都要按照周总理的指示开展群众性的预想预防活动，提方案定措施，要做到弹不带隐患进试验场，卫星不带隐患上天，使我们在相当一个时期在同一个类型的尖端科学技术试验中，成为世界上成功率比较高的国家。

钱学森回忆说，由于总理的精心组织领导，我国的"两弹一星"事业死人最少，花钱最少，发展很快，效果很好。周恩来领导"两弹一星"事业，创造了一流的工作业绩。这业绩，是他领导科技人员发扬对人民高度负责，对工作极端负责精神的结晶。

1974年6月的一天，周恩来刚动完手术，就起身翻看工作人员给他挑选送阅的文件资料。在这些资料里周恩来看到一封群众来信。这封信反映，山西省一个山区的食盐比城市贵一分钱。山区农民的生活本来就十分困难，盐比城里还贵，这怎么行？虽然仅仅是一分钱，但周恩来深知这一分钱对山区农民的分量，并且关系到城乡物价政策。他躺在病床上，立即给李先念副总理打电话："无论如何要想办法解决这个问题，一定要让山区群众吃上盐。"

庆祝新中国成立10周年时，修建的北京十大建筑，是周恩来亲自抓的。人民大会堂的图纸和模型，周恩来亲自看了七八遍，一次次组织专家们挑毛病，反复修改。为了保证建筑质量，钢材只要鞍钢的，他说："出了问题，我找鞍钢。"经过时间和地震的考验，证明人民大会堂、北京火车站等十大建筑，质量是好的。

万里回忆说：人民大会堂的屋顶是周总理亲自设计的。屋顶那个红星是代表中国共产党领导全国人民波浪式地前进，这是他出的主意，设计人员就按照这个设计的，所以现在人民大会堂的屋顶非常好。这是周总理的杰作，既好看，又具有政治意义。大会堂宴会厅，还有各个厅和中央厅，也都是周总理指导设计的。

## 周恩来 永远的榜样

我们为了搞设计，做了个模型，放到天安门城楼上边，他亲自去看，这个部位怎么样，那个部位怎么样。人民大会堂外墙的颜色，我们提出了几个方案，拿不定主意，他说你再找几个调色专家，把这个墙的颜色搞好。我和清华大学的几位专家比较熟，就把学校的学生找来投票，哪个颜色好，最后决定这个颜色很不容易的。现在看人民大会堂的颜色非常漂亮，大家说周总理发挥了集体智慧，他是非常认真听取专家意见的。参加设计的，特别是设计人民大会堂的几个专家，他都亲自找来谈话，亲自请吃饭。十大建筑的其他建筑，像民族文化宫的高度及瓦的颜色，都是他来定的。

万里说，密云水库是我和周总理的杰作。建密云水库是为解决北京人的饮水问题，我就跟周总理讲，北京水的问题比较大，官厅水库不行，要搞个密云水库。他说："好，哪一天，我们两人去看一下。"那个时候去密云还没有公路，我们两人坐了辆吉普车，到了修密云水库的地方，就是现在水库的中心，我们俩上去了。那一天非常辛苦，回来的路上我就说，密云水库非修不行。密云水库归河北管，归通县管，但是水主要是北京用。这样必须把通县这个专区划给北京市管。我带着顺天府的地图，我说顺天府一直管到河北。周总理说："那好，你提个意见吧，提个意见我给你解决。"以后他亲自批准，把通县地区划给北京，把北京扩大了。

吴阶平回忆说，周恩来一切从国家的利益出发，认真到不可想象的程度。比如说，我们向周总理报告其他人的病况，上至国家领导人，各方面的高级干部，一直到工人、农民，他都是很关心的。他派我们去看王进喜，王进喜患癌症，住进医院了。我们回来以后跟他汇报。我们知道，给周总理汇报工作，按一般的汇报方法是不行的。他完全是一种听的态度，非常认真，比我们想得细，想得周到。他要问你，你为什么说他是这个病，问你的根据，很细，他要弄得很清楚的。空手去汇报，那是不行的。我们去汇报那叫一个系列，带的东西多了，图谱、标本、X 光片、显微镜，什么都得带。因为你说到哪儿，他就叫你拿出证据来。模型行不行，合不合比例，他处处在动脑子，很快会发现问题。去时都要充分准备，一定要实事求是地汇报。汇报我们认为这个病有多大的把握，还应该做什么检查，应该怎么治疗，治疗前途如何，他一样一样地问。问到后来啊，我们都感觉周总理是医学专家。比如说，这个病是什么病，应该怎样治疗。他就问：不是谁谁谁也是这个病嘛？你们怎么说是那样治疗呢？他就要问你为什么这两个人治疗不同？最根本的是他对人的关怀，对国家事业的关怀，对国家前途的关怀，因此他一丝不苟，非常认真，考虑得细。那么，会不会被他问倒呢？他问你，你说不出来了，就被问倒了。问倒不要紧，他也不责怪你。我们就知道哪天不被周总理问倒，几乎是不可能的事。他问倒我们，并不是吹毛求疵。他想得比我们深，比我们深得多。比如说，有一次派我们到邻国去为一个领导人治病，说回来要汇报。当时病人已经病入膏肓，随时要出问题，生命不可能再挽回了。去那儿坐专机需要 24 小时，回来就要报告。先说口头报告，飞机上接到通知，要书面报告。我就要去了解情况，搞清楚了再回来。我事先都得考虑得很周到，怎么能在短短的时间里把资料收集完全。为此，我事先通知当地使馆，请当地的医疗组带全资料到那儿等我。到了当地直接去使馆，简单说一下，马上决定由几个医生赶紧整理资料，然后自己看，回来后我就给周总理汇报，我在病报上写道："除非出现奇迹，随时可能发生问题。"他看后就让我再去口头汇报。问，按你说就是没办法了？我说，随时就要出问题的。他问，他病在哪儿最主要？当然他知道，是肺部。他问，带的肺部的 X 光片上都有什么变化？我说有什么什么变化，同时又说了一句，那片子照得不好。因为我的确自己看的片子。他问，为什么照得不好？就这一句，比如我回答不出来，也可以说是情理之中的。而我恰恰看了照得不好，当时又问为什么照得不好。据说那个地方也是极左路线，说照得好的技术员政治条件不够。来照的这个技术员，政治条件是好的，但技术差一些。他说："噢，这么一回事。"他又问："什么机器照的？"这句话完全出乎我意料。我说："我不知道。"好！这就把我问住了。他又问："你看见那机器没有？"我说："我没看见。"这不又问住了。他也没怪我。因为事实上我是没看见。他说："好，你回去休息吧。"几个钟头后他又叫我了。他说，你再去，带一拨医疗组的人去。到了机场我们碰头，我一看哪，有个放射科技术员，我也是熟悉的。我一看放射科技术员，就明白周总理为什么问那句话。你说那儿的技术员不是政治条件好、技术不行吗？我派个政治条件好技术又好的去。如果这个技术员懂这个设备，知道是个什么型的机器，知道是要什么条件的，他就可以准备得更充分。所以他当时问我是什么机器，不是要问住我，而是要指导派一个懂得这个机器的技术员去。你看这个多深呀！像这种事情可以说常常有。比如说，我们经常按要求去了解病人的病况，写病报，周总理看完一般都要批示，同意，或阅、已阅等。他每次看病报也是非常感动人的。给周总理的病报并不都是印出来的，有不少手写的，他就用红笔逐字逐个标点符号都看一遍，哪个地方错了，就给你改好。有一次，我在一个病报上写了一句：病人今日体温37.8度。我写病报应该说已经是有锻炼了。周总理在病报旁边括了一个括弧，加写了"昨日37.2度"一句。这句话对我的教育意义是很大的。因为你说37.8度，这是一个当时的情况，看不出一个趋向，是往好了走，还是往坏了走。他加写一个"昨日37.2度"，那就说明今天高了。所以我就觉得我这病报没写好，我应该写"昨日37.2度，今日37.8度"。所以凡事都要细想，都要去考虑，不是一读而过。这是周总理的一贯主张。

周恩来是我们党内做工作最多的人，也是最忙的人。他为国家的富强、人民的幸福呕心沥血，日夜操劳。他勤奋刻苦、忘我工作的精力，达到了惊人的程度。20世纪40年代在延安，周恩来就因坚韧耐劳被党内同志称为"革命队伍里的一头骆驼"。

中华人民共和国成立后，周恩来成为占世界四分之一人口大国的开国总理，日理万机，工作更加辛劳。周恩来办公室那彻夜不灭的灯光已成为共产党人为人民勤奋工作的象征。

新中国成立初期，特别是在抗美援朝的紧张阶段，他常常连续工作15小时之久。累了，就站起来走一走。困了，就在额头上抹点清凉油。由于过度疲劳，有时出现流鼻血的症状。他让工作人员稍事治疗又继续工作。有一次，为了等候朝鲜战场上的一个特急来电，他从头一天，一直工作到第二天中午12点，虽然淌着鼻血，他仍不肯休息，直到收到来电并口授了复电内容，签发了复电，才服药休息。

1955年万隆会议的整整一个星期时间里，周恩来总共才休息了13个小时，每天的睡眠不足两小时。这是总理卫士长成元功一分一秒记下来的。他在会上那个扭转大局、闻名世界的补充发言，就是利用中午休息时间亲自口授起草的，每写出一页马上交给翻译译成外文。那么复杂的局面，那么短促的时间，没有超人的才智固然不行，没有不辞劳苦的精神也不行。

新中国成立以后的几个发展国民经济的五年计划，都是他主持制定和组织实施的。祖国每条大江大河的治理，每项重点工程的建设，原子弹、氢弹的研制成功，人造卫星的上天，无不凝结着他的心血。他在日理万机中送走了一个个不眠之夜，又迎来了一个个繁忙的早晨。

有一次，周恩来已经连续 30 多个小时没合眼，究竟处理了多少文件，接待了多少人？恐怕秘书也算不清楚。夜里 1 点多，秘书却看着手表提醒："总理，还有 14 分钟。""唔，你们做准备，我刮个胡子。"周恩来身体微微一晃，迅速又恢复了惯常那种快速敏捷的步伐。现在周恩来要刮胡子，说明又是外事活动。他注重仪表整洁，说这是一种礼貌。时间所剩不多，看来又顾不上吃饭了。秘书给负责招待工作的同志打电话。打完电话回来，屋里屋外乱纷纷：周总理"失踪"了！同志们紧张寻找，忽然有人说："哎呀，总理不是说要刮胡子吗?"大家立刻寻到卫生间。进门的一刹那，所有人都怔住了：总理垂落的左手下，有一条面巾，他微屈的右臂，手里仍虚握了沾有肥皂沫和胡子茬的刮脸刀，他就歪在镜子前边睡着了！可是，周恩来双肩一震，眼皮忽地掀起，便听到"哎呀"一声轻唤，周恩来已经抹抹脸朝外急走，一边抬手看腕上的表，一边喃喃："糟糕，我睡着了呢，迟到了，迟到了，这次怪我……""总理！"同志们小声叫着追上去，又不敢追到他面前，尾巴一样跟在他身后，因为大家都已心疼得流泪了。

从中华人民共和国成立到 1974 年患癌症住院，周恩来一直住在中南海西花厅。在这里，他忘我地、高效地为党和人民的事业辛勤操劳。周恩来工作的特点是不分时间、不分地点，随时批阅文件。有时没有桌子，他就顺手拿本书垫一垫，但书写起来不太方便。后来他发现用一块小三合板来衬垫就方便多了，从此他的卧室和没有桌子的地方便都放上一块小三合板，以便随时取用。周恩来盘膝坐在床上，垫着三合板批改文件实在辛苦，特别在他高龄、重病之后，更是不免感到劳累。为了改善他的工作条件，邓颖超亲自设计了一个一边高、一边低，适合周恩来靠坐在床上伏案工作的小床桌。为了不使文件散落在床上，减少他用左手去扶持文件的力量，在桌面四周还加了边框。

他的工作日程表是以分秒来计算的。他没有节假日，每天工作都在十七八个小时以上，经常通宵达旦，甚至昼夜不眠。1968年，胡志明到北京时，向周恩来提出一个要求，希望他能为中国人民和世界人民的利益，每天多睡两小时。周恩来的回答却是——"我做不到。"一位跟随周恩来 20 多年的同志回忆道：在我跟总理的 20 多个年头里，我很少见他在凌晨 3 点钟以前睡过觉，更没有看见他休息过一个节假日，而连续几天几夜不睡觉则是经常的事情。每当我们提醒他老人家早点休息，他就语重心长地对我们说："一个人年纪大了，要争取时间为党为人民多做点事情。"其实周恩来何尝不需要休息，他曾说过："我不能坐，一坐下就会睡着。"

有一件事曾经让谷牧刻骨铭心，终生难忘。谷牧回忆说：有一次半夜 3 点多钟，我回来睡觉，刚刚闭上眼，床头的保密电话响了，我拿起来一听是周总理的声音。他问，我刚才批送的一个文件给你，你看到了没有？我说我看到了。他问，你准备怎么办？我说，明天早上一起来就去抓这个事。是纺织部的两派就要武斗了，不可开交。3 点多钟了，我想我去找谁呀？找部长们也不方便，光我自己也不能办事啊？结果我睡了几个钟头早上醒来时，周总理处理这个问题的批示，已经送到我的桌子上来了。他写道：谷牧同志，我来不及等你明天了，我已经找他们处理了这个事，并且告钱之光把情况向你汇报。那时候我觉着很惭愧，我应当晚上不睡，起来处理这个问题。可是我只想到第二天还有事，已经是 3 点了。我一直觉得这个事没办好，对不起周总理。周总理这么大岁数还工作，我们应当分担他一点辛苦。结果是我睡了觉了，他当夜把事情办完了，把有关材料给我送来了，这个事我一想起来就于心不安。这个文件复印件我一直保存着，他鞠躬尽瘁，为人民办事不休息的精神，真是深深地感动着我。

下面是一位秘书记录的他一天的活动情况，也是西花厅最普通的一天。

这一天，清晨 5 点 50 分临睡前吃了轻量的安眠药。8 点钟起床。新的紧张的一天又开始了！

在周恩来的卧室后边，有个卫生间，大家都亲切地称它为"第一办公室"。每天早上，周恩来起床后，就快步来到这里。这时，分工负责各方面工作的秘书，有时还有一些部门的负责同志，都到卫生间向总理请示汇报急需要办的事情。今天也不例外。周恩来迅速地批阅完所有的急电、急件后，便开始阅读当天报纸上重要的国内外新闻和经秘书用红笔勾出重点的参考资料。每天早上在卫生间看报，这已经是他的老习惯了。就在这短短的几十分钟里，他以惊人的速度阅读完大量的材料，哪些报道有差错，哪些宣传与事实有出入，写法不恰当，都逃不过他敏锐的眼睛。发现了问题，他立即打电话到有关新闻单位指示更正，或亲自把负责同志找来很耐心地指出如何处理。他很重视看报，曾多次说：看报纸也是调查研究。

这天早上，周恩来只喝了一小碗豆浆，就匆匆走了。他来到国务会议厅。几位负责同志迎上前来，关切地对总理说："您刚睡下不到两小时，又赶来参加会议了！"周恩来微笑着说："我睡得很好，两个小时不少了嘛！"说着，在桌边坐了下来。那次会议一直开到中午 12 点半才结束。散会后，周恩来又带着两位部长回到西花厅，商谈一项工程的建设问题。

邓颖超原准备陪周恩来一块吃午饭的，因国务会议延长，她下午还有活动，就先吃完饭休息了。为了革命工作，两位老人很少有机会一块用饭。

周恩来陪两位部长吃过饭，立即走进办公室。屋子里，不时传出爽朗的笑声，谈话气氛非常活跃。直到下午 2 点多钟，客人才走出屋门。他们和总理告别后，一次又一次对秘书说："总理休息太少了，你一定要说服他晚上早点休息。"

送走了两位部长，秘书盘算总理忙了大半天，该请他出来散散步了。站在值班室的护士说："我请过了，总理说一会儿就来。"可是过了好久，还不见周恩来出来。秘书走进办公室一看，好几位秘书站在总理桌边，总理又在和他们研究工作了，秘书们不时地看看表，都盼望着总理快点忙完眼前的工作，赶快休息几分钟。下午 3 点半，他还要会见外宾，时间已是 2 点半了，而摆在桌上的文件、卷宗，还没有看完。这些文件，件件关联着祖国的命脉，哪一件都必须由总理亲自批阅。

　　下午 3 点钟到了，周恩来坐上汽车，到北京饭店接见外宾。在车上开始刮他早上没有来得及刮的胡子。刚刮完胡子，车已到北京饭店门口了。周恩来和外宾会谈了两个多小时，才见客人满面春风地和周恩来一道走出会客厅。客人久久地拉着他的手，依依不舍，深情地说："能有幸和您——世界上最忙的人谈两个多小时的话，感到非常荣幸。我建议您注意休息。"周恩来回答："谢谢！"

　　送走外宾，周恩来和工作人员一一握手。向负责外宾工作的同志交代了一些事情后，上了返回的汽车。这时已是傍晚 6 点半了。为了让他在汽车上多休息一会儿，何秘书和司机老杨事先约定好把车开得慢点，不按喇叭，不向总理谈任何事情。可是没过多久就被周恩来发现了。他问："车为什么开得这么慢？"何秘书说出了他们的想法。周恩来体谅他们的心情，没有批评他们，只是轻声地说："陈老总他们来开会的时间到了。"老杨只好加大油门，车子快速驶回西花厅。

　　汽车开进西花厅大门，只见邓颖超正在门口散步，老杨停下车。周恩来走下来，邓颖超走上去说："今天，我还没见到你的面呢？"周恩来风趣地回答："这不见面了吗？"邓颖超和周围的同志都笑了。邓颖超对他说："知道你离开了饭店，我受大家的委托，特地到门口陪你散散步。"周恩来会心地笑了。他和邓颖超说笑着，并肩向里院走去。周恩来的步子迈得又大又快，一会儿就走到邓颖超的前面去了。邓颖超不时地叫着："你走得慢一点嘛，走那么快，哪是散步呀！"周恩来回头笑笑，放慢了脚步。

　　这一天晚上，难得邓颖超陪着周恩来吃饭。他们刚端起饭碗，一位秘书进来报告："贺副总理来向总理请示几件事情，问总理有没有时间?"周恩来立即回答:"请贺龙同志现在就来。"
一会儿,贺龙进来了,周恩来亲自迎他走进客厅。他们虽然经常
见面,但是每次见面都像久别重逢似的。这时,邓颖超要出去开
会了。贺龙对她说:"大姐,劝劝总理,星期六晚上抽个把小时,
去看看体育表演吧。这是很好的休息。"邓颖超当即回答:"你老
总的建议我完全支持",随即就告别出去了。周恩来和贺龙还没
有谈完,陈毅和来开外事会议的同志就到了。贺龙站起来,拉着
周恩来的手亲切地说:"就这么说定了吧,总理! 星期六晚上你
一定来看体育表演,主要看看体操也好。"陈毅马上接上来说:
"就这样定了,到时我陪总理去!"周恩来愉快地笑着说:"你们
两位老总替我做了主,好吧,去看看大家。"贺龙走到院子里的
时候,还一再嘱咐送他的何秘书:"星期六晚上,无论如何也要
动员总理去,让他休息一下。请邓大姐也一起去。"

研究外事工作的会议直到深夜 1 点多钟还没有结束。周恩来
的精神还和白天一样旺盛,而有些身体较弱的同志已经睁不开眼
睛了。周恩来关切地望了望同志们,说:"会议就开到这里。请
大家吃点夜餐再回去吧"。饭后,参加会议的同志要告辞了。一
位刚从国外回来的大使站起来,紧握着周恩来的手说:"请总理
也早点休息吧,使馆的同志委托我请总理注意健康。"周恩来说:
"谢谢大家的关心。工作处理不完,休息也休息不好。"站在旁边
的陈毅幽默地说:"总理能这么早休息? 按总理的习惯,现在才
过了吃午饭的时候呢!"

陈毅等同志走后,何秘书和护士建议总理出去散一会儿步。
周恩来答应了。初春的夜晚,院子里几棵高大的海棠树正开着如
霞似锦的鲜花。平时,周恩来每次散步只走三四分钟,这天晚

上，他的精神特别好，竟在院子里漫步了 15 分钟！

夜里 2 点钟，周恩来对何秘书说："你现在给主席的秘书打个电话，请他请示一下主席，我要向主席请示几件事情，是不是影响主席？"接了主席秘书的电话后，周恩来乘车来到毛泽东住处。周恩来像每次来见主席一样，第一件事就是向主席的秘书和卫士长详细地询问主席的身体健康情况，从睡眠、吃饭、保卫安全，一直到每件最细微的小事都要询问到，发现问题立即解决。毛泽东的住地，灯火通明。毛泽东与周恩来在屋里谈着话，爽朗的笑声不时地传到屋外。

清晨 5 点多钟，周恩来走出毛泽东的住处。东方的霞晖已开始勾画出北京城宏伟的轮廓。一夜安睡的人们又开始了新的一天的活动。可是他们中是否有人想到，此时此刻坐在驰向西花厅车中的周总理，还不曾合过一下眼睛！

汽车开进了院子，周恩来走进办公室。各种硬皮文件夹子，又早已放满了他的办公桌，急切地等待着他批阅。为了让秘书们早点休息，他先把电报和急办的文件拿来，一件件地批示着。一个半小时过去了，秘书们离去后，周恩来又着手修改下午中央会议要讨论的文件。直到上午 10 点，连续工作了 26 个小时的周恩来才躺下休息。

在北京如此，到外地视察工作同样如此。

1966 年邢台地震时，周恩来亲赴震区视察灾情。4 月 1 日那天，他从早晨 5 点钟起，一直工作到晚上 9 点，16 个小时没顾上吃饭，一刻也未休息。

1967 年 2 月 3 日，周恩来身边工作人员不得不联名写了一张向周恩来"造反"的大字报。他们写道："周恩来同志：我们要造你一点反，就是请求你改变现在的工作方式和生活习惯，才能适应你的身体变化情况，从而你才能够为党工作得长久一些更多一些。这是我们从党和革命的最高的长远的利益出发，所以强烈请求你接受我们的请求。"周恩来 2 月 4 日在大字报上批道：诚恳接受，要看实践。但是，面对当时极其混乱的形势，千头万绪的工作，异常复杂的问题，周恩来是停不下来的。他对身边工作人员说："我不能休息，你们看，这么多的文件都等着我批，这么多的事要等着我办，我能休息吗？"

1972 年 5 月，周恩来在检查身体时发现尿中有癌细胞，随后被确诊为膀胱癌。1973 年 3 月 10 日，他在北京玉泉山做了第一次膀胱镜检查和电灼术治疗，然而，他的病情并没有好转，而是继续恶化，不得不住院治疗。

据有关方面统计，1974 年 1 月到 6 月 1 日住院，其间除去在医院检查和重病休息的日子外，共 139 天。他抱病工作的情况是：工作 12 至 14 小时的 9 天；工作 14 至 18 小时的 74 天；工作 18 小时的 38 天；工作 24 小时的 6 天，工作近 30 小时的一次。这就是说，他以 76 岁高龄的有病之身，工作 18 至 24 小时就有 44 天，约是 139 天的 31%。其中有几天是连续工作不间断。直到四五月间，竟 4 次因缺氧而引起昏迷，这才不得不于 6 月 1 日住进医院，进行手术治疗。

1974 年 6 月 1 日中午，周恩来到办公室整理了一会儿文件，向秘书交代了一些工作，然后穿上中山装，披上藏青色大衣，来到院子里。周恩来站在等候的汽车旁伫立良久，对这个工作和生活过 25 年的院落看了又看，凝视不语。周恩来在邓颖超以及保健医生、护士等的陪同下，住进了解放军三〇五医院。自此

## 周恩来 永远的榜样

时到 1976 年 1 月 8 日逝世，周恩来共动大手术 6 次，小手术 8 次，输血 100 次，平均每 40 天左右就要动一次手术，这在常人看来已无法工作了，但他还是坚持工作。除处理日常事务外，同中央负责同志谈话 16 次，同中央部门及其他有关负责人谈话 55 次，接见外宾 63 次，接见前后与陪见人员谈话 17 次，外出开会 20 次，在医院开会 20 次，外出看望或找人谈话 7 次。住院期间，贺龙的骨灰安放仪式他参加了；李富春的追悼会他参加了。1975 年 1 月 13 日，周恩来带病做了最后一次政府工作报告。在起草政府工作报告时，毛泽东交代邓小平，要起草一个新中国成立以来最短的政府工作报告，让总理有气力把它讲完。当他讲完时，已经累得双手颤抖，当晚的小便全是血！1975 年 12 月 31 日——也就是在他去世的前 7 天的中午 12 时，他躺在病床上，才用微弱的声音对身边工作人员说出了"我累了"这句话。他的累不仅是身体上的，更多的是精神上的，那种来自多方面的、心上的"累"，才是最累的，是一般人难以承受甚至难以想象的。

国内外许多有名望、有影响的人都认为，周恩来是这个世界上最忙、工作最多、睡眠最少、最辛苦的人。邓小平说，周总理"一天的工作时间总超过 12 小时，有时在 16 小时以上，一生如此。"一位华侨赞扬周恩来是一位"钢人"。有一篇怀念周恩来的诗中这样写道："如果世界上真有不知疲倦的人，我们的总理一生睡得最少。"美国作家斯诺说，周恩来是"不知疲倦的、精力充沛的、记忆惊人的、世界上少有的总理"。郭沫若在他的《洪波曲》一文中，对周恩来是这样评价的："我对周公是一向心悦诚服的。他思考事物的周密，有如水银泻地；处理问题的敏捷，有如电火行空；而他一切都以献身精神应对，就好像永不疲劳。

他可以几天几夜不眠不休，你看他似乎疲劳了，然而一和工作接触，他的全部心神就和上了发条的钟表一样，有条有理地又发挥着规律性的紧张，发出和谐而有力的节奏。"

鞠躬尽瘁为人民，是敬爱的周恩来光辉一生的真实写照。周恩来总是说："把我推上这个历史舞台，我得用一切精力来把工作做好。"所以一辈子都是贯彻这么一个主导思想，从来没有考虑过自己。不管多么疲倦、多么劳累，周恩来一同公众见面，总是面带微笑，一副发自内心的快乐神情。正如谢觉哉说："快乐是从艰苦得来的。只有经过劳作、经过奋斗得来的快乐，才是真快乐。不可能有从天上掉下来的一个快乐给你享受。而且快乐常常不是要等到艰苦之后，而是即在艰苦之中。"1971 年 6 月 28 日，日本公明党委员长竹入义胜曾经向他请教"养生之道"。周恩来说："在漫长的中国革命岁月中，有许多同志都牺牲了。我们这些活着的人，要更加倍地工作。我每天都以此激励自己。这也可以算是我的'养生之道'吧！"这是多么高尚、多么伟大的养生之道！正如他去世后，人们泣不成声呼喊的那样："总理啊！您是为国家、为人民，累死的呀！"他把自己置身于人民当中，与人民同甘共苦，把全部的爱献给祖国和人民，被人民亲切地称为"人民总理"。

周恩来深深地感动着他身边的人，影响了他们的一生。

一次，记者采访一位白发老者时问道："您真的这几十年从来没有因为私事儿请过假么？请问是什么原因让您这样做的呢？"那老者淡然道："那是因为周总理教我这样做的。"众皆肃然。老者接着道："从 1964 年到 1966 年，我在中南海站了三年的警卫。那三年，我印象最深的就是总理，因为总理每次回来，他的车都是走我站岗的那个门，每天他回来的时候，都是凌晨的三四点钟。可是每次过我的岗楼的时候，总理都不忘了对我招招手，哎，每次他都不忘的。"老者喘了口气，接着说道："那时候我就想，我们怎么也得学像总理那样做人啊，做不了总理那样的大事儿，我就这点儿水平，那我就做个好警察。"老者讲完，站起身来，认真地敬了一个礼。周恩来是伟大的人，也是平凡的人，"他是把伟大和平凡结合得完美的人"。人们为他的伟大而骄傲，也为他的平凡而感动。人们会记住他经天纬地的丰功伟绩，也会记住他对普通百姓的点滴关爱。

法国前总统德斯坦在巴黎市政府为周恩来居住过的房子设立纪念牌的仪式上，曾说过这样的话："要对这位从不希望为自己树立纪念碑的人表示敬意。"确实，周恩来的一生，只是尽量地奉献。为祖国、为人民、为共产主义事业，他奉献了自己的一切。他没有企图为自己树立任何一座纪念碑，但是，他却以他杰出的才能、崇高的品德，赢得了全中国人民衷心的爱戴，在国际上也享有崇高的声誉。他的纪念碑，已树立在他的人民心中。

著名物理学家杨振宁说："他贡献了他的一生，无私地为人民服务，我们可以说这一个伟人的一生的历史，就是新中国的孕育的历史，就是新中国的诞生的历史，就是新中国的成长的历史。他是中国人民的英雄。他的精神将滋长在一个伟大的民族的精神里面，他是这个民族永恒的榜样。"

著名华裔英国女作家韩素音说："我只能说，他改变了我的一生，改变了我一辈子的看法。我一直到现在，只要提起他，我就要哭。我觉得他了不起，我觉得他是中国人民的道德，中国人民的良心，中国人民的英雄。周总理有一种感情，使得我们都可以爱他，都可以认为他可以明白我们。他小小的事情，大大的事情都要做。他不仅是个伟大的人，而且在道德方面了不起。他改变了我的生活。我知道我应该怎样给中国做贡献。他完全忘了自己，他不知道怎么照顾自己。为什么大家喜欢他，因为他没有忘了人，大大小小的人，他要去照顾他们。"

马克思在他的博士论文《青年在选择职业时的考虑》中写道："历史承认那些为共同目标劳动因而自己变得高尚的人是伟大人物；经常赞美那些为大多数人带来幸福的人是最幸福的人；宗教本身也教诲我们，人人敬仰的理想人物，就曾为人类牺牲了自己——有谁敢否定这类教诲呢？"康德说过："有两种东西，我对它们的思考越是深沉和持久，心中越是充满不断更新的认识和有增无减的敬畏，这就是我头上的星空和心中的道德定律。"司马迁说过："人固有一死，或重于泰山，或轻于鸿毛。"人类的历史在很大意义上可以说是一部文化史、道德史，周恩来就是人类文化史、道德史上永远的楷模。

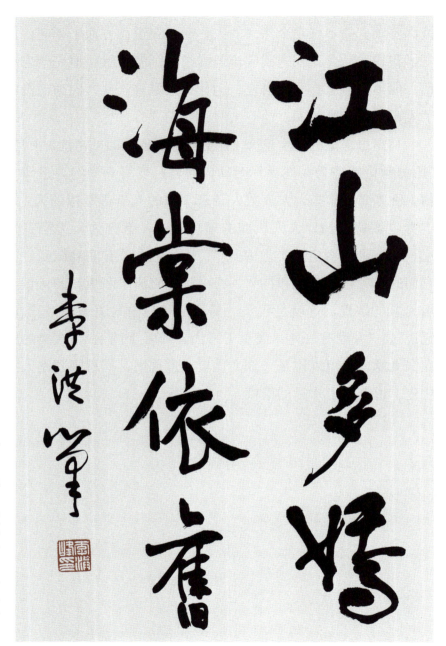

江山多娇　海棠依旧　李洪峰　书

# 第八章

## 领导艺术和领导作风

　　周恩来是历史上少有的一生信念如一、操守如一、言行如一、表里如一的人。于右任曾经写过一副联语：养天地正气，法古今完人。周恩来就是天地正气和古今完人优秀品德的最完美体现者。

　　从根本上说，周恩来高超的领导艺术，与他坚定的信念分不开，他一生坚定社会主义和共产主义的信念不动摇，坚定中华民族腾飞于世界的信念不动摇，坚定为人民服务的信念不动摇。信念的光辉照亮了他的一生。与他伟大的奉献分不开，他几十年如一日，鞠躬尽瘁，死而后已，他经常几天几夜不眠不休地工作，精力充沛，从来不知道疲倦。与他深厚的修养分不开，他具有深厚的理论修养与多方面的知识修养，集东西方智慧于一身，而且一生不停地学习，一生践行理论联系实际原则，一生坚持行重于言。更与他高尚的品德分不开，他对人民、对国家、对领袖始终忠心耿耿，越是在艰苦环境下，越是在危难局面下，越是在重大转折关头，他的大智慧和浩然正气越是充分显现。周恩来在长期领导革命和建设、治党治国治军中形成的独具特色的领导艺术，是中国共产党和中国人民、中华民族的宝贵思想财富。

讲到周恩来的领导艺术和领导作风，必须认真学习和研究周恩来的全部实践和全部理论，特别是要深入研究他有关领导工作的三篇文献：第一篇是他 1943 年 3 月 18 日写的《我的修养要则》；第二篇是他 1943 年 4 月 22 日写的《怎样做一个好的领导者》；第三篇是他 1949 年 5 月 7 日所作的《学习毛泽东》的报告。

《我的修养要则》，全文不长，共七条，照录如下：（一）加紧学习，抓住中心，宁精勿杂，宁专勿多。（二）努力工作，要有计划，有重点，有条理。（三）习作合一，要注意时间、空间和条件，使之配合适当，要注意检讨和整理，要有发现和创造。（四）要与自己的他人的一切不正确的思想意识作原则上坚决的斗争。（五）适当的发扬自己的长处，具体的纠正自己的短处。（六）永远不与群众隔离，向群众学习，并帮助他们。过集体生活，注意调研，遵守纪律。（七）健全自己身体，保持合理的规律生活，这是自我修养的物质基础。素质和修养是领导者领导艺术和领导作风的基础。只有具备很高的素质和修养，才能具备很高的领导艺术、很好的领导作风。这七条修养要则，贯穿了周恩来一生的实践，奠定了周恩来领导艺术和领导作风的基础。

《怎样做一个好的领导者》，这是周恩来为中共中央南方局干部作报告而写的提纲。关于领导者的立场，周恩来强调：（一）要有确定的马列主义的世界观和革命的人生观。（二）要有坚持原则精神。（三）要相信群众力量。（四）要有学习精神。（五）要有坚韧的奋斗精神。（六）要有高度的纪律性。关于什么是正确领导，周恩来认为：（一）必须正确地决定问题。（二）必须组织正确决定之执行。（三）必须组织对于执行这种决定的情形之审查。关于领导艺术，周恩来指出：列宁、斯大林论领导艺术，不可跑得太前，也不可落在运动后面，而应抓住中心一环，推向前进。毛泽东同志论领导艺术，要照顾全局，照顾多数，以及和同盟者一道干。关于工作作风，周恩来重点讲到列宁和毛泽东，他认为，列宁的工作作风是：俄国人的革命胆略；美国人的求实精神。毛泽东的工作作风是：中华民族的谦逊实际；中国农民的朴素勤勉；知识分子的好学深思；革命军人的机动沉着；布尔什维克的坚韧顽强。周恩来讲的这些，既是对中国共产党领导经验的深刻总结，也是对革命领袖领导风格的高度概括，也是周恩来自身领导工作的深切体会。

《学习毛泽东》，这是周恩来在中华全国青年第一次代表大会上所作报告的一部分，读来尤为亲切感人。这是周恩来向全国青年的号召，也是他一生的遵循。其中讲到，学习毛泽东必须全面地学习。他认为毛泽东是最能坚持原则又最能灵活运用的领袖。毛泽东坚持原则之中有两点值得我们学习：（一）坚持方向；（二）实现方向。毛泽东思想的特点，就是把普遍真理具体化，运用到中国的土地上。毛主席在坚持真理、实现真理中还有一个经验，就是他所提出的原则总是照顾大多数，为着大多数人民的利益。要使马克思列宁主义的普遍真理在中国胜利实现，一定要结合中国的实际，做许多艰苦的具体工作，不屈不挠地前进，长期地奋斗，努力争取大多数的人民，争取大多数的青年群众跟着我们走，而不是靠着我们这个小队伍。学习毛泽东，还要学习毛泽东日夜不息、从不满足的学习精神。纵观周恩来伟大光辉的一生，学习毛泽东思想，学习毛泽东领导艺术，在毛泽东的旗帜下前进，是贯穿其中的鲜明主线。

这三篇文献，是周恩来领导思想的集中体现，是我们认识周恩来、理解周恩来，认识和理解周恩来领导艺术和领导作风的钥匙。

从根本上说，周恩来高超的领导艺术，与他坚定的信念分不开，他一生坚定社会主义和共产主义的信念不动摇，坚定中华民族腾飞于世界的信念不动摇，坚定为人民服务的信念不动摇。信念的光辉照亮了他的一生。与他伟大的奉献分不开，他 50 余年如一日，26 年如一日，鞠躬尽瘁，死而后已，他经常几天几夜不眠不休地工作，精力充沛，从来不知道疲倦。与他深厚的修养分不开，他具有深厚的理论修养与多方面的知识修养，集东西方智慧于一身，而且一生不停顿地学习，一生践行理论联系实际原则，一生坚持行重于言。更与他高尚的品德分不开，他对人民、对国家、对领袖始终忠心耿耿，越是在艰苦环境下，越是在危难局面下，越是在重大转折关头，他的大智慧和浩然正气越是充分显现。周恩来在长期领导革命和建设、治党治国治军中形成的独具特色的领导艺术和领导作风，是中国共产党和中国人民、中华民族的宝贵思想财富。

通过深入学习和思考，我们体会到，周恩来领导艺术和领导作风，具有举轻若重，广大精微；求真务实，以诚持国；顾全大局，辩证包容；求同存异，坚定灵活；知人善任，依靠群众；谦逊实际，平等待人等重要特点。

## 一、举轻若重，广大精微

周恩来日理万机，是举轻若重的光辉典范。1964 年初冬，著名儒学大师马一浮在中南海怀仁堂挥毫写下两副诗联分别赠给毛泽东与周恩来。赠毛泽东的诗联是："使有菽粟如水火，能以天下为一家。"赠周恩来的诗联是："选贤与能讲信修睦，体国经野辅世长民。"这两副诗联表达了马一浮先生对毛泽东和周恩来的敬仰，也反映了他对两位伟人之间关系的深刻认识。郭沫若称赞周恩来"思考事物的周密如水银泻地，处理问题的敏捷如电火行空"。周恩来为了让毛泽东集中精力思考战略性和理论上的重大问题，把大量精力放在处理具体事务、具体问题上。有一次，一位曾经在周恩来身边工作多年的同志问周恩来为什么这样做？周恩来严肃地说，你怎么也讲这个话？我们这么大的一个国家，有那么多具体的事，总要有人去管它的。我多管些这类事，就可以让毛主席有更多的时间去考虑一些更大的问题。周恩来作为世界上人口最多的大国的总管家，是政务最繁忙的人，但他游刃有余，举轻若重，无论是复杂问题，还是简单问题，都处理得自然流畅，井井有条，节奏分明，有声有色。中国有一句古语："致广大而尽精微。"周恩来具有共产党人的崇高理想和博大襟怀，他的格局是广大的。他一生又养成了精益求精、细致入微的严谨作风，他轻中见重，以轻济重；小中见大，以尽精微而致广大。

以周恩来在"三年困难时期"解决粮食问题为例。根据周恩来工作台历的记载，从 1960 年 6 月至 1962 年 9 月，两年零四个月里，周恩来关于粮食问题的谈话就达 115 次。其中 1960 年下半年 19 次，1961 年 51 次，1962 年 45 次。他及时审阅粮食报表，精心计算粮食安排，多次出京调查粮食情况，解决粮食调拨问题。从周恩来办公室退给粮食部办公厅，现仍保存的 32 张报表中，周恩来的笔迹有 994 处之多。例如在《1962 年至 1963 年度粮食包产产量和征购的估算》这张表上，周恩来用红蓝铅笔作标记 145 处，调整和修改数字 40 处，在表格边上进行计算 6 处，批注数字 70 处，批注文字 7 处，整个表格密密麻麻地留下了周恩来的手迹。这些报表作为珍贵的历史文物，是周恩来极端负责精神的生动见证，也是周恩来举轻若重领导风格的生动体现。

周恩来有惊人的关注细节的才能。他的一生充满了无数个精彩的历史瞬间。在 1954 年日内瓦会议上，中国代表团为外国记者举行电影招待会，其目的是让世界了解新生的人民共和国。周恩来特别交代有关同志要选好放映日期，不要在开会的日子，也不要在周末，把请柬分成两种，一种指名邀请，一种不写名字，就放在"新闻之家"，准备让中国台湾、南越、南朝鲜以及不便邀请的美国记者自取。放映时根据中文解说词，用英文通过扩音器作简单说明。放映的电影是《梁山伯与祝英台》。为了能让外国朋友看懂，代表团的同志打算搞一个 15 页左右的英文说明书，发给外国记者。周恩来听到汇报后，立即指出：十几页的说明书，谁看？我要是记者，我就不看。然后，他出了一个主意：在请柬上写一句话："请你欣赏一部彩色歌剧电影——中国的罗密欧与朱丽叶。"放映前用英语作个三分钟的说明，概括地介绍一下剧情，用词要带点诗意，带点悲剧气氛，把观众的思路引入电影，不再作其他解释。结果，演出大获成功，观众报以热烈掌声，认为太美了，比莎士比亚的《罗密欧与朱丽叶》更感人，说这是"东方式的细腻的演出"。周恩来还让有关人员把影片拿到卓别林家里放映，这位电影大师也称赞不已。

周恩来的举轻若重，贯穿了他的一生。他的举轻若重，既体现在他处理风云变幻的外交工作上，也体现在他处理繁重艰巨的国内事务上；既体现在他处理中美、中苏、中日等大国关系和万隆会议、日内瓦会议等重大国际事件上，也体现在他处理周边关系的棘手问题上；既体现在他处理"三年困难时期"调整、抗美援朝、"文化大革命"等重大经济、政治、军事问题上，也体现在他处理繁杂琐碎的日常工作上。

周恩来同毛泽东一样，在长期战争年代养成的工作习惯，新中国成立以后一直未变。在 26 年的总理生涯中，他很少在清晨 4 点半或 5 点以前上床就寝。除非需要参加会议，他要睡到上午 10 点半或 11 点。午饭后，他通常午睡片刻，然后开始工作。前面我们曾经引述了周恩来一位秘书记载的周恩来的一天。这里，是另一位秘书以日记形式记录的周恩来的一天：上午 11 点，总理会见林业视察组后，发布森林防火的指令。12 点他接见教育专家。12 点半午餐时，他边吃边读他们交来的报告。午餐与往常一样，两盘菜，一荤一素，外加两个玉米饼。午餐后一边听我们给他念报告，一边活动右臂 15 分钟。随后，他阅读有关今后 6 个月所需粮食和煤炭的报告。下午 2 点，他中断阅读，询问我们："今年夏天防洪工作做得怎样？我们秋收有无保证？"的确，堤坝已年久失修，必须及时修复。总理命令工作组去查看各地堤坝情况，动员人民解放军和群众参加修复工作。总理亲自决定哪些部队到旱涝地区去参加抢险救灾。他审阅了城市的住房计划。工人们居住的贫民窟必须铲平，为他们盖上四层公寓式的砖瓦楼房。"但是，不要忘记应先铺设自来水管道。"下午 4 点，他与工程师商讨工厂的厂址。怎么能在缺煤、缺油、缺电的情况下建工厂呢？中国的电力和石油最为匮乏。下午 5 点，他和经济学家、科学家、工程师一道研究中国工业化的布局问题，会议一直开到晚上 8 点。总理说："目前我们甚至连缝衣针或自行车都还不能生产，却必须学会制造飞机。"周恩来同他的朋友、中国科学院院长郭沫若一起喝粥，郭沫若提醒总理在延安时开办过一所航空学校，尽管当时风沙弥漫的天空中没有出现过任何飞机。总理回答说，"我们知道首先要做好思想准备"。夜幕降临了，我们很多人都感到疲倦不堪，我们到院子里快跑了一阵，揉揉眼睛，再回到屋里继续工作。晚上 9 点，总理召集新成立的卫生部有关人员开会，商讨接种天花疫苗和预防霍乱的问题。"我们必须教育人民养成良好的习惯，避免传染霍乱"（此后两年内 2 亿人接种了天花疫苗）。当天对外广播稿子送来了，总理很快地看了一遍。他把外贸部长找来。"日本商人表示愿意与我们签订合同。我们必须予以答复。可以通过香港办理。"他浏览了中国报纸的社论，不禁皱起眉头，因为他认为有一篇社论言辞偏激。晚上 10 点，作为军委副主席，他出席了军委会议，讨论人民解放军进驻西藏事宜。人民解放军必须与西藏地方政府达成协议后，方可进入西藏。总理说，西藏代表团已启程前来谈判，他们必须受到尊重。他找来有关西藏问题的专家。"我们绝对不能表现出大汉族主义。我们有许多少数民族。应该学会他们的语言和风俗习惯。"他向军队发布命令，重申必须爱护各地的纪念碑、塑像和古建筑。早在 1948 年，总理就已将需要保护的历史古迹和庙宇编目造册，并通知各军事指挥官和政委。这次再度发出通知，保护手册的文物古迹增加了西藏的庙宇和寺院。"让我们的西藏问题专家列个表。绝对不能允许军队在宗教圣地宿营生火。我们不是国民党。"子夜 12 点，他与中国科学院的成员就建立基础研究机构一事谈了整整两个小时。"中国在培养自己的科学家方面要敢于投资。"深夜 2 点，他接待了考古学家和历史学家。"我们必须成立一所考古研究所。中国的文化一定要加以保存。这是我们的宝贵遗产。过去的东西并非都是糟粕。"深夜 3 点半时，他开始阅读送来的文件、新闻摘要，直到 4 点半为止。对其中几份文件，他口述了答复的内容。凌晨 5 点，他拿着其他几份文件上床就寝了。

这就是周恩来一天的工作，不论问题是重要的，或者表面看来并不重要的，他都事无巨细，抓得很紧。因为他懂得，成就大事业必须从小事情上做起。一个小小的细节往往成为发展一整套新思想、新任务的新线索。一次阅读一份香港杂志，他发现有两幅 12 世纪字画轴卷在香港出售。一个电报马上打到在香港的龚澎和她丈夫乔冠华那里。乔冠华当时负责香港新华社的工作。"把这两幅轴卷买下来。它们是我们国家珍宝的一部分。"有座寺庙要建一尊佛像，请他决定佛像面庞的样子，他说："菩萨源自印度，不要把他塑造得太像中国人了。"一天，负责外交部办公厅工作的王炳南收到一张周恩来写下的、措辞严厉的便条，问王炳南为什么"连打一小时之久的电话，外交部无人值夜班？"一次，一位机要交通员送错了几份文件。周恩来让人把这位惶恐不安的交通员找来。难道他不热爱自己的祖国吗？倘若热爱，怎能办事这么马虎呢？在他身边工作过的人说："总理从不大声喊叫，也不骂人，但是他说话的口吻越平静，他越是讲'责任在我，我没有交代清楚'，我们就越觉得难受，好像我们身上给刀拉了一条口子似的。"一位财政部的青年妇女曾见过周恩来一次，她说："我这一辈子都在问自己：这件事如果周总理来处理会是怎样的呢？见过总理一面，谁也忘记不了。当时我是实习会计，我跟着新成立的中国银行的官员们去见总理，研究决定人民共和国发行的新货币。周总理仔细观察所有新货币的图案，逐一研究货币的大小、印刷和币值。他责成我们收集1949年以前各地军阀发行的60多种地方货币。'我们应该把这些货币保存在博物馆里，我们的后代应该了解过去的中国是什么样子。'"

周恩来认为，在实际工作中必须保持应有的冷静，尤其是经济工作，更应实事求是。他说：我们对待任何问题，都必须坚持"知之为知之，不知为不知"的老实态度。主张对"领导者的头脑发热了的，用冷水洗洗，可能会清醒些"，"不要光看到热火朝天的一面。热火朝天很好，但应小心谨慎"。他历来要求领导人"要戒慎恐惧地工作"。郭沫若曾经向周恩来引述过美国诗人惠特曼《草叶集》里的一句诗："一片草叶的作用不亚于星球的运转。"对周恩来作了由衷的赞美。

中国共产党建立的崇高威望和历史功绩，既得益于毛泽东的删繁就简、举重若轻、高瞻远瞩、战略运筹；也得益于周恩来的事无巨细、举轻若重、殚精竭虑、夙夜在公。毛泽东思想培育了几代中国人，周恩来作风影响了几代中国人。中国不能没有毛泽东，也不能没有周恩来。毛泽东举重若轻的战略决策，为周恩来举轻若重的具体落实，解决和处理一个又一个具体的矛盾、困难和问题，创造了根本前提和条件；周恩来举轻若重的具体落实，则为毛泽东举重若轻的战略决策，排除了琐碎事务的具体干扰。即使是在"文化大革命"这样极为特殊的历史时期，他们两者之间的互相补充、互相依存关系也是这样明显。对于一个领导集体来说，举重若轻和举轻若重相结合，是一种不可或缺的最佳组合。

## 二、求真务实，以诚持国

周恩来在 1962 年 2 月扩大的中央工作会议上，把中国共产党"实事求是"的哲学思想，独具特色地阐发为四条方法论原则："说真话，鼓真劲，做实事，收实效。这四句话归纳起来就是：实事求是。"他强调了既作为理论观点，又作为思想方法的"实事求是"的"真"和"实"这一最根本的内容。在他的思想方法中，真和实，既是他追求的目标，也是达到目标的途径。他主张说真话，即使是讲"过了火"的真话也要听。唐代皇帝李世民，能听魏征的反对意见，"兼听则明"，把唐朝搞得兴盛起来。他认为，封建社会的君臣关系尚且如此，何况共产党的同志之间，就更应该能说真话、听真话。正因为如此，他在总结我们党领导建设的经验时，指明其中一个重要的思想方法是要对党的最高决策机构说真话。他这一思想和要求，对困难时期了解实情、作出决策，起到了重要的作用。他自己也以"兼听则明"、能听不同意见而著称。他历来主张，只有说真话，让党和人民知道真相、真情，才能鼓起建设的真正干劲来。周恩来曾经说过："自以为聪明的人往往是没有好下场的。世界上最聪明的人是最老实的人，因为只有老实人才能经得起事实和历史的考验。"1961 年 5 月 3 日至 8 日，周恩来到河北武安县伯延公社进行调查，他找了公社、大队、小队的干部和社员群众谈话，其中一个叫张二廷的社员直率地告诉他："这两年生活一年不如一年。"又说："如果再这样下去两年，连你也会没有吃的。"为什么这样讲呢？张二廷解释说："因为我们当然要首先顾自己，你们征购不到，还不是没有吃的?"周恩来后来说:"这句话对我教育很大,我很受感动。当时在场的地委的干部听了以后,说这个人是落后分子。我跟他们解释:这样看不对,这个社员说的是真理,一个农民把我们看作他自己的人才会说这样的话,这是一针见血的话。"会后,周恩来邀张二廷做客。面对和蔼可亲的总理,张二廷将伯延公社遭受的灾情和公共食堂等方面所存在的问题如实地告诉周恩来,希望周恩来以后还能来伯延。周恩来表示,有机会一定来,如果自己来不了,也一定会派人来。周恩来没有失信,直到"文化大革命"前,他年年都派人到伯延调查,并且代表他看望这位敢说真话的农民朋友。

雨果说,"真实包括着道德,伟大包括着美"。周恩来一生以"言行一致"为准则,它既包含说真话,又体现做实事。在国民经济调整时期他更是倡导这一点,在学习雷锋的题词中,他特别强调了"言行一致"的革命精神。

1961年5月,周恩来在中央工作会议上总结10年来的建设经验时,专门提出要解决思想方法问题。在他提到的六条思想方法中,有五条涉及尊重客观规律,不能超越实际的问题。其中指出:不断革命论必须与革命发展阶段论相结合,不能超越革命发展阶段;主观能动性必须与客观可能性相统一,不能过分强调主观能动性,甚至蛮干,对客观可能性估计不足,结果破坏了生产力;革命热情必须与科学精神相结合,不能以感想代替政策;在实施理论和思想时,不能与现实脱节;必须认识经济发展的规律性,不能违背客观规律。周恩来在各种实践中,尤其在指导实际部门的工作时,极其注意提倡摸索客观规律,按照客观规律办事。

周恩来特别重视调查研究。关于调查研究，周恩来有极精辟的见解。他认为：我们下去调查，必须对事物进行分析、综合和比较。事物总存在内在的矛盾，要分清主次；总有几个侧面，要进行解剖。各人所处的环境总有局限性，要从多方面观察问题；一个人的认识总是有限的，要多听不同的意见，这样才有利于综合。事物总是发展的，有进步和落后，有一般和特殊，有真和假，要进行比较，才能看透。下去调查，要敢于正视困难，解决困难。一个困难问题解决了，新的困难问题又来了。共产党人就是为不断克服困难，继续前进而存在的。畏难苟安，不是共产党人的品质。我们下去调查要坚守毛泽东同志的三条原则：从群众中来，到群众中去；集中起来，坚持下去；坚持真理，修正错误。这就是民主集中制，它不但是组织原则，也是工作原则。在内政外交事务中，周恩来所进行的调查研究及其对事实的准确把握，都令人叹服。他经常召集各部门的负责人开会。他认为智慧是从人民群众中来的，但对群众的意见领导方面还要加工，然后回到群众中去考验，在这基础上再加工。脱离我们的基本阶级群众，就会丧失党的基础。尾巴主义，随着群众跑，就会放弃党的领导。目前的毛病，还是我们发号施令太多，走群众路线太少。每次会前他不仅仔细地阅读有关文件和材料，而且对文件和材料中提到的问题都作了认真的考虑。在开会时，他从不急于作结论，而总是先问情况并提问题，且对不了解实情、不掌握具体事实的干部进行批评。同时，他不满足于书面材料和听取汇报，而是利用一切机会，向来自实际、来自基层的同志了解情况。这也是他在困难时期能充分了解实情、果断决策的重要原因。在外交活动中，他事先对对方的情况，对谈判所涉及的材料的历史、过程和现状了如指掌，以充分的事实作论点的根据。例如，在中美谈判中，尼克松和基辛格称赞周恩来："对事实的掌握，特别是对美国情况的了解，十分惊人。"在中澳谈判中，澳大利亚工党方面称赞他："总是从事实出发，从来不发表没有事实根据的意见。"这充分反映了周恩来的求实作风。

周恩来一生会见外宾逾万人，一生全方位、多层次地结交了无数"畏友""诤友"，周恩来成为人们心中最受尊敬和最受信任的共产党人。为什么呢？根本在于一个"诚"字。池田大作说："周总理作为大外交家，其交往始终以'诚实'待人。无论大国小国，以诚相待的态度从不改变。对待所有国家的来宾，一律示以尊重，以礼相待。对于来访的外国客人，周总理常常表示，'希望不仅看好的地方，也要留心不足之处'。就这样的诚实和谦虚，体现了周总理的人格力量，即使是敌人也不得不佩服，以至渐渐地变成了朋友。从而开启了一个新的和平的协调对话的外交时代。"周恩来以诚待人，以诚持国。大至国家关系，小至人与人之间的往来，周恩来的诚信，感动了中国，感动了世界。

西哈努克曾经这样回忆他在万隆会议上第一次同周恩来相识时的情景："开会之后，第一个来找我的就是周恩来，同来的有陈毅元帅，那是周恩来的左右手，一位革命与抗日时期的传奇英雄。我们三人很快建立了极友好的关系，周恩来请我到苏加诺给他安排的别墅去吃饭，我满口答应。""从最初接触，我就感到周恩来总理显然想在我们两国之间建立强固的友好关系。他深深触及我的心弦，热情赞扬我为争取柬埔寨完全独立、实行同不论何种意识形态只要尊重我们独立与领土完整的国家就和平共处的中立政策的'胜利斗争'，同时他明白说明中国保证尊重柬埔寨的主权与中立，永不干涉我们的内部事务。""最主要的是我完全为他的礼貌与聪明所折服，他使我感到我的小小柬埔寨和广大无垠的中国完全平等——同时他和我作为个人也平等。""1955年柬埔寨同中国还没有任何外交或贸易关系，但周不强迫我作出决定；他说建立关系的时间完全由我定。我邀请他当年对柬埔寨进行国事访问，周与陈毅元帅很高兴地接受了。他们邀请我在正式建交前访问中国，我一点也没迟疑就答应了。"从此，中国与柬埔寨、周恩来与西哈努克的友谊，一直保持了他们的一生。

周恩来有蓝天大海一样的广阔胸怀，赢得了广大人民群众和各界人士倾心拥戴。抗战时期，国民党与中共的联络代表张冲，早年反共，曾经采取阴险毒辣的手段诬陷过周恩来。周恩来与张冲既有公仇又有私怨。但是在抗日战争中，张冲坚决赞成国共合作，共御外侮。周恩来豁达大度，不咎既往，为全民族和人民的利益，与张冲建立了良好的合作关系，"由公谊而增友谊"。张冲置顽固派的攻击于不顾，多次真诚地给周恩来的工作以帮助。"皖南事变"后，张冲曾对周恩来说，"一朝中总有秦桧、岳飞，我们是忠，他们是奸；我们要顾全大局，他们是不顾大局的。"张冲极力弥合国共裂痕，成为国民党统治集团中的有识之士。1941年11月，张冲病逝，周恩来在《新华日报》发表悼念文章，亲自参加追悼会，并送挽联："安危谁与共？风雨忆同舟"。这件事在国民党上层人士中产生了良好影响。

周恩来在朋友中起核心领导作用，但他从不以领导者自居。朋友们都把他看作引路人和知音，对他无比信任。著名工商界领袖胡子昂是周恩来在抗战时期结交的一位朋友。胡子昂说："各方面人士一和他接触就敬服他——他和工商界接触，开一次会，谈一次话，都令人感动，令人流泪。"他说："领导群众的方式和态度要使他们不感觉我们是在领导。"许多朋友常常在不知不觉中，受到潜移默化的影响。1951年9月29日，周恩来在北京大学作《关于知识分子的改造问题》的报告，不是空泛地讲道理，而是首先从自己讲起，他说："讲到改造问题，我想还是先从自己讲起。我中学毕业后，名义上进了大学一年级，但是正赶上五四运动，没有好好读书。我也到过日本、法国、德国，所谓留过学，但是从来没有进过这些国家的大学之门。所以，我是一个中等知识分子。今天在你们这些大知识分子、大学同学面前讲话，还有一点恐慌呢。"他接着说："拿我个人来说，参加五四运动以来，已经30多年了，也是不断地进步，不断地改造。也许有的同志会说：你现在担任了政府的领导，还要学习和改造吗？是的，我还要学习和改造。因为我不知道的事情还很多，没有明白的道理也很多，所以要不断地学习，不断地认识，这样才能够进步。30年来，我尽管参加了革命，也在某些时候和某些部门做了一些负责的工作，但也犯过很多错误，栽过筋斗，碰过钉子。"如此推心置腹、开诚布公的讲话，深深地打动和感染了广大与会者，也深深地打动和感染了广大知识分子。

周恩来对朋友真诚帮助、肝胆相照。抗战胜利后，爱国民主人士李公朴、闻一多，因反对内战，要求民主和平，于1946年7月中旬先后被国民党特务杀害。周恩来闻讯后，立即向国民党政府提出严重抗议，要求国民党惩办凶手，安葬死者，通令全国追悼、抚恤死者家属。接着在上海召开记者招待会，含愤发表声明，谴责国民党特务的罪行。稍后，他又在上海、重庆等地为李公朴、闻一多举行追悼会，亲自为两位烈士写了悼词。7月25日，著名民主人士陶行知先生因忧国伤时，劳累过度而逝世。周恩来为之痛心疾首，专门向党中央发出《对进步朋友应多加关照》的电报，提出："今后，对进步朋友的安全、健康，我们必须负责保护。"他对朋友体贴入微的事例比比皆是，使朋友们刻骨铭心、永志不忘。著名经济学家马寅初，因抨击官僚资本被蒋介石下令逮捕，周恩来为之积极奔走、多方营救。蒋介石被迫释放了马寅初，但又将其软禁在家，规定"三不准"：不准担任公职、不准教书、不准讲演和发表文章。马寅初经济拮据，生活困难，周恩来指示《新华日报》全文刊登马寅初的《中国工业化与民生》，并致送最高稿酬。新中国成立后，马寅初任北京大学校长。1957年发表《新人口论》，由此遭到批判。康生要把他划为右派分子，因周恩来的坚决保护，才得以幸免。1972年，90岁高龄的马寅初患直肠癌，经周恩来亲自批示，妥善进行了手术，基本康复。周恩来在去世之前，还让他的护理医生前去看望马寅初，仍不放心又打电话询问服用什么药。马寅初从数十年的交往中，得出一个结论：周恩来是"最得人心的党员"。

周恩来是具有强烈政治责任感和历史感的人。1959年，第一批特赦战犯中，大多数是黄埔军校早期学生。周恩来亲切接见了他们，畅叙师生之谊，同时严肃地告诉他们应如何继续学习，努力进步。之后，周恩来又多次会见他们，给了帮助教育，使他们真正感到这是"真正迈进了新生之路的第一步"。后来，这批人多数有了真正的进步，不少人移居国外，虽遇到各种威胁利诱，却义无反顾地表示拥护中国共产党，拥护新中国。周恩来从不忘记任何人在历史上做过的好事。他在生命垂危时，还专门嘱咐有关同志在《辞海》上介绍杨度时，要说明此人晚年立场转变，曾由周恩来批准参加了中国共产党。这个消息传出后，人们无不叹服周恩来的宏伟气魄。

## 三、顾全大局，辩证包容

周恩来被赞誉为运用唯物辩证法的大师。周恩来认为，运用唯物辩证法分析和解决问题，首先必须具备整体观念。在新中国即将成立的时候，由于党的工作迅速扩展到全国，千头万绪的关系、问题如何解决，迫使各部门从全局出发、从国家的整体利益需要出发来考虑问题。周恩来对各部门的干部强调了这一认识的出发点。新中国成立之初，他又要求各部门要掌握"全面的政策，了解全国政治、军事、经济和文化等方面的方针"，每个单位必须有整体的观念，"不然，你们业务的进行就会是孤立的、迷失方向的，成为盲目的工作。"在领导新中国的各方面工作中，他始终坚持了整体和全局这一出发点，从国家大局着眼考虑问题，协调各项工作、各部门、各个方面的复杂关系，为新中国政治、经济、文化等各方面的事业全面恢复和发展，作出了巨大的贡献。

周恩来做到了顾全大局和总揽全局的高度统一。他在领导经济建设中，提出了"建立国民经济体系"的理论，强调"每个单位必须有整体观念，要在总的财经计划中找到自己的位置，认识自己的方向"，社会主义经济建设要"综合平衡，全面安排"。在各项领导工作中，凡事关大局的事情他都充分征求意见，善于与各方面协调，调动各方面的积极性，齐心协力地完成各项任务。他主张："会前经过多方协商和酝酿，使大家都对要讨论决定的东西事先有个认识和了解，然后再拿到会议上去讨论决定，达成共同的协议。"

针对我国经济发展的落后性、差异性、零散性和不平衡性，在制订第一个五年计划时，周恩来强调：必须用经济计划指导国民经济的发展和改造，计划必须是完整的和全面的，必须保证国民经济比较均衡的发展。他多次尖锐地批评那些颠倒整体和部分的关系的言行，认为："一切只顾个人不顾社会、只顾局部不顾全体、只顾眼前不顾将来、只顾权利不顾义务、只顾消费不顾生产的观点和行为，都是必须反对的。"他号召："全国人民都必须把注意的重点放在长远利益上面。我们不能够只看到眼前的利益而忽视了长远的利益。"在总结我国国民经济第一个五年计划执行过程中的经验教训和提出编制"二五"计划时，他又根据充分的事实指出："我们应该对客观情况作全面的分析，同时尽可能地把本年度和下年度的主要指标作统一的安排，以便使每个年度都能够互相衔接和比较均衡地向前发展。"这种全面分析、统一安排、互相衔接、均衡发展的思想，充分体现了周恩来的整体观念。1961 年 12 月 11 日，周恩来在中央书记处会议上对国家计委下一年的计划工作作指示时，专门强调要把局部服从整体，当前利益服从长远利益，全党服从中央作为干部的指导方针和思想方法。并指出，调整关系、综合平衡就是为了保整体。在我国国民经济困难时期，周恩来更进一步地指出了调整方针的整体性含义："为了改变这种不协调的现象，为了巩固已有的成绩，为了给以后的国民经济的新的大发展创造条件，就必须用一个较长的时间，即用几年的时间，通过综合平衡、全面安排，进行较大幅度的调整。"周恩来基于整体观念的综合平衡、全面安排、协调发展的思想，对国民经济的稳定和发展，起了十分重要的作用。

凡是与周恩来有过接触的人都有一个深刻的印象：周恩来分析问题很细密、周全、透辟，他把认识对象的辩证关系揭示得淋漓尽致。就连尼克松也不得不承认：在周恩来面前，"我们往往不够细密，不过再有几个世纪的文明，我们就会好一点。正是中国人的细密给了我最深刻的印象。"

周恩来毕生的工作和斗争充满了辩证法。他是历史上少有的做出来的比说出来、写出来的更丰富、更生动的人。不论是在党内协助毛泽东运筹帷幄上，还是在独立领导地区和部门的独立决策上；不论是在处理繁重艰巨的国内事务上，还是在处理错综复杂的国际问题上；不论是在斗争顺利的条件下，还是在形势险恶的环境中，他都能熟练地运用唯物辩证法，集"清醒头脑和灵活策略"于一身。民主革命时期，他大部分时间是在国民党统治区领导秘密斗争和在谈判桌上同蒋介石反动派斗争，他对毛泽东制定的"利用矛盾、争取多数、反对少数、各个击破"的方针和"有理、有利、有节"的斗争策略，运用自如，达到了炉火纯青的地步。新中国成立以后，作为共和国总理，为他运用唯物辩证法治理国家，提供了更大舞台。

周恩来提出，对每一件事情都要认真研究、仔细分析，只有这样才能抓住事物的本质。他总是告诫做具体工作的同志：遇事要仔细想，分析研究，看是属于哪一类性质，其后果如何，分析好的一方面，同时也要分析坏的一方面。要培养思考的能力，头脑不但要记忆，并且要想，必须要多思考、多分析研究。周恩来的一生，正是循着独立思考、分析研究的路子认识和解决问题的。他总能在对矛盾的双方作细密的分析研究后找到解决问题的办法。对统一战线中具有变动性、复杂性的问题，他强调要分析矛盾的变化，分析敌人的两面性，分析统一战线队伍的左、中、右。他在剖析人的思想时，注重理解人的矛盾心理及各种表现。1971 年 4 月，他在接见美国乒乓球代表团时，曾有一位"嬉皮士"队员大胆地提问：怎样评价美国青年的"嬉皮士"运动？总理回答：可能现在世界青年对现状有点不满，想寻求真理。青年思想波动时会表现为各种形式。但各种形式不一定都是成熟的或固定的。因为，寻求真理的途径总要通过各种实践来证明对还是不对，这在青年时代是许可的。各种思想都要通过实践检验一下。我们年轻的时候也是这样，所以我们懂得年轻人的心理：特别好奇。按照人类发展来看，一个普遍真理最终总要被人们认识的，和自然界的规律一样。我们赞成任何青年都有这种探讨的要求，这是好事。要通过自己的实践去认识。但是有一点，总要找到大多数人的共同性，这就可以使人类的大多数得到发展，得到进步，得到幸福。如果自己通过实践证明是错误的，就应该改。正确的坚持，错误的改正，这是我们的认识。作为朋友，我们所以有这个建议。周恩来对人的剖析既客观又辩证，既细致又入微。他对具体问题进行的具体剖析，达到了非常精彩的程度。

周恩来曾经有一个精辟的比方。他说：一个人生着两个耳朵能听话，生着两只眼睛能看东西，生着两个鼻孔能闻味。听话，能听正面的，也能听反面的；看颜色，能看白的，也能看黑的；闻味，能闻香的，也能闻臭的。所以，人体的机能也是合乎辩证规律的。我们必须听取各方面的意见，辨别是非。周恩来强调：不管做什么事，都要学会两条腿走路，都要设想一下对立面，否则就容易片面。两条腿走路，就是对立面的统一，这是我们的哲学思想，也是我们重要的工作方法。他批评实际工作中那些只强调某一方面而忽视对立统一的辩证联系，变成一条腿的做法，指出"一条腿走路，难免就要跌跤"。他曾用两条腿走路的方针阐明了文艺工作十个方面的对立统一关系：既要鼓足干劲，又要心情舒畅；既要力争完成，又要留有余地；既要有思想性，又要有艺术性；既要浪漫主义，又要现实主义；既要有理想，又要结合现实；既要学习马列主义，又要和实际相结合；既要学习政治，又要和生活实践相结合；既要有基本训练，又要有文艺修养；既要政治挂帅，又要讲物质福利；既要重视劳动锻炼，又要注意身体健康；既要敢想、敢说、敢做，又要有科学的分析和根据，把客观的可能性和主观的能动性结合起来；既要有独特的风格，又要兼容并包（或叫丰富多彩）。

## 四、求同存异，坚定灵活

周恩来在运用唯物辩证法分析矛盾和解决问题的时候，不仅仅看到矛盾关系的对立属性或斗争属性，而且看到了矛盾同一性在事物发展过程中的重大意义，提出了求同存异的重要原则。

抗日战争时期，他把以毛泽东为代表的中共领导人的领导艺术概括为"照顾全局、照顾多数，以及和同盟者一道干"。在他领导起草的《共同纲领》中，提出新政协的任务是团结工人阶级、农民阶级、小资产阶级、民族资产阶级以及一切爱国民主人士、国内少数民族和海外华侨，共同反对帝国主义、封建主义和官僚资本主义，建设新民主主义的新中国。在新中国的建设中，他反复强调团结问题，一再提醒人们，团结就是力量，团结起来才能够实现我们的一切任务。周恩来在新中国成立初期精辟地阐述科学家、知识分子的团结问题，曾在矛盾的同一性的意义上给"团结"下了一个定义："团结是在矛盾中形成和发展的。人心不同，各如其面。人们的智慧、才能、性格各有不同，相互之间有时是有矛盾的。团结就是在共同点上把矛盾的各方统一起来。善于团结的人，就是善于在共同点上统一矛盾的人。"

　　这一思想后来在新中国的外交中突出地体现出来。1953 年12 月，他在处理中国和印度关系问题上倡导以"和平共处"五项原则作为国与国之间寻找共同点的基础。1955 年 4 月，他在亚非会议上发表了关于"求同存异"的著名讲话，正式提出把"求同存异"作为解决复杂的国际矛盾的思想方法和方式。他所说的"求同"，就是在和平共处五项原则的基础上找到共同的出发点；"存异"就是把不同社会制度和相同社会制度的国家之间各种各样的差异、矛盾撇开或放在一边。他认为，为了在地球上一起生存，应该撇开不同的思想意识、不同的国家制度和国与国之间的各种差异去找共同点，虽然这种共同点是相对的、有条件的，甚至是渗透着尖锐的矛盾对立的，但是，国与国之间的矛盾只有通过这一相对同一的途径才能妥善解决。周恩来在各种外交实践中，还提出了一系列具体的"求同存异"原则：在两种不同的社会制度和思想意识的国家之间，要"从异中求同"；对社会制度或历史遭遇大体相同的国家之间，应"求大同、存小异"；对西方资本主义国家违反和平共处五项原则的行为，则应"求同抑异"；而在中美建交中则采取"求同立异"的做法。这种多方面、多角度、多层次、多渠道的求同存异方法，反映出周恩来解决国际关系问题的高度政治智慧，其实践活动是非常丰富的。1957

年 4 月，他在一次讲话中，讲到了求同存异的理论根据。他说：根据毛主席的《矛盾论》的分析，任何事物都不可能完全相同，所有的问题都有同有异，所以我们在国际事务中提出了"求同存异"这样的方针。对资本主义国家是如此，对兄弟国家的某些问题也是如此，也需要"求同存异"。有一位外国朋友曾在"寻找共同立场和结合的纽带"这一意义上提出"周恩来主义"的概念。这一概念虽然不准确，但却突出地反映了周恩来"求同存异"的思想方法。

周恩来在一生的各种实践中，高度坚持了原则的坚定性和策略的灵活性的统一。

一方面，周恩来认为，我们的工作，"一切从原则出发"，"在原则性问题上我们是不让的、决不让的。"原则的坚定性，要求人们在重大问题上站稳立场。周恩来在领导工作中强调领导者首要的问题就是立场，要求共产党人"要有坚持原则精神"，而采取的工作方法也首先是"在斗争中审查理论原理和原则"。在党的工作中，他"要求有高度党性，反对政治空气稀薄"，摒除庸俗空气。在社会生活中，他认为"必须要有明确的态度。首先要分清敌友"，"立场不同，态度也就不同"，而"真正的中间态度，基本上是不存在的"。在革命实践中，他提倡"过政治关"，确立无产阶级"憎爱分明的阶级立场"。在组织生活中，他号召坚守民主集中制的组织原则和工作原则，走群众路线。尤其重要的是，在新中国的外交工作中，他一贯重申，"我们对外交问题有一个基本的立场，即中华民族独立的立场，独立自主、自力更生的立场"，强调外交人员的纪律性、政策性。从某种意义上来说，周恩来正是在原则的坚定性上把共产党人的形象展现给人民大众、把新中国的形象展现给国际社会的。一位澳大利亚著名学者曾这样赞赏周恩来的原则性："周恩来相信世界主义，但他决不是拿外表形式来代替实质内容。他擅长做协调工作，但这决不意味着他缺乏基本立场。他从毛主席那里，从马克思主义、从自己的经验里，学到了他一直遵循的原则，尽管他不是总谈论这些。"这一评价是确切的。

另一方面，周恩来认为，坚持原则的目的是为了实现原则，原则性必须通过灵活性才能真正体现出来。只有当原则性和灵活性很好地结合时，才能产生完整、正确的策略方针，也才能取得预想的成功。他经常提醒人们：我们固然要坚持原则，要有坚持真理、维护真理、当仁不让的精神。但是，"一个原则、真理、政策在实际中实施，是要费很大的力量，做许多的具体工作的"。因此，要善于把真理具体化，拟定出多样化的具体政策和灵活性的策略来实现真理、贯彻原则。周恩来在外交活动中准确地把握妥协的时机、场合和分寸，以实现坚持的原则的杰出才能，也充分体现了他对坚持原则与善于妥协的对立统一关系的深刻认识。他认为，在外交谈判中，只讲斗争而不讲妥协，往往要犯"左"的错误，其结果常常会使谈判陷入僵局甚至破裂；相反，只讲妥协而丧失原则，又往往会犯右的错误，其结果可能导致外交失利，甚至丧权辱国。这一思想，在中国与许多国家的建交谈判中都充分体现出来，在中美建交谈判中体现得更明显。尼克松在会晤周恩来后不得不惊叹："周恩来是坚强的，抓住一事（指原则性问题——引者注）不轻易放下，但是解决我们之间不同意见时，又有伸缩灵活性。"为此，美国称周恩来为："有弹性的布尔什维克"或"能屈能伸的布尔什维克"，具有"灵活性的坚韧的品质"的共产党人。

## 五、知人善任，依靠群众

中国有句古语："得人者兴，失人者崩。"王夫之说过："能用人者，无敌于天下。"周恩来一生求贤若渴，爱才如命，任人唯贤，知人善任。无论是民主革命时期，还是新中国成立后，在周恩来的身边，总是聚集着一大批才华横溢又肝胆相照的杰出人物。

周恩来担任总理期间组建的几届内阁，都是人才济济，为国家任用和培养了大批人才。

周恩来不仅在政府工作中选贤任能，知人善任，在聘用人才方面也是不拘一格，虚怀若谷。新中国成立初期为了充实中国科学院，中央有关部门要调著名历史学家顾颉刚到中国科学院历史研究所工作。当时误传顾先生要求每月薪金 500 万元（指旧币，折合新币 500 元），不然就不去北京。这件事被周恩来知道了，他非但不生气，反而说："中国有几个顾颉刚？他要 500 万就给 500 万嘛，但一定要请他到北京来。"顾颉刚先生听说后深为感动，向有关领导说明并无要高薪的意思，表示马上进京。

1957 年，在我国研制原子弹的过程中，中国科学家要去苏联参观。但苏方提出，他们的火箭、原子弹，必须是相当级别的官员或者相当高军衔的人才能参观。当时钱学森没有军衔，怎么办？而钱学森去不成，我们的计划必然要落空，在这种情况下，周恩来果断决策，授予钱学森中将军衔。事实上，钱学森回国后，国家一直是按将军等级给予待遇的。当时，钱学森看文件与少将同等，保卫工作按国务院的高级官员对待，工资是特一级，当时国务院进口了少数苏联吉姆车，周恩来拨给钱学森一辆。钱学森当年跟着冯·卡门老师去德国柏林、不伦瑞克考察德国的V-2火箭时，曾授予他上校军衔。周恩来说：列宁对资产阶级知识分子尚且高薪聘用，那么一个忠诚爱国的大科学家为什么不能当一个将军呢？他念了龚自珍的诗："九州生气恃风雷，万马齐暗究可哀。我劝天公重抖擞，不拘一格降人才！"他幽默地说：美国人还是蛮有度量的，40年代就给一个中国科学家上校当当。按照清朝的晋升制，他也该是当中将的时候了。这成为50年代我国核武器研制过程中的一段佳话。

李四光是我国杰出的地质学家，是个不喜欢多说话的人。抗日战争时期，李四光在重庆两次见到周恩来。中华人民共和国刚刚成立，人民政府就酝酿召开一次全国地质工作会议，周恩来指示要等李四光回国后再开。李四光听说周恩来等他回来开全国地质工作会议，深感党的信任，刚一到北京，就开始考虑全国地质工作问题。一天下午5点左右，他们正在埋头工作，忽然进来两位同志对李四光说："李先生，有位中央负责同志来看你。"李四光刚刚站起身，周恩来已经跨进了房门。李四光万万没有想到，周总理工作那么忙，会亲自来看望他。李四光向周恩来报告、请示地质工作的问题。周恩来认真听完后说："我们的事业正在开始，不论是工业还是国防，都和地质工作分不开。地质工作要先行。中华人民共和国成立不久，我们就打算召开第一次全国地质工作会议，那时候我想，没有个挂帅的，一定要等你回来。"李四光听了周恩来这一番话，感动极了。他本想向周恩来辞去中国科学院副院长的职务，现在再没有勇气说出口了。在周恩来的关怀下，李四光担任了中国科学院副院长，新中国第一任地质部部长。

周恩来知人善任、选贤任能，与他面向群众、走群众路线的思想方法是一致的、相辅相成的。我们党的用人路线与群众路线是统一的，中国共产党在长期实践中形成了任人唯贤的用人路线和从群众中来、到群众中去的群众路线。周恩来在实践中自觉地坚持党的群众路线，形成了群众路线的科学领导方法和面向群众的思想方法。这也是毛泽东思想方法的一个根本内容。

周恩来坚定地相信人民群众在社会历史中的伟大创造力量，号召全党树立马克思主义的群众观点。上个世纪五六十年代，面对我们国家所处的贫穷落后、困难重重的局面，他经常强调：做一个革命者，必须具备无产阶级的世界观，树立起群众观点。他总是对国内外和党内外的人士说：我国克服困难的根本道路是依靠全国人民同心协力，首要办法是依靠广大人民群众自己的力量。相信群众、依靠群众，是他做好工作的前提。同时，他总是深入群众中去做调查研究，充分听取群众的意见，吸收群众的经验，在民主的基础上进行集中，以便取得制定正确的方针政策的依据。60年代初，他在反思"三面红旗"的缺点错误时曾说："要承认我们知识不够。现在只要我们接触实际，深入群众，每天都会发现许多新事情，我们知识有限，看得不够。"在深入群众进行调查研究即"从群众中来"方面，周恩来堪称楷模。在实施一定的方针、政策和决定的过程中，周恩来还善于做细致的群众工作，说服群众。他强调：决定工作速度的快慢，"必须依据群众的觉悟程度与组织程度"，"不能由少数人强制解决，致犯命令主义的错误"。他认为："要想把领导者的觉悟、领导者的智慧变成群众的力量，需要经过教育的过程，说服的过程，有时需要经过等待的过程，等待群众的觉悟。"在解决"到群众中去"的问题上，周恩来也作出了表率。

周恩来历来把自己当作群众中的一员。他认为，只有把自己置身于群众之中，才能体现存在的价值，"离开了群众，我们就会枯死！锢死！"他反对把领导和群众隔绝起来的做法，甚至反对把党员和群众分为两类的概念："党内有些术语，每次看到心里就不安，如在一些登记表上分'党员'、'群众'。"他指出，党员也是群众中的一员，不能使党员或领导人居于群众之外或群众之上。否则要脱离群众，被封锁起来，犯官僚主义的错误。他曾警告那些有官僚主义思想的人："我们国家的干部是人民的公仆，应该和群众同甘共苦，共命运。如果图享受，怕艰苦，甚至走后门，特殊化，那是会引起群众公愤的。"

正因为周恩来具有马克思主义的群众观点，心里每时每刻都想着群众，因此，人民群众也发自内心地呼喊："人民的总理人民爱，总理和人民心连心。"

## 六、谦逊实际，平等待人

毛泽东说，虚心使人进步，骄傲使人落后，我们应当永远记住这个真理。徐特立说，虚心不是一般所谓谦虚，只是表面上接受人们的意见，也不是与人们无争论无批评，把是非和真理的界限模糊起来，而必须保持自己的政治立场，当自己还未了解他人意见时不盲从。雨果说，谨慎比大胆要有力量得多。中华民族谦逊实际的作风，集中、充分而完美地在周恩来身上得到体现。

# 周恩来 永远的榜样

从青年时代做学生领袖开始，他就表现出谦逊大度的优秀品德。他把自己发起的团体叫作"敬业乐群会"，表现了团结群众、勤学创业的谦逊精神。他经常勉励自己、教育同志："要有学习精神。""活到老、学到老"，是他终生不渝的座右铭。早在幼年时期，他就养成了好学深思的习惯，练就了常人达不到的记忆力。他既学习书本知识，又学习实践知识；既学习前人的间接经验，又学习当代人的现实经验，他持之以恒地从同志、朋友甚至敌人那里，汲取着无穷的智慧。

刘少奇说，他可能有最高尚的自尊心、自爱心。为了党和革命的利益，他对待同志最能宽大、容忍和"委曲求全"，甚至在必要的时候能够忍受各种误解和屈辱而毫无怨恨之心。他没有私人的目的和企图要去奉承人家，也不要人家奉承自己。刘少奇这个话，周恩来足以当之。周恩来严于律己，从不掩饰自己的缺点，也从不掩饰自己的错误。周恩来有一句名言：我们决不害怕批评和自我批评，我们并坚信成功的个人、团体和事业，必定是从错误的改正中磨炼出来的。不犯错误的人或团体，世界上是从来不会有而且永远不会有的。同时，我们也不因他人批评中含有恶意甚至变成攻击便拒绝批评。发现缺点或错误，他总是诚心诚意、再三再四地作检讨，并在实践中改正。对自己工作中的失误，他经常自我检查，不强调客观原因；对自己领导的工作，出了问题，总是自己承担责任，引咎自责，决不文过饰非，诿过于人。他的这种精神，坚持终生。辞世前夕，他强撑着参加贺龙元帅的追悼会，连向贺龙遗体鞠了七个躬，还对家属致歉，自责没有保护好贺龙元帅。他在我们党的领导人中，是最勇于自我批评的人，也是自我批评最多的人。他 1943 年制定的《自我修养要则》，恪守终生。

虽然身居高位，但周恩来始终把自己当作普通劳动者，当作人民公仆。他不论对什么人，从不摆架子，从不以领导自居，在他身上看不到官气的影子。他非常务实，非常注重实事求是。他十分重视调查研究，经常告诫干部："应该有临事而惧的精神。这不是后退，不是泄气，而是戒慎恐惧。"周恩来认为政府管理千头万绪，"稍一不慎就会出乱子"，"不能急躁，不能草率，必须谨慎从事"。在治理黄河中，周恩来针对黄河自然情况的复杂性和治理的艰巨性，反复强调："谦虚一些"，"谨慎一些"，"不要急躁"，"要兢兢业业地做"。1972 年 11 月，他针对高坝大库的建设说："我对这个问题是战战兢兢，如临深渊，如履薄冰。可不要太自信。"周恩来抓"上天"的尖端科技，提出了"严肃认真、周到细致、稳妥可靠、万无一失"的 16 字工作方针。在"两弹"试验基地，工作者们将精心选出的彩色石块拼成这十六个大字，镶嵌在各工号的戈壁滩上。这 16 个大字已经成为我国科学实验工作的座右铭。

政府管理中，如何协调和处理眼前利益与长远利益、当代人与后代人的关系？如何实现经济社会的可持续发展？周恩来坚持深思熟虑、慎之又慎。他认为订计划要瞻前顾后留有余地，全面安排也需要瞻前顾后，政府工作就要抓"全面规划，瞻前顾后，分期进行"。国家面貌的根本改变，不是一代人的事情，需要一代又一代人前赴后继的努力。周恩来认为每一代人要做好每一代人的事，既不要给子孙后代带来不利后果，也不要企图把子孙后代的事情都做完。把理想变成现实，得几代到几十代人的努力。我们的雄心壮志、伟大理想要世世代代传下去。一位外国朋友曾说：在周恩来身上，从来没有那种狂想主义和极端主义的色彩。这句朴实而平凡的话，比较准确地概括出了周恩来谦逊实际的思想方法特点。

在对外关系上，周恩来认为，"一切国家，一切民族，都有长处，也有短处，有优点，也有缺点"。他号召"向一切国家的长处学习"，"必须把世界上一切好的东西都学来"。怎么学？"我们应该有批判地学习，不是盲目地学习。有批判地学习，就是要学人家的长处和优点；不盲目地学习，就是不要把人家的短处和缺点也学来。"他指出："敢于向一切国家的长处学习，就是最有自信心和自尊心的表现，这样的民族也一定是能够自强的民族。"1963 年 12 月 14 日至 1964 年 2 月 29 日，周恩来在出访亚非欧 14 国期间，多次用"天涯处处有芳草"的诗句，教育中国代表团人员应该向这些亚非欧国家学习一切有益的东西。周恩来每次处理对外交涉、参加国际会议等都重视事先做好充分准备，透彻地分析形势，准确地掌握各方面的情况，制定出可行的谈判方针和具体的斗争策略。

在万隆会议上，周恩来提出：国家不分大小，一律平等。这是他同外国人士经常谈到的一个主题。特别是对来自亚洲、非洲、拉丁美洲的朋友们，他时常虚心地询问他们对我们的工作有什么意见，是否发现我们有大国沙文主义的错误。直到他病重住院期间，他最后几次会见外宾时，仍然不倦地说明中国永远不称霸的方针。周恩来在国际交往中平等待人的态度，受到了国际舆论的普遍称赞。他对小国的尊重和体谅，尤其鲜明地体现了新中国平等待人的风格。有一次，他到一个友好邻邦去访问，该国首相准备亲自陪他坐一架小飞机到一个稍远的地方去参观。我们的工作人员担心这种飞机不很安全，周恩来却坚持尊重主人的安排。他说，人家的首相可以坐这种飞机，我为什么就不可以坐？这件事在该国人士中引起了良好的反响，增进了两国之间的友好感情。

我国的知识分子工作，过去一直是由周恩来直接领导的。周恩来是我们党内最懂得知识分子、最善于做知识分子工作，而又最受知识分子爱戴的一位卓越领导人。他在担任共和国总理后，曾经三次发表关于知识分子问题的重要讲话。他生前在知识分子中做了大量工作，交了大量知识分子朋友，其深刻影响，在今天人们仍然能够感觉得到。他最早提出，我国知识界绝大部分知识分子已经成为工人阶级的一部分。强调知识分子是国家最宝贵的财产，要充分地动员和发挥他们的力量，对他们要既交给任务，又推广成果，把知识分子工作同建设国家紧密地结合起来。他特别强调要为知识分子创造一切必要的工作条件，关心他们的生活。一部分知识分子为了日常生活琐事，往往浪费掉太多的时间。周恩来说："这应该看作是国家劳动力的损失。"有些知识分子的居住条件太差，一家几口合住一间小屋，休息娱乐生活也组织得不好，他要求主管部门认真地加以解决。一次周恩来深夜步行至史家胡同话剧演员宿舍，实地查看他们的住宿情况。他关心许多科学家和文艺工作者的医疗问题，并多次探望过他们。在他逝世前三个月，当听到一位哲学家年老体弱，而所在单位却没有派车送其至人民大会堂去参加国庆宴会时，非常生气。周恩来要求对知识分子的劳动"优质优价"，尊重人才；对待成名作家，稿酬应与青年作家有所区别；应该根据按劳分配的原则，适当调整知识分子工资，使他们所得工资多少同他们对国家的贡献大小相适应；修改妨碍新生力量培养和知识分子提拔的不合理的升级制度，建立学位、学衔、知识界荣誉称号、发明创造和优秀著作奖励等制度。

中国是一个历史悠久的统一的多民族国家。实现民族平等，加强民族团结，促进各民族共同繁荣发展，维护祖国团结统一，是我们党一贯坚持的马克思主义民族观。周恩来不仅是我国民族问题的主要决策者、民族政策的精心制定者、阐释者，而且是推动这些政策付诸实施的组织者。周恩来在民族交往中，坚持以平等求沟通，灵活运用各种沟通方式，排除交往中的社会障碍和心理障碍，他在这方面的艺术堪称一绝。周恩来认为，"所有民族都是优秀的、勤劳的、智慧的，只要给他们发展的机会；所有的民族都是勇敢的、有力量的，只要给他们锻炼的机会。"因此，"各民族是完全平等的，不能有任何歧视"，因为中国"人口众多"是汉族，"地大物博"则在兄弟民族区，所以，"各民族不分大小应互相依存，互相团结才有利"。在汉族与少数民族的关系上，由于历史上汉族长期处于优势地位，汉族统治阶级要么把少数民族同化，要么把少数民族挤到边疆和生产条件差的地区，处于劣势地位的少数民族得不到发展因而落后了。周恩来认为要承认历史上是"汉族对不起少数民族，今后我们汉族同志要代为受过，向他们赔不是。要多作解释工作，说明今天的中国和过去不同，不会再去压迫少数民族了"。在如何处理民族关系上，周恩来强调汉族要主动替少数民族着想，相互间要以对方为重，"凡事都'求其在我'，不要只说人家的错处"，以自我批评的精神反对两种民族主义，求得各民族在共同发展、共同繁荣的基础上建立起各民族真正平等友爱的大家庭。周恩来特别要求担任领导工作的同志应注意了解兄弟民族的心理感情，学习研究兄弟民族的历史、文化和风俗习惯，学习少数民族语言。他说："风俗习惯常是一个民族一个，因此，风俗习惯也同样应该受到尊重，如果不尊重，就很容易刺激感情"。他说："不能通话，怎么能交心，谈问题呢？"他每次到少数民族地区视察，都用当地民族语言向干部群众问候，受到热烈欢迎。周恩来特别注意率先垂范，同少数民族群众水乳交融、打成一片。最感人的事例是 1961 年 3 月，他在云南西双版纳傣族自治州首府景洪城与傣族、布依族、拉祜族等少数人民群众共度傣族新年——泼水节的生动情景。泼水节期间，周恩来曾三次穿起傣族服装与群众一起欢度节日。望着傣家装束的人民总理，各族群众热泪盈眶，连呼毛主席万岁，周总理好。开始泼水时，周恩来到达景洪街头。开始时群众都用柏枝蘸着银碗里的清水礼节性地洒在总理身上，周恩来也照此向群众泼洒。当总理看见有些群众用大盆泼水时，也拿起一个大盆泼起来，各族群众一下消除了拘束，纷纷用大盆向自己的总理泼来。依照傣族习俗，泼水节时，水泼得越多越热烈就表示彼此越亲近、越尊重。警卫人员要用伞给周恩来遮挡，他让把伞收起来，说："不要紧的，要到群众中去和大家一样。"他对当地干部说："傣族群众的每滴水都是热乎乎的，我一点都不感到寒冷"，"只有尊重民族风俗习惯才能和各族人民心连心啊！"各族人民每回忆起这一天都激动万分，他们说："周总理泼的不是一般水啊，而是甘泉，甘泉落在我们身上，甜在我们心里！"穿一身民族服装，跳一段民族舞蹈，泼出一盆盆象征友谊的银水，映出一张张笑脸，这些热烈感人的画面，一下子拉近了总理同人民之间的距离，这种精神的吸引力、凝聚力是无法估量的。

举轻若重伟大公仆　鞠躬尽瘁光辉典范　李洪峰　书

举轻若重伟大公仆

鞠躬尽瘁光辉典范

李洪峰笔

# 第九章

## 伟人之间

　　历史早已证明，伟大的革命斗争会造就伟大人物，使过去不可能发挥的才能发挥出来。任何伟人的产生都不是孤立的，有他的时代条件，有他的社会背景，有他的群众基础，有他的组织依托。而作为政治领袖，相互之间的友谊和合作是极端重要的。艰苦卓绝、波澜壮阔的中国革命伟大实践，造就了毛泽东、周恩来这样的伟大人物。纵观毛泽东和周恩来一生的合作，一个精通理论，一个善于实践；一个高瞻远瞩，一个宽容大度；一个意志如山，一个变通如神；一个博大精深，一个海纳百川；一个格局宏大，一个气质非凡；一个举重若轻，一个举轻若重。两个人半个世纪的合作，堪称完美。古今中外绝无仅有。周恩来最离不开的是毛泽东，没有毛泽东，周恩来不会成为今天的周恩来；毛泽东最离不开的也是周恩来，没有周恩来，毛泽东也不会成为今天的毛泽东。他们的境界和格局、能力和智慧、风格和气质，相生相济，和谐互补，造就了党和国家领导力量中的控制机制和动力机制的有效结合，谱写了中国政治史上的辉煌篇章。列宁在谈到马克思和恩格斯的友谊时，曾经讲过，古老的传说中有各种非常动人的友谊的故事。欧洲无产阶级可以说，它的科学是由两位学者和战士创造的，他们的关系超过了古人关于人类友谊的一切最动人的传说。列宁的这个评价，用在毛泽东和周恩来的合作和友谊上，也是恰如其分的。

　　周恩来同毛泽东的合作，堪称中国共产党历史上领袖之间合作的典范。这是造就毛泽东和周恩来这样的伟大人物的必要条件，也是世界历史上绝无仅有的范例。

　　1949 年 9 月 30 日，中国人民政治协商会议第一届全国委员会第一次全体会议决定，为了纪念在人民解放战争和人民革命、民族解放、民主运动中牺牲的人民英雄，在首都建立人民英雄纪念碑。1958 年 5 月 1 日，人民英雄纪念碑落成。这座顶天立地、正大庄严的历史丰碑，碑身正面是毛泽东题写的"人民英雄永垂不朽"八个大字，毛泽东的字，虎踞龙盘，雄风万古；碑身背面是由毛泽东起草、周恩来书写的碑文："三年以来，在人民解放战争和人民革命中牺牲的人民英雄们永垂不朽！三十年以来，在人民解放战争和人民革命中牺牲的人民英雄们永垂不朽！由此上溯到一千八百四十年，从那时起，为了反对内外敌人，争取民族独立和人民自由幸福，在历次斗争中牺牲的人民英雄们永垂不朽。"周恩来的字，奇逸秀隽，浑然天成。毛泽东和周恩来的字，主题一致，风格不同，纲举目张，相得益彰，成为周恩来同毛泽东天造地设般和谐互补关系的最好象征。

　　毛泽东年长周恩来 5 岁，两人生于同一时代。波澜壮阔、艰苦卓绝的中国革命伟大实践、博大精深中国历史文化的深厚修养、马克思主义理论的高深造诣，造就了他们根本的共同点。他们都是伟大的爱国者，深深地爱着自己的祖国和人民；他们都是伟大的马克思主义者，对社会主义和共产主义事业有着坚如磐石的钢铁信念；他们都是伟大的革命家、政治家，政治上高瞻远瞩、远见卓识，行动上脚踏实地、坚韧不拔；他们都是时代造就的伟大历史巨人，怀抱救国家于危难、救人民于水火的厚重责任感和改造中国与世界的崇高使命感，胸怀大如海，意志坚如山；等等。苏东坡说，古之立大事者，不惟有超世之才，亦必有坚忍不拔之志。任弼时说，谚云：世界无难事，只畏有心人。有心之人，即立志之坚者也，志坚则不畏事之不成。车尔尼雪夫斯基说，一个没有受到献身的热情所鼓舞的人，永远不会作出什么伟大的事情来。这些根本的共同点，是使他们走到一起、结合到一起的根本思想政治基础和文化基础。

但不同的出身、不同的生活环境、不同的革命经历又使他们养成了不同的气质和风格。比如，毛泽东浪漫，周恩来实际；毛泽东质朴率真，周恩来文雅机敏；毛泽东大气磅礴，周恩来细致入微。毛泽东和周恩来都幽默风趣，但毛泽东对中国古代哲学和历史典故了然于心，常常信手拈来，俯拾即是，常用讲笑话的方式说明问题；周恩来则对现实洞若观火，他更喜欢摆事实讲道理，条分缕析，逻辑严谨地阐明自己的见解。毛泽东会一时兴起断然采取行动，而稳健的周恩来在采取行动之前却总是深思熟虑、三温四复。

周恩来和毛泽东虽然都是南方人，但南方人和南方人也是很不一样的。毛泽东出生于湖南韶山一个中等水平的农民家庭，少年时期的游学生活使他很熟悉中国农村，又养成了特别重视调查研究的优良传统，他深知农民的力量和土地的价值。湖南人爱吃辣椒，毛泽东也不例外，他把吃辣椒当成一种挑战，"不辣不革命"。他从童年起就下地帮父亲干活，只能在家里点着油灯断断续续读一些书，后来才进入省会长沙的湖南第一师范。以后他到了北京，在北京大学图书馆当图书管理员。他一生酷爱读书，手不释卷，主要靠自学而成为自学成才的最高典范。他一生只去过两次苏联，再没有离开过中国。

周恩来祖籍浙江绍兴，他的父亲是旧官吏，自己是家中的长子。他出生时，虽然家道已中落，但那样的家庭对子女的教育是重视的。周恩来由于家庭原因，少年时期就离家从南方到了北方，先后在沈阳、天津读过书，后来又到过日本、法国和德国勤工俭学，在欧洲接受了马克思主义。因此，周恩来早年就受到外国的影响。在总理任上，他又多次出访，足迹遍布五大洲。有人把毛泽东和周恩来的不同性格比喻成"湖南辣椒"和"绍兴黄酒"，是不无道理的。

从两人的革命经历来说，上世纪20年代和30年代初，周恩来在党内的名望高于毛泽东，在社会上也是一位影响更大的共产党人。但是，长期革命斗争实践的"大浪淘沙"，使周恩来自觉而深刻地认识到，只有毛泽东才是中国共产党当之无愧的领袖，只有他能使红军重整旗鼓、转危为安，他对毛主席的雄才大略深信不疑，心甘情愿以自己的才能辅佐毛泽东；而毛泽东则一生注重大处着眼，从来不屑于琐碎事务，经过长期考验，他也确信最复杂的问题只有交给周恩来才放心。美国著名中国问题专家费正清说：长征的另一发展，是毛泽东从周恩来身上找到最亲密的同事以及未来的政府总理。周恩来是个才华出众，有非凡魅力的人物，本能地保持中间立场，以便把组织维系在一起，而同时又聪明得很，从来不想当第一号人物，去和第一把手争夺宝座。他在中共中央当了 48 年政治局委员，这个打破了世界纪录。周恩来是世界上伟大的政府总理之一，对党和党的领袖赤胆忠心地工作。费正清的认识是中肯的、符合实际的。

在我们党内，毛泽东和周恩来，谁也离不开谁。毛泽东最离不开的是周恩来，没有周恩来，毛泽东不会成为今天的毛泽东。周恩来最离不开的是毛泽东，没有毛泽东，周恩来也不会成为今天的周恩来。毛泽东对周恩来得心应手，周恩来对毛泽东心领神会。他们之间虽然也有过波折、有过插曲，但这种肝胆相照、朴实真诚、和谐互补，堪称完美的合作关系，从来没有改变过，一直持续到他们相继走完人生里程。

据黄火青回忆：长征中，打胜仗靠的是毛泽东的战略方针路线，周恩来则是以惊人的毅力和忘我工作的精神，具体组织落实毛泽东的战略部署，保证了长征的胜利。解放战争中，作为中央军委副主席的周恩来，事实上成为毛泽东指挥全国解放战争的第一助手。

据张清化回忆：周副主席在军事上是党中央、毛主席完全不可缺少的得力助手，是一个非常杰出的军事组织者和指挥者。他运筹帷幄，出谋划策，深得党中央、毛主席的称赞和全军的拥戴。周副主席常常比其他同志都睡得更晚，起得更早。毛主席休息的时候，除了有特急电报，他总是不肯惊扰毛主席。他自己经常是睡上两三个小时，就会被秘书叫醒几次。前线发来的战况报告，如有新出现的情况和地名，他为了使毛主席能集中精力考虑战略决策，总是亲自加上注释，附上小图，再送给毛主席阅示。

毛泽东的重大决策，很多是周恩来共同参与的。从陕北转战到河北的西柏坡，周恩来一直是中共中央军委副主席兼代总参谋长的身份，协助毛泽东指挥了全国各个战场的解放战争和辽沈、淮海、平津三大战役。周恩来曾说过，毛主席是在世界上最小的司令部里，指挥了最大的人民解放战争。毛泽东则说，在陕北，我和周恩来、任弼时同志在两个窑洞指挥了全国的战争。邓颖超说，恩来同志在陕北时实际上是总参谋长。许多作战方案，包括以后朝鲜战争时期的作战方案，都是他先拟好了送给主席看，由主席批，或者他先找主席请示谈好后，由他再来贯彻。

周恩来协助毛泽东指挥了解放战争的三大战略决战。从1948年9月12日辽沈战役开始，至1949年1月31日平津战役结束，辽沈、淮海、平津三大战役历时4个月零19天，共歼灭国民党军154万人，基本歼灭了国民党的主要军事力量，为夺取全国胜利奠定了坚实基础。毛泽东是指挥三大战役的最高统帅。周恩来以代总参谋长身份任第一助手。许多重大决策是他们两人之间首先酝酿的，许多指挥文电是他们两人起草改定和签发的。三大战役是党中央集体领导的结晶，也是毛泽东、周恩来天作之合的结晶。

周恩来在外交工作、统一战线工作、科学技术工作等方面决策中的独特贡献，是尽人皆知的事实。但在长时期的实践中，周恩来深深地认识到，毛泽东总是比他站得更高、看得更远、想得更深。

抗美援朝战争，是力量与人心的较量、战略和智慧的较量，从主观因素说，也是我们党两位领袖人物默契配合的结果。当时在周恩来身边工作的秘书王伏林将其概括为：如果说主席是总设计师，总理就是总工程师。周恩来的军事秘书雷英夫分析得更为具体："仅就军事方面而论，我党我军有毛泽东、周恩来这两位历史巨人相辅相成、协调运作的统帅部，真是一大幸事啊。毛泽东是当之无愧的最高统帅，他站得高、看得远、魄力大，在战略决策问题上，往往是独具匠心，高人一筹。周恩来是名副其实的副统帅兼参谋长。他既有远大的战略目光，又有周密的组织能力；既能协助毛主席运筹帷幄、深谋远虑地下定战略决心，又能将主席的意图和决策，化作严谨细致的技术措施，环环相扣的具体步骤，贯彻到千军万马的行动上，落实为千里之外的决胜事实。正是因为有了毛泽东的掌舵和周恩来的辅佐，我们才能无往而不胜。"

纵观毛泽东和周恩来一生的合作，从主要的方面来说，一个精通理论，一个善于实践；一个高瞻远瞩，一个宽容大度；一个意志如山，一个变通如神；一个博大精深，一个海纳百川；一个格局宏大，一个气质非凡；一个举重若轻，一个举轻若重。这样的概括虽然不能说完全准确，但一个基本的事实是，他们的境界和格局、能力和智慧、风格和气质的相生相济、和谐互补，造就了党和国家领导力量中的动力机制和控制机制的完美统一和有机结合，从而谱写了中国政治史上的最灿烂篇章。

斯诺讲，毛泽东与周恩来是"你中有我，我中有你"，相互间成为"改变了的不可缺少的自我。"

日本著名记者辻康吾撰文说：在中国，说主席就是指毛泽东，说总理就是指周总理。对于几乎整个一生都在革命中度过的大多数中国人说，有毛主席和周恩来两人大概就是他们最期望和最理想的领导人了。同毛主席一道，列为20世纪伟大政治家的周总理是20世纪前半叶的中国及革命造成的。

美国记者约翰·吴德施在《中国传奇式人物周恩来非正式传

记》一书中写道："周这样忘我无私的品质，在同毛的关系上最后受到考验。""周、毛的合作关系，无论就经历年代、亲密程度、历史重要性来说，在中共党史上，是没有前例的。他们的伙伴关系长达 40 年之久，这种关系是坦率的，也是有创造性的。可以肯定地说，这是人民共和国诞生和存在下来最关键的一个因素。"

法国前总理皮埃尔·孟戴斯·弗朗斯谈到周恩来时说："他是毛泽东的忠诚的合作者，这不仅是由于他担负的责任繁重，而且还由于他非凡的品格和他在最困难的挑战时所获得的经验。"

1934 年长征之初，毛泽东曾经给中央写了一封信，表示自己不走，要带领一、三军团和红九军团的 20 师留下来，坚持苏区的斗争，最后欢迎中央再回来。这封信交给了中央主要负责人博古手中。博古当时很年轻，不知道怎么办，于是他把信交给了周恩来。周恩来看完信，带着三个警卫，连夜骑马从中央所在的瑞金赶到毛泽东的住处，与毛泽东彻夜长谈。那天晚上，毛泽东与周恩来谈话的内容没有人知道。但是，毛泽东在谈话后就决定和大部队一起走了。这个决定改变了中国的命运。这是周恩来对中国共产党的重大贡献。

长征途中，周恩来与博古也曾有一次重要谈话。遵义会议开过以后，博古不适合再担任党的主要领导，要让张闻天同志接任。但是博古同志不愿意把权力交出来。所以，周恩来与博古彻夜长谈。周恩来对博古讲，你我都是留过洋的，我们这些留过洋的人对中国的情况都不是那么了解。自从我领导的南昌起义失败，我就知道中国革命靠我们这些人搞不成，我们要另外找人，找真正懂中国的人。毛泽东就是这样的人，他懂中国。我们共同帮助毛泽东，把中国革命搞成功。第二天一早，博古把全部权力交到中共中央。在后来毛泽东与张国焘、王明的斗争中，博古也坚决地站在毛泽东一边。博古后来说，周恩来那一席话影响了他的一生，中国革命确实一定要由一个懂中国的人来搞。

毛泽东与周恩来的合作，无论从哪个方面来说，都堪称典范。这里以新中国成立初处决刘青山、张子善为例。当时，刘青山任石家庄市委副书记，天津地委书记；张子善任天津专区专员、地委副书记。两人都曾被国民党政府抓进监牢，都宁死不屈，在战争年代都曾出生入死，在干部中也有很大影响。当时，刘青山 36 岁，张子善 38 岁，可谓风华正茂。可是进城后，这两个人都变质了。他们公开扬言："天下是老子打下来的，享受一点还不应当吗？"他们利用职权盗用飞机场建筑款，克扣救济灾民款、干部家属救济款、地方粮款、民工供应粮等共计 171 亿元（旧币），用于经营他们秘密掌握的所谓"机关生产"。他们勾结奸商，从事倒买倒卖的非法经营活动，曾以 49 亿元巨款倒卖钢材，使国家蒙受 21 亿元损失。为了从东北盗购木材，他们不顾灾民疾苦，占用 4 亿元救灾款，并派人冒充军官进行倒买倒卖。另外，他们以高薪诱聘国营企业的 31 名工程技术人员，成立非法的"建筑公司"，从事投机活动。在兴建潮白河、海河等工程中，盘剥民工，将国家发给民工的好粮换成坏粮，抬高卖给民工的食品价格，从中渔利 22 亿元。他们生活腐化堕落，挥霍大量金钱。刘青山吸毒成瘾，张子善为了逃避罪责，曾一次焚毁单据300 多张。他们把自己负责的地区视为个人的天下，说天津地区党内只能有"一个领袖""一个头"。实行家长式统治，欺上压下，独断专行。事发后，有人找过天津市委书记黄敬，黄敬想找毛泽东说情，周恩来便将此事告诉了毛泽东。毛泽东对周恩来说：

"正因为他们两人的地位高，功劳大，影响大，所以才要下决心处决他们。只有处决他们，才可能挽救 20 个、200 个、2000 个犯有各种不同程度错误的干部。"毛泽东的决心不可动摇："对于这样的叛徒和蛀虫，有多少就必须清除多少。清除了他们，不是党的损失，而是党的胜利，不是降低了党的威信，而是提高了党的威信。"处决刘青山、张子善，成为新中国处理的第一大案。毛泽东这个重大历史决断，在中国共产党和中华人民共和国历史上，影响深远。

新中国成立以后，毛主席和周总理的亲密合作，在人民中一直传为佳话。据周恩来卫士韩福裕回忆，有一次，他随总理到中南海服务处理发、刮胡子。总理坐到理发椅上后，屋内地方小，他就把总理的外衣搭在右臂上，退到门外。这时毛主席突然想起一件什么事要找总理商量，秘书们用电话一问，说总理去理发室刮胡子去了。主席就带上警卫径直找到理发室。韩福裕一见主席来了，就要向他行礼，但手里拿着总理的衣裳，不好使，只好呈立正姿势，向他行注目礼。主席的卫士就告诉主席，这是总理的卫士。主席很随和地问："你叫什么名字？"韩福裕就赶忙告诉他，叫"韩福裕"。说过之后，考虑到自己的山东口音主席不一定听得清，又进一步补充说："是韩信的韩，幸福的福，粟裕的裕。"主席一听笑着说："你这个名字好呀，包含了中国两个大军事家韩信和粟裕，你还比他们都幸福。"逗得在场的人都笑了。这时，总理听说主席找来了，就打算让理发师停下手中的活，主席连忙制止："我没有急事，等你刮完了再谈不迟。"

1960 年 5 月，毛泽东、周恩来一行视察长沙，工作之余，到江边散步。遥望橘子洲头，百舸争流，万帆竞发，毛泽东逸兴邃飞，口占一上联："橘子洲，洲旁舟，舟行洲不行"，此联动静相对，意境悠远，三个断句，两处"顶真"，"洲"和"舟"又是谐音，应对难度极大。毛泽东对身边的周恩来说："恩来，我一时江郎才尽，请你来个锦上添花如何？"周恩来才思敏捷，熟谙地理，了解长沙，竟于瞬间思得佳句："天心阁，阁中鸽，鸽飞阁不飞。"天心阁系长沙市内一景，与橘子洲相对。既工整又流畅，整个对联浑然一体，两位伟人相对而笑。

毛泽东历来主张实事求是，多谋善断，他又总能在关键时刻，及时抓住关键性问题，果断决策，旗帜鲜明地提出自己的主张。在长期革命斗争中，事实一次又一次地证明毛泽东的主张是正确的，富有远见的。毛泽东在党内的崇高威望，从根本上说源于实践。周恩来对毛泽东的崇敬是发自内心的，来自于他对中国革命的深知深解，对毛泽东的深知深解。1949 年 5 月 7 日，周恩来在中华全国青年第一次代表大会上的报告中，着重专门阐述并号召全国青年学习毛泽东。他说：中国人民的大革命已经走向全国胜利，我们青年要加紧参加建设新中国的事业。我们必须有一个大家共同承认的领袖，这样的领袖能够带领我们前进。30年革命运动的实践使中国人民有了自己的领袖，就是毛泽东。我们这次全国青年代表大会的口号也是"在毛泽东的旗帜下前进"。我们决心举着这面旗帜前进。

毛泽东对周恩来政治上高度信任，工作上充分放手。周恩来对毛泽东工作上思想上极端负责，生活上安全上无微不至。毛泽东的衣食住行都是周恩来亲自关心和照料的。毛泽东住的房间都是周恩来精心选择的，战争时期和非常时期毛泽东要经过的路线都是周恩来先走一段看看是否安全，他吃的饭周恩来都要亲自过问。一次中央领导人开完会从新六所进城，车过公主坟后，毛泽东轿车的车门突然被甩开了。周恩来的车就在主席的车后，他马上对车上的警卫人员说："你们看，主席的车门开了，这有多危险！你们这些负责安全警卫的，以后给你们规定一条制度：上车后，把车门锁好才能开车。"成元功将周恩来的指示报告了汪东兴，从此上车后锁车门就成了领袖们轿车安全的一条重要措施。

1945 年 9 月，毛泽东为争取抗战后实现国内和平，亲自到重庆与蒋介石谈判，在周恩来等的协助下，经过一个多月的谈判斗争，终于签署了《双十协定》，毛泽东于 10 月 11 日乘飞机回延安。毛泽东来重庆时，是由美国驻华大使赫尔利和国民党谈判代表张治中陪同的。在毛泽东要返回前，赫尔利准备奉命回国，蒋介石又把张治中派去甘肃省当省主席。周恩来得知这些情况后，立即去找赫尔利，一见面就严肃地对他说："大使先生，你把我们的主席接出来了，你就必须把毛主席再送回延安。你现在想走，这是不行的，你这个时候走，将失信于天下人！"接着他又去找张治中，情绪激动地对张治中说："文白兄，你不能失信于天下人，你不把主席送回延安，我们坚决不答应！"后来，周恩来又去见蒋介石，态度坚决强硬地同他交涉，并机智地提出，请张治中亲自护送毛主席回延安，然后再从延安乘飞机去兰州。蒋介石迫于舆论压力和政治影响不得不同意周恩来的要求。就这样，毛泽东在张治中的陪同下，安全返回延安。

在重庆谈判的 40 多天里，周恩来无时无刻不在牵挂着毛泽东的安全，对每一件细小的事情都作了周密的安排。在延安上飞机前，周恩来派警卫人员登机检查毛泽东的座位和安全带。上飞机后，他趁毛泽东向欢送的人们挥手告别的时候，又亲自检查了一遍。并且还特别向随行的警卫人员交代："到重庆后，要机警，要细致，在任何情况下，都要确保毛主席的安全，不能有任何一点疏忽。"毛泽东去重庆谈判的时候，戴了一顶浅灰色的太阳盔帽子。这也是周恩来建议毛泽东戴的。因为这顶帽子跟军帽相比，与谈判的气氛比较和谐，表示出对和平的诚意。同时又象征着对革命先驱孙中山的一种敬意，孙中山先生就经常戴着这样一顶太阳盔帽子。

到重庆后，周恩来和毛泽东曾在林森公馆住了一夜。林森是国民党政府前主席。一到那里，周恩来就特别交代警卫人员仔细检查住宅及其周围的安全。警卫人员检查完毕向周恩来报告，周恩来怕年轻人大意，不放心，自己又亲自仔细检查。除主要地方外，连床上床下，枕头被褥都看，在椅子上坐一坐，然后才让毛泽东进去。住下后，周恩来又叮嘱警卫人员房间不要亮着灯一直工作到天明。第二天，周恩来和毛泽东搬到了位于化龙桥红岩村十三号的八路军办事处。一切安排妥当后，他还要在毛泽东的床上坐一坐，看是不是摇晃，有没有声响。红岩村十三号是一幢不大的三层楼房，它位于重庆城郊嘉陵江畔的一个红土坡上。它的公开名称是第十八集团军驻重庆办事处，人们简称为"八路军办事处"。毛泽东住在这里，离市区较远，接见各界朋友不太方便。张治中主动提出把他在市区曾家岩的公馆"桂园"腾出来，给毛泽东使用。在重庆期间，桂园就成为毛泽东在市内的办公地点。每天早上 8 点左右，毛泽东从红岩村乘车到这里办公和会客。下午 6 点左右再从桂园乘车回红岩休息。每次毛泽东外出，周恩来总是亲自陪同，坐在一辆车里。

在整个重庆谈判的 40 多天中，周恩来白天协助毛泽东处理繁重的工作，晚上，他继续召开会议，检查和布置第二天的工作，认真仔细地安排毛泽东的日程。他对主席的关心爱护，比警卫人员做得还细致，甚至连毛泽东喜欢吃红烧肉和炒辣子都反复交代。毛泽东在重庆应酬很多，但他不能喝酒，一杯酒下肚，就满脸通红。在宴会上，人们都争着向他敬酒，周恩来怕他的健康受影响，总是替毛泽东喝光那一杯又一杯盛情难却的酒。毛泽东在重庆期间，尽管谈判紧张，社会活动频繁，但在周恩来的精心安排和照料下连一次小感冒都没有患过，始终保持着良好的身体状态和旺盛的精力。

在合作化运用高潮时，毛泽东来到北戴河办公。时值9月中旬，几场大风大雨，北戴河波涛翻滚，其势如万马奔腾。大海的喧嚣触发了毛泽东的诗人气质，他扔下手中的笔，大声宣布："我们去游泳！"医生和卫士都吓了一跳，这可不是闹着玩的，他们负责毛泽东的安全，万一有点差错，怎么向全党全国人民交代？全体人员一致阻拦，毛泽东没有争取到一个支持者，只好暂时作罢。但他并没有放弃这个念头，一连几天，每天他都要"争取"一回。闹到第四天，雨停了。下午4点多，毛泽东又放下笔，吩咐卫士："我们游泳去。"事前，保健医生估计到毛泽东会提出这个要求，已经先去测查了水温和水势。大海里，长长的白浪一道接一道翻滚着，凶猛地向海滩上扑来，岸边的浪头都高达一米多。水温只有19摄氏度。这样的条件，工作人员怎能放心呢？他们搬出种种理由，进行阻拦。毛泽东说："我不怕冷，就你们怕冷，你们别游嘛。""那也不行，浪太大，岸边的浪有一米多高；海里的浪就会有三米。"工作人员还在劝说。"好嘛，乘风破浪，正是机会。"劝说反而成了激将，毛泽东不怕。"主席，下面是海风，几个年轻战士试过了，都被浪打回来，根本冲不进去。""一个人冲不过去，这么多人还冲不过去？岂有此理！"毛泽东边说边往外走，"我们今天就非去不可！"毛泽东都已经不高兴了，没人再敢阻拦，只能追随左右，匆匆带上泳裤、毛巾和急救药箱。待保卫工作的负责人闻讯赶来劝阻时，为时已晚。他赶紧给周恩来去电话，急得嗓子都岔了音："主席下海去了！下海游泳去了！我们拦不住。快请总理，请总理马上来，我们叫不上来！"电话是周恩来的卫士接的，听到这儿，他扔下话筒朝周恩来办公室跑，跑到门口，他就上气不接下气地报告："总，总理，主席下，下海游泳了！"周恩来正在批阅文件，听得这话他猛地抬起头，愣了两秒钟，然后突然地站起来，把笔一扔就向外跑："快！叫司机，快开车！"外面雨又下起来了，唰唰地直往人身上拍，可周恩来就像没感觉似的，冲出门外，浑身水淋淋地就上了汽车。车上，周恩来眉头紧锁，一言不发。大概他是在考虑如何劝说毛泽东。汽车急速地拐了弯，停在毛泽东下海的地方。由于刹闸很急，车上人的身体都不由得向前一冲。卫士正要去扶周恩来，他已经打开车门，跳了出去。站在海滩上，周恩来焦急地向远处望去。海浪仍在翻卷，好像在向焦虑的人们示威。终于，在波浪的间歇处出现了几个黑点，那是毛泽东和几个卫士。周恩来竭力地放声喊道："主席——风浪太大——快上来吧！"但声音被隆隆的浪涛声吞没了。周恩来招呼岸上所有的人，说："过来，都过来。涛声太大，听不见。我们一起喊。""主席，上来吧！"许多条喉咙合在一起，与涛声搏斗，"总理请主席上岸！"边喊，周恩来边朝前走，海水弄湿了他的鞋和裤脚。终于，毛泽东游回了岸边，嘴里还喊着："不要紧，浪大尽兴！"周恩来赶紧喊："主席游泳不要紧，岸上同志时间久了会冻出毛病！"这话起了作用，毛泽东沿着岸边又游了一段，终于恋恋不舍地走上了沙滩。直到这时，所有人那颗怦怦直跳的心才平静下来。

1974年12月23日，根据中央政治局的意见，周恩来等人前往长沙向毛泽东汇报四届人大会议筹备情况。汇报完后，毛泽东留周恩来再住两天，休息一下。12月26日是毛泽东81岁生日。上午，周恩来对身边工作人员说："今天是主席的生日，你们知道吗？"大家都说："知道。"周恩来高兴地说："我要请大家吃饭。"他的意思大家都明白，这是给毛泽东祝寿。卫士问："都请谁呀？"周恩来说："就是这儿楼里的人，再加省里和军区的几位负责同志。"见周恩来情绪这样好，大家都很高兴。当时，周恩来的膀胱癌已经很严重了。他是从医院里出来，乘飞机到长沙的。由于病势沉重，医生绝对禁止他喝酒。但在餐桌上，他却举起了酒杯，说："让我们大家共同祝愿毛主席健康长寿。"说完，他一口干掉了杯中的酒。酒精的刺激，使他感到难受，但他脸上始终在笑。这是周恩来一生中喝的最后一杯酒。午夜时分，毛泽东的秘书打来电话，请周恩来过去谈工作。毛泽东和周恩来这两位相处近50年的老战友，促膝长谈，直到次日凌晨，长达4个小时。这是毛泽东、周恩来生前最后一次谈话，他们共同作出的"长沙决策"，打碎了以江青为首的"四人帮"长期以来企图"组阁"的美梦，对中国未来形势的稳定发展以及党和国家的前途命运起了决定性的作用。

周恩来对毛泽东的爱护，不仅出于感情，更重要的，是出于对革命事业的责任心。印度尼西亚前总统苏加诺说："毛主席真幸运，有周恩来这样一位总理，我要是有周恩来这样一位总理就好了。"苏联前总理柯西金对毛主席说："像周恩来这样的同志是无法战胜的，他是全世界的伟大政治家。"末了，他又补了一句，"这是前天美国报纸上登的。"美国前总统尼克松说："中国如果没有毛泽东，就可能不会燃起革命之火；如果没有周恩来，就会烧成灰烬。"

周总理病重住院，对毛泽东来说是件很不幸的事，他时刻关注着总理病情的变化。主席是相信科学的，我们的医疗水平能把总理的病医治好吗？他所看到的病理报告是总理的病越来越重，这就不能不使主席担忧了。他经常派工作人员到医院看望周总理，还派人送来了一个特制的沙发，总理坐上很舒服。总理住在医院，仍坚持办公、批阅文件、请示报告，毛主席是最清楚的。为了增强总理对疾病的抵抗力，主席指示："注意护理，注意营养，注意休息，要节劳。"还指示说："对总理的治疗，总理自己要过问，总理自己可以决定。"周总理很感激毛主席的信任和关怀，后期的手术治疗方案确定后，总理都是自己亲笔写报告，送毛主席批准。待毛主席批准后，他才肯进手术室。1975 年 3 月 20 日，周总理在致毛主席的信中这样写道："我因主席对我的病状关心备至，今天又突然以新的病变报告主席，心实不安，故将病情经过及历史原因说清楚，务请主席放心。"

除了毛泽东之外，无论是在党内还是在党外，视周恩来为知己的人很多，每一个人都可以讲出一段难忘的回忆或感人的经历。周恩来与朱德、邓小平、宋庆龄等同志之间，都建立了深厚友谊。

周恩来和朱德的友谊，可以追溯到青年时期。1922 年，周恩来作为中共旅欧党组织的负责人，和张申府一起介绍朱德加入了中国共产党。朱德后来回忆说："当时我真高兴极了。从此，我抛弃了旧我，开始了最有意义的革命新生。"柏林会面，成为周恩来与朱德结下深厚友谊的开端。共同的追求、共同的信仰把他们的政治生命紧密地联系在一起。1936 年 12 月西安事变发生后，为了尽早实现全国一致抗日的局面，周恩来肩负着中共中央的重要使命，前往西安与张学良、杨虎城将军以及被他们扣押的蒋介石谈判。启程前，朱德将自己的一条毛毯送给周恩来，以备路上御寒。这条毛毯是原国民党第二十六军起义将领董振堂赠送给朱德的纪念品，它曾伴随着朱德度过了艰难的日日夜夜。抗日战争爆发后，朱德担任八路军总指挥，即将奔赴抗战前线，周恩来又把这条毛毯回赠给朱德。一条普普通通的毛毯，却饱含着两位战友间真挚的情感。几十年来，"一条毛毯寄深情"的故事在人民中间广为流传，不知打动了多少人的心。抗战期间，周恩来作为国共合作抗日的共产党代表，在大后方开展抗日民族统一战线工作。朱德则率领八路军将士在前线浴血奋战，打击日本侵略军。1938 年 10 月 22 日，武汉沦陷前夕，朱德到达武汉，在这里，周恩来陪同他会见了蒋介石。他们同蒋商谈了八路军扩充编制、增加经费和派部队到华中战场开展游击战争等问题。事后，朱德很快赶回前线。匆匆相见，又匆匆分离，然而短暂的相逢在他们心中却留下了深刻的印象。他们在不同的战线互相配合，互相支持，为抗日战争的胜利付出了大量的心血。1946 年，正当解放区军民为了保卫抗战的胜利果实，积极准备粉碎蒋介石反动派猖狂进攻的时刻，朱德迎来了他的 60 岁生日。在中共中央为朱德举行的祝寿会上，周恩来充满深情地说："我能回到延安亲自向你祝寿，使我万分高兴……在我们相识的 25 年中，你是那样平易近人，但又永远坚定不移，这正是你的伟大……你的革命历史，已成为 20 世纪中国革命的里程碑。""你现在 60 岁了，仍然这样健壮，相信你会领导中国人民达到民族解放的最后胜利。"崇高的评价，美好的祝愿，又使朱德想起，当他在人生路口痛苦地徘徊时，是周恩来引导他踏进中国共产党的大门。从此，他在探索救国的道路上才有了一个崭新的起点。不到 3 年时间，周恩来的预言终于成为现实，他同朱德怀着万分喜悦的心情共同登上北京天安门城楼，在 28 响礼炮的轰鸣声中，与全国人民一起欢庆新中国的诞生。新中国成立以后，担任共和国政府总理的周恩来，日理万机，承担着繁重的国务工作，但他始终惦记着与自己休戚与共的战友。工作余暇，他经常来到朱德家中，问寒问暖，关心着朱德的身体以及朱德子女们的成长。朱德的女儿朱敏后来回忆说："总理与父亲之间的友谊是无法用语言表达清楚的，他们彼此尊重，互相关心，我们做子女的在生活中感受最深。""文化大革命"中，当朱德受到政治风暴冲击时，他曾经深情地发出"主席和恩来最了解我"的感慨。在这一时期，处境十分艰难的周恩来，仍然关注着朱德的境遇。

1975 年 7 月 11 日下午，周总理午睡起床后，在病房内做运动，这是他坚持多年的"八段锦"运动，只要身体条件允许，他便不会停止锻炼。他边运动边对秘书说："你打电话问一下朱老总的身体怎么样了，他现在有没有时间，前些日子他想来看我，因为我当时身体不太好，没能请他来。今天可以了，看老总能不能来。"秘书答应马上去打电话。总理又说："现在是 4 点多钟，如果朱老总可以来，5 点钟可以到这，大约谈上半个小时，5 点半可以离开，6 点钟他可以回到家吃饭。按时吃饭是朱老总多年来的习惯。他有糖尿病，年岁又大，不要影响他吃饭。如果今天不能来，请他去北戴河之前来一趟。"秘书向康大姐转告了总理的意见。康大姐说："请报告总理，老总的身体挺好，今天没有安排别的事。他这几天总想去，一直在等你们的电话。他是要见了总理后再去北戴河的。"秘书把朱老总可以来的消息报告了总理，同时转达了康大姐的问候。总理在病房里踱着步，思忖片刻说："换上衣服，到客厅去见老总，不要让他看到我穿着病号衣服。"5点50分，朱老总来了，周总理起身迎向老总，两人同时伸出了双手。朱老总用颤抖的声音问："你好吗?"总理回答："还好，咱们坐下来谈吧。"朱老总已是89岁高龄，动作有些迟缓，工作人员扶他坐到沙发上。总理示意关上客厅门，客厅里开始了两位老战友的谈话。6点15分谈话结束，总理送朱老总走出客厅，两人紧紧地握手告别。总理直到汽车开走后，才转身回到病房。谁曾想过这竟是两位共和国领袖的最后一次交谈！

　　周恩来和邓小平是真正的知己。邓朴方回忆说：1976年1月8日，周总理逝世。我父亲忍着巨大的悲痛，为周总理致了悼词。本来周总理留下遗嘱不开追悼会，我父亲讲：这个人民不答应。我想由我父亲致悼词，如果周总理在天有灵，他是欣慰的，如果让周总理选择，他一定会选择我父亲。我父亲也愿意为他做。周总理和我父亲两个人性格不同。周总理非常聪明，善于团结人，善于融合各种不同的意见，事无巨细，认真负责。我父亲则比他刚，比他硬，处事从大处着眼，但是容易被打倒。周总理知道我父亲的特点，知道我父亲能够接替他的工作，能承担起他的工作。我父亲对他也是非常理解的，知道这个兄长心里想的是什么。后来，我父亲多次讲过，在"文化大革命"那个时候，周总理讲过违心的话，但是，全国人民原谅他，他得到全国人民的尊重。甚至在"文革"期间他就跟周总理讲过：你那时候不得不这样做，不这样，就不能保护这么多老干部。我父亲说：我的性格不同，我不会委曲求全。这话不知道是什么时候讲的，是他跟我母亲讲的，说过这个话，周总理也体谅他。两个人心心相印，各自用自己不同的方式，为党，为国家，为人民，奉献出他们自己的一生。周总理逝世之后，我父亲就失去了工作的条件，但是事情还没有完。就在清明节的时候，4月5日群众对"反击右倾翻案风"不满意，在悼念周总理的时候，掀起了又一场轰轰烈烈的"四五"运动。也就是在这个时候，我父亲再次被打倒。我父亲的这次被打倒，又和纪念周总理的活动联系在一起。正是这样，才显示了中国人民赞成我父亲的这些做法，赞成周总理的做法。"文化大革命"之后，一直到十一届三中全会，我父亲复出，开始改革开放局面，创造了中国特色的社会主义理论，这是和1972年至1975年，特别是1974年至1975年这些年的斗争，我父亲和周总理共同战斗这段历程分不开的，也是和我父亲和周总理，和其他一些老同志，一直努力分不开的。要说我父亲和总理的关系，从中国现代史上找，有多少人能够这样密切？这么长的时间？他们的性格、作风都不同，但又那么心心相印几十年，半个世纪多，生死与共，风雨同舟。都说人生难得有知己，父亲和总理才真正是知己。

周恩来与宋庆龄之间的革命友谊，更是有口皆碑。国共首次合作期间，周恩来风华正茂，他深邃的思想和卓越的才干，博得了宋庆龄的钦佩；宋庆龄是孙中山的伴侣、战友和助手，她端庄高雅，坚毅刚强，也为周恩来所深深敬重。1924年11月，时任黄埔军校政治部主任的周恩来，特邀宋庆龄莅校讲演，对师生进行革命教育。1926年宋庆龄倡导，何香凝举办的广州妇女讲习所特请周恩来前往授课。在造就国民革命军事和妇女人才的目标下，他们开始了50多年合作共事的历史。随着北伐战争的胜利推进，1926年12月，宋庆龄随国民党中央和国民政府来到武汉。她在武汉的一项重要工作是救护北伐伤病将士。当时，在讨伐奉系军阀张作霖以及叛军夏斗寅的战役中，国民革命军伤病员甚多。宋庆龄为统筹组织和安排救护伤病员的工作，在汉口发起成立北伐伤兵救护红十字会，亲自担任执行委员会委员长，并邀请周恩来等出席成立大会。周恩来到会发表讲话，他高度评价北伐伤病员的重要工作，并提出各项具体实施办法。周恩来的讲话给宋庆龄以极大的支持。"疾风知劲草，烈火炼真金。"中国革命陷入低潮的时候，不少人离开了共产党，而宋庆龄却无所畏惧地站在共产党人一边。1927年8月1日，以周恩来为首的中国共产党前敌委员会，在以宋庆龄为代表的国民党左派旗帜下举行南昌起义。起义军占领南昌后，中国国民党革命委员会宣告成立。宋庆龄被推为7人主席团主席之一，周恩来当选委员。在当天的南昌《民国日报》上，还发表了以宋庆龄领衔的、包括其他21位共产党员和国民党左派的《国民党中央执行委员宣言》，愤怒谴责蒋介石集团和汪精卫集团背叛革命，堕落为新军阀的工具。当时，宋庆龄虽不在南昌，但却在上海"公开宣传支持南昌起义"。她与周恩来等共产党人并肩战斗，反抗国民党右派集团破坏国共合作、断送国民革命的行径。9月，宋庆龄流亡莫斯科，撰文盛赞共产党人发动的武装起义，"表示了一个不可征服的民族的高度决心"，预言它将"遍布国内各地"。蒋介石妄图利用宋庆龄的特殊威望为南京国民政府涂脂抹粉，连续给宋庆龄发出四封电报，"亟返旆"。宋庆龄在回电中明确表示，如果回国的话，也将参加工农的斗争，"战胜血腥的反动派"。1927 年 11 月到 1931 年 12 月，周恩来大部分时间战斗在上海，是中共中央主要负责人之一。宋庆龄冒着危险，将一批中共中央秘密文件，如周恩来用化名"伍豪"签名的中共中央政治局会议记录藏于自己住所，使国民党特务无可奈何。

1937 年 7 月，周恩来与蒋介石等在杭州谈判时途经上海，特去看望宋庆龄。宋庆龄极其兴奋，热情接待了周恩来。周恩来向宋庆龄转达了中共中央和毛泽东对她的敬意。宋庆龄向周恩来表示了坚决拥护中共中央和毛泽东提出的抗日民族统一战线的政策。当日本军队向上海大举进攻之际，周恩来十分关心宋庆龄的安全，多次电请她撤离上海。宋庆龄非常感谢和尊重周恩来的意见，于 12 月 23 日在路易·艾黎陪同下，秘密离沪赴港。1938 年 10 月，以蔡元培为主席、宋庆龄为副主席的鲁迅纪念委员会将刚出版的《鲁迅全集》甲种本赠予周恩来一套。周恩来在武汉还特意订购该书广为宣传，支持宋庆龄等为《鲁迅全集》出版所做的有意义的工作。皖南事变发生后，周恩来在重庆向国民党当局提出严重抗议，并悲愤地写下了"千古奇冤，江南一叶；同室操戈，相煎何急！"的题词。同一天，宋庆龄与何香凝等联名通电蒋介石，痛斥他破坏抗战，实行反共的倒行逆施，指出："弹压共产党则中国有发生内战之危险，今后必须绝对停止以武力攻击共产党，必须停止弹压共产党的行动。"宋庆龄还通过保卫中国同盟机关刊物《新闻通讯》，撰文介绍周恩来 1 月 25 日向国民党提出的和平解决皖南事变的 12 项条件，争取国际舆论对中国共产党的同情和支持。由于中国共产党的坚决斗争，也由于宋庆龄等党外友好人士的严厉谴责，极大地孤立了蒋介石集团，从而击败了国民党掀起的第二次反共高潮。太平洋战争爆发以后，宋庆龄避居重庆。她虽然受到国民党特务的严密监视，仅有一楼的自由，仍然通过廖梦醒和王安娜与周恩来保持经常的信函联系。1942年冬，宋庆龄邀请周恩来出席为欢送董必武回延安举行的茶餐会。席间，她看着炉壁架上悬挂的两串熠熠闪光的禾穗，深情地说，我国几亿农民把它看得比金子还贵重。周恩来双手抚摸着禾穗，意味深长地说，待到革命胜利后，一定要把这两株禾穗画在新中国的国徽上面去！在艰难的斗争岁月，他们热烈憧憬国家和民族的美好未来。全国解放后，在制定中华人民共和国国徽时，根据周恩来的建议，把两串禾穗画了上去。

　　1949年春，全国解放在即，毛泽东与周恩来系念宋庆龄在上海的安全，于1月19日联名致电宋庆龄。电报说："新的政治协商会议将在华北召开，中国人民革命历尽艰辛，中山先生遗志迄今告实现，至祈先生命驾北来，参加此一人民历史伟大的事业，并对于如何建设新中国予以指导。"周恩来特别嘱咐在香港的中共地下党同志，派出宋庆龄最信任和最可靠的同志，"第一，必须秘密而且不能冒失。第二，必须孙夫人完全同意，不能稍涉勉强。如有危险，宁可不动"。字里行间充满着周恩来对宋庆龄的尊重和关切之情。宋庆龄从金仲华、廖梦醒手中接悉电报后，十分感动，当即用英文写了复信，深切感谢毛泽东与周恩来的盛情邀请，再次表示："我的精神是永远跟随着你们的事业。我深信，在你们英勇、智慧的领导下，这一章历史——那是早已开始了，不幸于23年前被阻——将于最近将来光荣的完成。"宋庆龄高度赞扬毛泽东、周恩来和他们的战友所建立的伟大功勋，洋溢着对人民的决定性胜利的无限喜悦。宋庆龄身体违和，暂时不能启程北上。为此，她嘱托廖梦醒，请何香凝代为向毛泽东与周恩来等表示歉意。毛泽东与周恩来等中共中央领导传阅了宋庆龄感人至深的信件。与此同时，宋庆龄断然拒绝国民党南京政府代总统李宗仁的代表邵力子、甘介侯祈望她"出为领导"，"共策进行"的请求。6月21日，上海甫告解放，毛泽东与周恩来分别亲笔写信，并委派邓颖超持信赴沪，请宋庆龄来京。周恩来在信中说："沪滨告别，瞬近三年，每当蒋贼肆虐之际，辄以先生安全为念。今幸解放迅速，先生从此永脱险境，诚人民之大喜，私心亦为之大慰。现全国胜利在即，新中国建设有待于先生指教者正多，敢借颖超专诚迎迓之便，谨陈渴望先生北上之情。敬希早日命驾，实为至幸。"周恩来指示中共上海市委做好宋庆龄北上护送工作，调派头等卧车，绝对保证安全。他还特地察看了在北京准备的寓所，看到比宋庆龄在重庆和上海的住宅还要宽敞才放心。6月25日，邓颖超专程赴沪，当晚会见宋庆龄，面交毛泽东与周恩来的信件。孙中山1925年在北京逝世，北京成了宋庆龄的伤心之地。她最怕去那里会引起无限的哀绪。可是想到新中国即将成立，想到毛泽东与周恩来的盛情，惠然于8月28日在邓颖超陪同下，乘2252次专列莅京。周恩来和朱德、刘少奇等随同毛泽东亲临车站迎迓。在9月召开的中国人民政治协商会议第一次全体会议上，宋庆龄热情洋溢地说："我们达到今天的历史地位，是由于中国共产党的领导。"宋庆龄当选为中央人民政府副主席，周恩来被任命为政务院总理。10月1日，毛泽东、周恩来与宋庆龄一起登上天安门，参加开国大典。他们曾为新中国进行艰苦卓绝、呕心沥血的斗争，而今迎来了人民共和国的诞生。

新中国成立后，周恩来与宋庆龄的联系更为密切。中共中央除请宋庆龄参加重要会议外，遇有重大事情经常由周恩来等当面征询她的意见。周恩来十分赞赏和支持宋庆龄的工作。对宋庆龄的生活，周恩来也关怀备至。坐落在北京后海北沿的宋庆龄故居，是周恩来亲自勘定并着人修葺辟成的。宋庆龄将周恩来和陈毅的生活照片一直悬挂在自己的寓所，认为这是她生活中很大的安慰。"十年动乱"中，宋庆龄受到不公平的对待。周恩来处境也相当困难，但他一如既往地关心和保护宋庆龄。1966 年 8 月，宋庆龄父母在上海的坟墓被当地农民砸毁。宋庆龄得悉后泪痕满面，极度悲伤，把此事转告周恩来。在周恩来亲自过问下，墓地很快修复了，还重立了墓碑。宋庆龄看到修复后的墓地照片时，很是感动，说她对周恩来永生不忘。在"文化大革命"中，周恩来遵照毛泽东 8 月 30 日关于保护章士钊的指示，当即开列出一份应予保护的干部名单，名单上第一位就是宋庆龄。周恩来还请她住进中南海，加以保护。

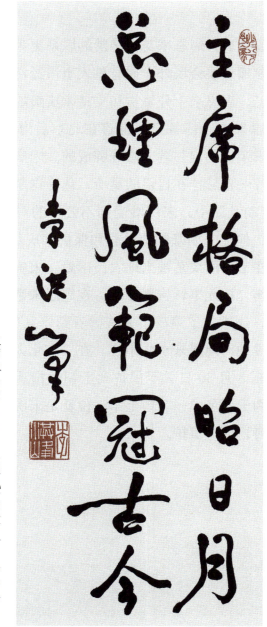

主席格局昭日月　总理风范冠古今　李洪峰　书

# 第十章

## 永放光辉的伟大人格

马克思从唯物史观的高度深刻指出："人格的本质不是人的胡子、血液、抽象的肉体的本性，而是人的社会本质。"习近平说："我们党作为马克思主义执政党，不但要有强大的真理力量，而且要有强大的人格力量；真理力量集中体现为我们党的正确理论，人格力量集中体现为我们党的优良作风。"罗曼·罗兰说，没有伟大的人格，就没有伟大的人，甚至也没有伟大的艺术家，伟大的行动者。鲁迅先生说："战士的日常生活，是并不全部可歌可泣的，然而又无不和可歌可泣相关联，这才是实际上的战士。"他又说："空谈之类，是谈不久的，也谈不出什么来的，它终必被事实的镜子照出原形，拖出尾巴而去。"周恩来用毕生追求和不懈奋斗，生动诠释了马克思主义的人格理论，在中国和世界树立了一座具有永久魅力的伟大人格丰碑。

国有国格，人有人格。人格是人的素质的综合体现。总理的光辉，影响更深远的，是他伟大人格的光辉。

爱因斯坦在给居里夫人的悼词中说："第一流人物对于时代的影响，其人格的力量常常远胜于单纯的才智。"凡是同周恩来有过接触的中外人士，不管立场、观念如何不同甚至对立，都会不由自主地为他的人格魅力所吸引、所折服。人们深深地体会到，他的人格力量，不仅深深地影响了中国，而且广泛地影响了世界。作为一种精神力量，它超越了意识形态、超越了国界、超越了时空，而成为世界文明史上的光辉榜样。

英国著名传记作家迪克·威尔逊说："周恩来是中国'上层社会'中的一个人，不仅在中国大陆，甚至在台湾、香港，以及其他国家，普遍受到非中共人士的爱戴和崇敬。"他像一块巨大的磁石，吸引了所有与他交往的人。作为高尚完美的典范，周恩来跻身于20世纪世界伟人的行列，达到了人格境界的巅峰。在历史继承性与时代延展性的意义上，他的伟大人格，又成为新时期、新时代的极富魅力的宝贵精神财富，犹如一块晶莹剔透的宝石，从各个不同角度闪射着马克思主义的人格理论的夺目光辉。

周恩来的光辉人格，是周恩来作出巨大历史贡献的内在条件，是周恩来精神世界里根本性的东西，具有以下三个方面的鲜明特点。

首先，周恩来的人格是达到了人类理想崇高境界的人格。韩愈说："博爱之谓仁，行而宜之之谓义，由是而之焉之谓道，足乎己而无待于外之谓德。"文化造就人格，伟大的文化造就伟大的人格。周恩来伟大人格的形成和升华，既是理论学习、实践锻炼和他本人修身自省的结果，也是学习中国优秀传统文化和世界文明精华的结果。周恩来人格深深地植根于中西优秀文化沃土之中。周恩来既是中国优秀传统文化人格化的优秀代表，也是中国共产党人为人民服务根本宗旨人格化的优秀代表，又是马克思主义伟大理想人格化的优秀代表。这三重人格化的高度统一，使周恩来在人格上达到了人类理想人格的崇高境界。他完全超越了自我，心中只有祖国、人民和人类利益，真正达到无我的境界；他在战略上敢于藐视一切困难，不惧怕任何邪恶势力，真正达到无畏的境界；他顾全大局，相忍为党，承受一切误解甚至错误的批评，真正达到无怨无悔的境界。

其次，周恩来的人格是全面发展的人格。周恩来非常重视人格的全面发展。他说："每个人要在德、智、体、美等方面均衡发展。不均衡地发展，一定会有缺陷，不仅影响个人能力的发挥，对国家也不利。"周恩来的政治人格、道德人格、心理人格、智能人格、审美人格等各种人格特质既是优秀的、杰出的，又是和谐的、均衡的，这些人格特质交相辉映、相得益彰，相互之间形成完整的结构，以整合的形式在周恩来身上实现了完美的结合，构成和谐的整体人格。周恩来的和谐理念是马克思主义策略原则性与灵活性的统一，是经受了中国革命和建设实践检验的马克思主义哲学智慧，具有精神层面的深刻内涵。周恩来和谐理念的内涵主要包括三个方面，即：思想和谐、行为和谐与作风和谐。思想和谐是指有坚定的政治信念，始终不渝为社会主义共产主义而奋斗，为实现国家繁荣富强和人民幸福而奋斗。行为和谐是指在坚定政治信念指导下，言行一致、表里如一地全心全意为人民服务。作风和谐是指思想作风、工作作风、学习作风、领导作风、生活作风等方面与党的作风和形象相统一。周恩来一生坎坷、有着十分曲折的经历，但他总是以积极的态度看待问题和处理问题，并把自己的一生交给自己认定的理想和信念，为此坚韧不拔、百折不挠，即使在"文化大革命"那样艰难的环境下，也绝不向邪恶势力低头，也从不趋炎附势，充分展示了共产党人光明磊落的人格气质。

第三，周恩来的人格是日新又新、不断升华的人格。人格的形成及其发展要经历不断升华的过程。周恩来是加强自身修养的典范，也是不断升华自己人格的典范。周恩来一生，跟着党前进，跟着时代前进，事业不断发展，人格不断升华，他把党的要求、人民的要求、社会发展的要求内化为自己的人格修养，深入自己的思想和灵魂，成为中国共产党和中国人民有血有肉的人格楷模！毛泽东在《纪念白求恩》中说："我们大家要学习他毫无自私自利之心的精神。从这点出发，就可以变为大有利于人民的人。一个人能力有大小，但只要有这点精神，就是一个高尚的人，一个纯粹的人，一个有道德的人，一个脱离了低级趣味的人，一个有益于人民的人。"周恩来就是这样的人。伟大和平凡之间，并没有隔着一条不可逾越的鸿沟。伟大人物，既表现在重大历史转折关头的大智大勇、大德大能上，又表现在日常工作、学习和生活中的细枝末节和点点滴滴上。沧海横流、力挽狂澜是令人敬佩的，而坚韧不拔、一以贯之尤其是令人景仰的。这些，在周恩来身上都有极鲜明的体现。

周恩来一生尊师重教，从少年时代开始，就注重培养自己的学识修养和优秀品德。少年周恩来在沈阳读书的三年间，曾三次来到住在城南郊魏家楼子村的同学何天章、何履祯家里度假。此地有沙河碧水环绕，烟龙山青翠葱茏，正是当年日俄战争的战场旧址。何履祯的爷爷何殿甲，是一个学识渊博、颇有爱国心的私塾先生，他对胸怀大志、天资聪颖的少年周恩来非常喜欢，常带他们到战场旧址去"讲古"，深深地激发了少年周恩来的爱国情怀。

一天，周恩来在何老先生的书房里看到写有杜甫《春望》诗的条幅："国破山河在，城春草木深。感时花溅泪，恨别鸟惊心。烽火连三月，家书抵万金。白头搔更短，浑欲不胜簪。"周恩来看后，联想到列强欺凌下灾难深重的祖国，感触颇深，随即仿写了一首《村望》诗言志："国破山河在，村残草木深。感时勿落泪，誓叫寇惊心。烽火连岁月，捷书抵万金。白头休志短，患除贺更新。"表达了驱除外虏、重整河山的强烈决心和信心。一次，何老先生满怀忧愤地诵读了陆游的《示儿》诗："死去元知万事空，但悲不见九州同。王师北定中原日，家祭无忘告乃翁。"周恩来听后，被老先生的爱国激情深深感染，按着《示儿》诗的原韵，和了一首慷慨激昂的言志诗："战火洗劫万室空，吾侪争见九州同。华师尽扫列强日，捷书飞传告鳌翁（注：何老先生字鳌峰）。"还有一次，何老先生让这几个学生对对联。老先生出的上联是："勿当列强之仆"，周恩来才思敏捷，率先对出下联："誓做中华之主"。何老先生赞叹不已，连连点头称许。

周恩来少年时期就反对死读书，主张独立思考，对任何事情都要有自己的独立见解，告诫同学："切勿浅尝辄止，见异思迁"，"当深究而悉讨，慎思而明辨"。他说："差之毫厘，谬之千里"。

一次年终会考作文题目为《赵苞弃母全城论》。赵苞是汉灵帝时辽西郡太守，公元177年冬，鲜卑万余兵马抓住了赵苞老母和妻子当作人质，在攻打辽西郡时，敌人用赵苞的老母和妻子要挟他投降，赵苞面临外族侵犯，毅然率兵抵抗，打败了鲜卑，捍卫了边疆，维护了全城的老百姓，结果老母与妻子被害。对此，许多同学的文章都依据孔夫子的伦理思想，谴责赵苞不孝，论据为：城失犹可得，母死不能再生。然而少年的周恩来面对祖国的大好河山被帝国主义的铁蹄践踏、蹂躏，心潮澎湃，他在文章中旗帜鲜明地赞扬赵苞做得对，他说赵苞舍弃自己一个人的母亲，奋力抵抗外族侵犯，使全城的老百姓免遭涂炭，这样做是对的，是大"孝"，他借古论今，抒发了他强烈的反对帝国主义侵略中国，痛斥清朝政府媚敌卖国和腐败无能。

一次图画课，教师拿着自己画好的一幅山水画贴在黑板上，要学生临摹，同学们都照样画了，唯独周恩来在光秃秃的山上整整齐齐地画了许多树，老师见了很奇怪地问他："你为什么画些树？为什么不照样画？"他爽朗地回答："像这样大的山应该有树，无树可惜，略植何妨？"听了周恩来的回答，老师转怒为喜，凝视着清秀刚毅的周恩来，许久才离去。后来他感叹地说："他哪里是我的学生，实则是我的先生啊！"

周恩来小时候体质较弱，因此，他特别注意锻炼身体。他认为学生在校的责任就是"读书、厉行、健身"三件事，并把健身看作是读书和厉行的基础。一年四季，无论阴晴雨雪，他都坚持每天早晨6:30起床，去操场跑步；8点上课前和同学们一起做操。在课余时间和假日里，他常常打网球、篮球、乒乓球，或参加跳高、跳远、投掷、踢足球等活动。由于他长期坚持锻炼，身体越来越健康，所以能够经受长期艰苦战争的磨砺，胜任日理万机的繁重工作。

奉天省官立东关模范两等小学校里有位从山东来的史地教员高亦吾，是位有民族主义思想的进步知识分子，他在宣统年间就剪去了辫子，表示他痛恨列强和腐朽的清朝政府的决心。1911年，周恩来进入东关模范两等小学校读书，直接受到高亦吾老师的教育。高老师常在课堂上宣讲革命志士的爱国英雄事迹，宣传爱国思想。有一次他向周恩来和同学们讲述黄花岗七十二烈士的事迹。他讲得悲壮激越，周恩来听得心潮翻滚，热泪满面。高老师还常常把当时的革命书籍介绍给同学们。周恩来读了高老师推荐的《革命军》，深深地被这本书所感动。这年10月，孙中山先生领导的辛亥革命获得成功，推翻了清廷，建立了中华民国。消息传到沈阳，学校立刻沸腾起来，在欢呼声中，年轻的周恩来立即找来剪刀，剪掉了象征奴役、屈辱的辫子。他是学校中第一个剪辫子的学生，这在当时是件了不起的事情。

人的生命只有一次，在有限的生命中，每个人都希望自己能够成就一番事业，能够为国家、为民族作出卓越的贡献。周恩来在少年时期就给自己立下了"五个不虚度"的信条，即读书不虚度、学业不虚度、习师不虚度、交友不虚度、光阴不虚度。1913年，15岁的周恩来，以优异的成绩考入天津南开中学。当时，辛亥革命的胜利果实被北洋军阀、卖国贼袁世凯窃夺，政治腐败，军阀混战，帝国主义列强加紧侵略中国，广大人民处于水深火热之中。周恩来来到天津，看到遍布租界的是受洋人、军阀肆意蹂躏的贫苦人民，柏油路上横卧竖躺的是逃难的人民。他心里充满忧国忧民之情，痛感改造中国、改造社会的必要。于是他抱定救国救民、奋发读书的决心。他利用所有的课余时间，搜罗能得到的一切传播新思想新知识的书刊。有一次，他看到一部《史记》精印本，爱不释手，就把伙食费全掏出来买回这本书，津津有味地读起来。他的英文基础原来并不太好。报考南开中学之前，特地到补习学校学习了三个月，刻苦攻读，很快掌握了英文。在中学读书期间他读了不少英文著作，使他获得了丰富的知识。这样一个品学兼优的学生，在南开的校史上是少见的，使得全校师生都很敬重他。南开中学是著名的学校，学术空气比较自由，教学作风比较民主。但是课业重，考试难，学费贵，学校里还从来没有收过一个免费生。周恩来贫困的生活和他优秀的学习成绩，强烈地触动了老师们的心。老师们经过讨论，极力向学校领导推荐，终于感动了校方。从周恩来入校的第二年起，学校宣布免去周恩来的学杂费，他成了南开中学唯一的一个免费生。在四年的学习生活中，他完全实践了自己的诺言，思想和学业都获得了全面的锻炼和提高，各门功课都取得了优异的成绩，毕业时，四年学业总平均分为 89.72 分。这五个不虚度，激励他取得这样的好成绩，也为他后来的成功奠定了坚实的知识基础。

周恩来提出"活到老，学到老，改造到老"，认为"历史是发展的，个人也是发展的"，"人生有限，知识无限，到死也学不完"。他 1943 年订立了《我的修养要则》，到 1963 年仍然说："我今天 65 岁了，是不是已经修养得很好不必改造了？我不敢这样说……现在还在改造中。我愿意带头。"正是通过长期严格的自我革命和自我完善，经过长期自觉的实践锻炼和党内生活锻炼，周恩来才登上了人生境界的巅峰！

周恩来严格要求亲属一直为人们所称颂。

周恩来和邓颖超堪称夫妻关系的伟大典范。他们相知极深，相爱也极深。他们夫妻之间的互敬互爱，表现在互相之间无微不至的关怀上。20 世纪 50 年代，邓颖超身体不好，而他俩的作息时间又不一致。每逢邓颖超在休息而周恩来想去卧室的时候，总是蹑手蹑脚，怕弄出声音惊醒了邓颖超。有时工作忙，不能见到邓颖超时，也必让警卫员去告诉一声。1960年夏季，邓颖超在协和医院做手术。当时，周恩来的外事活动已安排得满满的，无法抽身，他就让身边的工作人员在手术那天不断同医院取得联系，以便随时了解手术的情况。有一天，他还利用去机场接外宾之便，顺道到医院看望邓颖超。邓颖超见他日程排得那样紧，还抽身来看望自己，于心不忍，反劝他适当注意休息，不要以她为念。周恩来感情细腻，对邓颖超体贴入微。1962年，邓颖超患子宫囊肿，入医院动手术。周恩来每天要么抽空去医院探视，要么托人打电话问候情况。邓颖超要出院了。那天周恩来来到值班室，说担心门口那个高台阶，以她手术后的孱弱之躯，迈上迈下恐于刀口不利，问工作人员可否帮助抬一下她。工作人员连忙准备了一把藤椅，当邓颖超在门前下车后，就用藤椅把她抬过了台阶。

周恩来工作的特点是今日事今日毕，而需要他处理的事情又那么多，因此每每工作到深夜，经常通宵达旦。在"三年困难时期"，为了保证全国城市人民有最低限度的粮食供应，为了保证北京人民春节有一顿饺子吃，周恩来同有关同志不知熬了多少个夜晚。在那段时间，中央机关也取消了工作夜餐的规定。但每当同志们在周恩来那里工作到午夜还酣战不休时，邓颖超总是派人送上几块点心、一些糖果，或是一小盆素汤面，给大家增加些热量。当然，这些点心都是他们自己开销。

周恩来生前最喜爱海棠花。陆放翁诗云："何方可化身千亿，一树梅花一放翁。"我们不妨试改一下："东方可化身千亿，一树海棠一周公。"陆放翁喜欢梅花，周恩来喜欢海棠。中南海西花厅的海棠陪伴了他 26 年。庭院中的海棠树下，曾是周恩来邀请友好国家使节赏花之处，也曾是他同邓颖超散步的地方。邓颖超仍然保留了这个习惯，每当海棠花盛开的季节，她总是邀请国内外的朋友前来赏花。临行时还要赠送一束娇艳的海棠花。她就像周恩来在世时一样，总是善于把温暖的情意送到朋友们的心中。周恩来去世的时候，邓颖超每天送一个鲜花花圈。当时北京是没有鲜花的，是从广州运来的。邓颖超自己掏钱。广州不让付钱，邓颖超说，必须我拿钱。这也说明邓颖超对周恩来的一片衷心的爱。邓颖超说，这是用我的工资，花在恩来同志身上的，我应该这样做，不能让公家来掏这个钱。

周恩来与邓颖超的爱情，之所以数十年如一日，忠贞不渝，愈久愈深，哲学家黑格尔的话或许可以用来作为回答。他说："爱情是男女青年共同培育的一朵鲜花，倘若把它囿于'个人私生活'的狭小天地就要枯萎凋零，只有使它植根于'为人类幸福而努力奋斗'的无垠沃壤中才会盛开不衰。"邓颖超则讲得更为朴实。她说，真挚而纯洁的爱情，一定渗有对心爱的人的劳动和职业的尊重。真挚而持久的爱情，不是"一见倾心"，因为相互的全面的了解，思想观点的协和，不是短时期能达到的，必须经过相当的时期才能真正了解，才能实际地衡量双方的感情。

他们之间在政治上互相爱护和严格要求，还表现为遵守党的纪律和组织原则，保守党和国家的机密。周恩来平时办理各种公事，从来不跟邓颖超讲。邓颖超也自觉地不过问。她一般不进秘书办公室的门，连周恩来办公室的门也轻易不进。夫妻俩平时也聊一聊国家大事、周围情况，有时谈书评戏，但从不涉及党和国家机密。邓颖超说："在党内几十年生活中，我亲眼看到一个始终遵守党的保密纪律的共产党员——周恩来。"

周恩来极有涵养、风度高雅，但又平易近人。周恩来走路非常快，可他有时深夜回来，见值班的工作人员打盹儿或睡着了，马上就把脚步放得又轻又慢，关门时也小心翼翼尽量不出声响。周恩来深夜办公常常通宵达旦，值班人员到后半夜三四点钟有时实在熬不住，难免会打个盹儿。有一个晚上，卫士长成元功值班，坐在沙发上不知怎的就睡着了。正好周恩来出来上厕所碰上了，他就从门旁衣架上取下他的大衣悄悄给他盖上。

工作人员结婚，不论是秘书、卫士、司机，周恩来和邓颖超都尽量亲临婚礼与大家热闹一番。那时的婚礼当然不似今日之豪华，只是同志们聚在一起祝贺新人，让他们报告恋爱经过，逗逗乐，大家吃些糖果、花生、瓜子，有时跳跳舞。政务繁忙的周恩来往往是和新娘子跳个舞就不得不告辞。1950年2月，总理办公室干事郑勤结婚时恰逢周恩来到苏联访问，不在家。当时邓大姐拿出一块红绸让办公室的同志们和她一齐签名以表祝贺，并亲自拟定了贺词："互爱、互敬、互勉、互助、互信、互谅、互让、互慰——更好地为人民服务"，让人书写在红绸上，并且强调说"八互"不是目的，"八互"的目的是要两个人更好地为人民服务。邓颖超亲自拟定的"八互"精神，是她对青年夫妻的希望，也是她和总理夫妻关系的真实写照。

总理办公室干事李福润说：总理和邓大姐每逢六一国际儿童节，都要送给办公室工作人员的孩子一个小礼物。他们知道，机要组的同志工资待遇比较低，家庭困难多一些，曾给过机要组每人三米毛料，刚好可做一套衣服，还有一次给了大家几尺够做一件衣服的布料。

## 周恩来 永远的榜样

周恩来从来反对为自己过生日。1960 年，周恩来 62 岁了。身边的工作人员商量后，决定不公开地给周恩来过一次生日。那天邓颖超不在家，卫士去找厨师桂师傅。桂师傅在新中国成立前就是南京的一位著名厨师，手艺高超。自从来到了周恩来这里后，几次做好菜给周恩来吃，都被周恩来批评一番，周恩来说这样浪费。挨批评多了，桂师傅一听搞新花样，就害怕。卫士说："不要紧，你先搞点炸酱面，这是生日面，长寿的意思；再做个大寿桃，看机会，能上就上，不能上就不上。"桂师傅在周恩来身边多年，对周恩来感情也极深，从心底里，也是愿意为周恩来过生日庆贺一番。何况，他觉得炸酱面是极普通的饭，用面蒸个"寿桃"也不费什么，于是，他就照办了。那天，周恩来开国务会议，大家在家里等他。孙维世是这次过生日的"主谋"之一，她兴冲冲地先走了，还带来了生日蛋糕。当然她没敢贸然摆到饭桌上，而是先藏在厨房里，以便见风转舵。周恩来一回来就开饭，先端上来的是炸酱面。周恩来拿起筷子刚要吃，忽然觉得不对劲，他抬起眼睛问："怎么回事，干吗今天吃面条？"没人回答。周恩来把碗筷一推，说："我不吃了。"一看要砸，卫士忙解释道："这不是专为你生日才做的，正好赶上吃面条。"周恩来生气地截断他的话："你这是不打自招！"卫士没辙了跑到后面请孙维世劝劝周恩来。孙维世正琢磨怎么上蛋糕呢，一听周恩来生气了，赶紧摆手说："不行，我要是去劝，这块蛋糕也完了。"这里正僵着，门外传来了陈毅的大嗓门。劝周恩来，陈毅是把好手。卫士急忙迎出去，对陈毅耳边说："今天是总理的生日，我们给他做了点面条，谁想到他急了，饭也不肯吃。还得请老总帮劝劝。"陈毅听完，笑着点点头，进门就嚷嚷："好啊，今天吃面条。正好我也爱吃，好久没吃上了，总理，我们一块儿吃点儿行吗？"无奈，周恩来陪着又拿起了筷子。"还有什么？"一碗炸酱面，陈毅没吃饱。卫士小声嘟囔说："总理不叫上。""拿来，客人来了还不把好东西端上来。"陈毅说。但周恩来始终板着面孔，丝毫没有赏脸的意思。陈毅也不好再坚持了，"那好吧，光吃炸酱面。"那块生日蛋糕和寿桃始终没敢跟周恩来照面，最后被工作人员分着吃了。

　　自己动手，这是周恩来的"家风"，就是凡个人生活能自己做的事不要别人来办。1963 年，他的侄女、侄女婿去看望他。因为他们是第一次来，周恩来和邓颖超便约他们一道吃饭。周恩来的一碗饭吃完了，侄女忙站起来为他添饭，却被周恩来谢绝了，他说："让别人添饭，我们周家没有这个规矩。"说着就自己去盛饭，并把侄女撒在桌上的几颗饭粒拾起来放进嘴里。一次，卫士韩福裕和周恩来去后厅，当时是冬天，后厅门挺宽，挂着棉布帘子。周恩来走在前面，韩福裕跟在后面。周恩来步伐矫健，走得很快，快到门口了，韩福裕就跑前一步打开帘子。周恩来就说："放下，放下，我有手，我自己来。"周恩来有颗假牙，一天吃完饭，顺手把假牙拿出来，放进漱口水杯里。服务员王颖看见了走过去准备帮总理洗假牙。周恩来马上拦住她："不要，我自己来，我自己来。"周恩来解释说："挺脏的，不好意思要你们去做。"一次，周恩来刚进人民大会堂办公区，有只鞋的带子开了，服务员侯桂珍就赶紧过去，蹲下身提醒："总理，鞋带开了，我帮您系上。"周恩来却谢绝了，把她扶起来说："不，我应当自己系。咱们都是为人民服务的。我自己来。"服务员侯桂珍还记得周恩来最后一次来人民大会堂的情景。那是 1975 年 8 月，怀孕中的侯桂珍看到周恩来被疾病折磨得特别瘦，就忍不住想哭。周恩来说："你不要哭，你要哭了对肚子里的宝宝不好，你要多吃蔬菜和水果，少吃点主食，要不然小孩大了不好生。"她难过地说："总理，您病成这样了！"周恩来说："我没有事，我挺好的，你看我挺健康的嘛！"她更难受了，直流眼泪。周恩来说："你不要哭，要注意宝宝啊！生完小孩以后怎么办？"她说："那就做绝育吧。"周恩来问："男孩女孩都一样？"她说："都一样。"周恩来马上把张大夫叫来，问："生完小孩之后做绝育，对喂奶受不受影响？"知道没有影响，周恩来这才点点头。这番对话让侯桂珍特别感动。

人民大会堂经常要接见外宾，召开会议，活动很多，用电量也很大，周恩来总是要求从实际出发，注意勤俭节约。有时厅室里面灯开多了一些，他就会提醒，不要开那么多灯，不要浪费了。王颖回忆起一条毛巾的事情。那是一个夏天，水蜜桃刚上市，他们给总理上了水蜜桃。周恩来吃完桃子，王颖就拿来一条毛巾，想给总理擦擦手。没想到周恩来看看毛巾，说了一番让她非常意外的话。他说："不行，我不能往毛巾上擦，这水果汁擦到毛巾上会洗不掉，我得到卫生间把手洗了以后再来擦。"

郭成仓是人民大会堂厨师长，多次看到周恩来到职工食堂排队吃饭。大家看总理来了，就会把位置赶紧让开，请总理先买。但是周恩来不，他说我一定要排队，和大家一起排队。职工吃饭是办一个本儿，吃饭的时候厨师给画本。周恩来也办了本儿，没进食堂门口，就把本儿拿在手上，到窗口买，买完以后给他画本，花了多少钱，月底再拿这个本结账。

周恩来的工作日程排得很紧，一场接一场，往往是这场还没完，下一场接见的外宾已经到了。有时候赶上该吃饭了，怎么办？周恩来说："先见外宾，然后再吃饭。"见外宾的时间不好限定，有些棘手问题会谈很长时间，工作人员都很着急。总理饿了很长时间了，怎么办呢？后来商量了个办法，就是在给总理上茶的时候里面换玉米粥，外宾喝的是茶，总理喝的是玉米粥，这样来充充饥。有的时候周恩来在大会堂的活动完了，又要赶到另一个地方，工作人员就到厨房拿几个包子，用纱布包上，交给警卫，让总理在车上吃。有时候，工作人员给总理上了一份托盆饭，他忙得忘了吃。菜凉了，工作人员就端回去热一热。可是，一个菜热两三次就没味道了，工作人员说换一换，周恩来不让，说："浪费！"还是把它吃了。

周恩来一贯克己奉公，公私分明，不占公家一点便宜。国务院规定，私事用汽车，要自付汽油费。他以身作则，严格执行。他把看病人、看演出、去理发都定为"私事"，要司机如实写在登记本上，按里程付清汽油费。为了减少国家的负担，有许多开支按规定是可以向公家报销的，但都由他出钱。比如，他出国做衣服，邀请少数民主人士、知名人士吃饭，都自己出钱。甚至开一些小型会议到深夜时，肚子饿了，他就提出每人一小盘花生米，并告诉服务员记在他的账上。在"三年困难时期"，他知道总理办公室没有钱买象棋、围棋、乒乓球，就把写《伟大十年》一书的 2000 元稿费送给办公室作为购买文体用具之用。

周恩来卫士姜贵春介绍：西花厅的园子里有一个水池子。水池子常年失修，一直不能倒水。园子里的花工是个勤快人，就利用这块地方，翻一翻土，种上菜了。反正，草地边，墙角边，都用心思给利用起来了，种上了老玉米、豆角，让爱吃蔬菜的总理尝尝新鲜。有一回，周恩来知道了这是从园子里摘的自种豆角，立马警觉地问："给钱没有？"我们纳闷呀，这还给钱？都是自己种的，往哪儿给钱？就说："没给钱，都是自己人。"周恩来摇了摇头，"这样不对。用公家地、公家水长的东西，就该按斤两付钱。这样，按规矩算一算多少钱，一部分给机关，一部分给花工。"

多次执行警卫周恩来任务的许彦英介绍：周恩来来颐和园次数很多。有时去看望驻园的其他中央领导人，有时则陪同外国贵宾游览园内景色。给我印象最深的是，周总理每次进园都问身边的人员买票了没有。记得有一次，总理进园刚走到仁寿殿时，突然有所悟地问："刚才进园门买了门票没有？"我惊奇地笑了笑说："总理，您进门还买什么票呀。"总理看我年轻，就认真地对我说："怎么，我就那么特殊，我为什么就不买票？你们不能让我脱离群众嘛！去，快去买门票去。"我们一看总理认真的神情，知道这门票是非买不可了，不买票总理就不会再往前走。于是我们赶紧到东宫门买了门票，总理见我们真的买了门票，这才向德和殿方向走去。

1973年9月，周恩来陪同法国总统蓬皮杜访问杭州。一天下午，周恩来请随行工作人员到杭州有名的酒家"楼外楼"吃饭。这是周恩来第9次上"楼外楼"，酒家职工们非常高兴，除了准备西湖醋鱼等高档名菜外，还端上了他喜欢吃的绍兴霉干菜、豆芽菜等家常菜。饭后结账时，省里的同志说由地方报销，周恩来不肯，坚持要自己付钱。店里的同志知道，不收钱，总理会生气的，就收了10元。谁知周恩来不肯，说："10元钱怎么够，要收足。"店员们商量了一下，加收了5元。不料周恩来又说："不够的，要同一般顾客一样收。"没办法，店里只好又收了5元。这样收了20元。没想到一个小时后，杭州机场来了电话，说总理上飞机前留下10元钱补交中午的饭费。于是店员把当天的午餐费按照牌价表仔细算了一遍，餐费是19元多一点。

周恩来经常在各部门讲话或作报告，有很多次是在报刊上发表的，但他从来不让收稿费。一次他在文艺座谈会上的讲话发表了，事后报社给寄来一笔稿费，有位同志收下了，存进银行。过了几年以后，那位同志把钱交到总理处，周恩来指示将钱全部退回。可是已经过了好几年，机构已经变动了，无处可退，大家为难了。这时办公室主任童小鹏出了个主意，说，这样吧，就作为咱们办公室的文体活动经费，以后就用这笔钱买一些文化用品和体育器材作为公用。

周恩来不搞特殊自然使人感动，但他搞"特殊化"的时候更使人感动。

在当时由于物质匮乏，商品分配是个大难题，配发几十种票证也解决不完这个难题。于是，各省、自治区、直辖市的交际处都设立了小卖部，卖紧俏商品，将质优价廉的商品供应首长和外宾。周恩来对这种小卖部是很有看法的。有一次去昆明，周恩来自己掏钱请随行人员吃了顿炒鳝鱼丝，饭后大家说说笑笑在院子里散步。"小卖部开了。"有人说，"进去看看吧？""你们不要去那里买东西，那里面有名堂！"周恩来皱起眉头说，"什么内部价格呀，你们不要占这个便宜，要买什么到街上去买。""街上没有。"不知谁小声嘀咕一声。"有就买，没有就不买，干吗非买不可？"周恩来指指小卖部，"搞了这种特殊，再讲清廉也是虚假的。人家5元钱买不到的东西，你1元就买走了，你的100元工资就变成 500 元了么。你再跟群众说你只有 100 元工资，那算清廉还是算骗人？"

周恩来夜间常在人民大会堂开会、接见外宾、处理国际事务或国内大事。按当时制度规定，夜里 11 点以后，可以吃夜餐。夜餐两菜一汤，有夜餐补助，每级干部补助多少钱有明确标准，按这个补助标准，夜餐实际上可以不交钱。不到夜餐的钟点，在人民大会堂就餐都应交钱，并且定有交钱的标准。可是，周恩来在人民大会堂吃夜餐，坚持照白天的标准。工作人员不好办，因为夜餐有补助，明文规定了的，交钱也不好下账。秘书去向周恩来汇报解释："总理，夜餐补助是明文规定的，你不要补助坚持交钱我们不好办。你一向反对特殊化，你这么做也是搞特殊呀。""是有点特殊化。"周恩来点头承认，"这是因为我的情况特殊。我一般是白天休息夜里办公，人家是夜餐我是正餐么，怎么能享受夜餐补助？""总理，我不能接受你这个道理。"秘书坚持意见，说："你睡眠那么少，一天只有三四小时。如果夜餐算正餐，那么白天就餐应该算夜餐了？那以后白天享受夜餐补助。""白天怎么冒出来了夜餐？讲不通么。你不要给我搞特殊。"周恩来挥挥手，"你去吧，就照我说的办。"工作人员只好按总理的要求去付款。

著名科学家朱光亚回忆：1962 年 12 月 4 日，周恩来听完汇报以后，留我们吃午饭，他跟领导同志和我们都同桌就餐，吃的是用大盆装的炖肉丸子熬白菜豆腐，还有几碟咸菜，我的印象很深刻。好几年以后，余秋里同志告诉我们说，这种大盆菜是周总理创造的国务院传统饭菜，既有营养，又很简便。这种传统的饭菜在国家经济好转的年月里，一直是没有变化的。有一位在周恩来身边工作的同志还给我们讲过一个小故事，那就是 1963 年的一次晚餐，也是这样的饭菜，大家都入席了，后到的贺龙元帅进了餐厅以后，看了一眼每一张桌子上的这个菜，很风趣地说："总理啊，国家经济都好转了，你这儿的饭桌上怎么还没有体现出大好形势啊？"周总理说道："大好形势是靠大家奋斗得来的，将来国家富强了，也不能丢掉艰苦朴素的传统啊。"周总理生活简朴，就是在饭桌上，也有警示我们的风范。

在中南海，他常常亲自排队买饭。有一次，他买了一碗玉米饭和一碗汤，最后碗里剩下的汤，周恩来就用窝窝头蘸着吃完，一点也不浪费。同志们见到这种情景，都非常感动，劝他说：总理，你肩上的担子重，一定要保重身体。现在虽然困难，但我们这么大的国家总能让您吃好一点。周恩来却亲切地对大家说："现在全国人民度荒年，我们领导更要带头。"那几年，周恩来的办公桌上放着一个算盘，他经常要给全国人民算一算口粮，需要多少，还差多少，思考怎么解决。邓小平曾经风趣地说过："我们的总理呀，一钻到粮食里就出不来了。"周恩来为了全国人民能渡过难关，废寝忘食，日夜操劳，付出了极大的心血。可是他自己，却吃粗粮，吃素菜，每月才给自己规定了 15 斤的粮食定量。如果因为工作关系请人吃了饭，都要在平时节省下来的余粮中付出。如果到外地去视察工作，他总要叮嘱工作人员带上饼干、藕粉做夜餐，不要给地方找麻烦。

周恩来国务活动繁忙，又经常出访，按规定外交部都发置装费，但自从实行工资制度后，他都不准领，不用公款制装。他穿的那套中山装，看着笔挺的，那都是补了又补的。比如纽扣眼破了，就从另一边衣襟里边拆一块下来换上。"三年困难时期"，周恩来那条洗脸毛巾用得中间已经破成丝网了，就从中间剪断，将两端对在一起缝起来，又接着用。

1963 年亚非十四国之行到了开罗，周恩来的内衣都较破损，不便交给宾馆洗，随访人员太忙也没时间自己洗，只好请我驻外非使馆的同志帮忙，还得叮嘱他们洗时不要太用力，否则会搓破。使馆同志一看总理的衣服太旧，又有补丁，很有意见，找到随行人员批评说：我们这么一个六七亿人口的大国的总理出来，就给穿这样的衣服，太不像话了！……随行人员只好向他们解释：是总理不准许给他制装买新衣服。在马里访问时，大使赖亚力的夫人看到总理穿这样的破旧衣服，边洗边流泪。

在历史博物馆（现国家博物馆）陈列的周恩来夏天常常穿的皮凉鞋，是 1954 年做的。那次周恩来参加日内瓦会议期间访问了印度，然后回到广州，正是最热的时候。7 月份，广州举行舞会，周恩来每跳一会儿都出一身汗。于是，何谦秘书就将自己买的香港衫给总理穿，他感到很好，但脚上穿双黑皮鞋不协调，工作人员就又劝他做双皮凉鞋。这回周恩来听了，回家后做了两件短袖衫，做了这双皮凉鞋，天气太热就穿上办公。这就是人们熟悉的总理夏天的形象。可很少有人知道，周恩来就这么一双凉鞋，一穿 20 多年，直到他逝世，中间换过鞋底，但就是不肯添双新的。

周恩来出差，不管是国内还是国外，都要工作人员带一只旧行李箱。箱子里放什么呢？一床薄薄的被子，一个枕头，两件睡衣，外加洗漱用具。而所有这些东西，没有一件是新的。周恩来的被子，料子不是绸的，也不是缎的，就是普通的平纹布，面子是绿色的，里子是白布，中间一个棉花套，薄薄的。最破的要算他的睡衣，穿了数十年。脊背部分着床容易破，先是磨光了绒毛，而后是磨出了小洞，最后是破成大洞，从出小洞就开始补，补了又补，补丁摞补丁。最后洗烂了，无从补起，就把背部整个换掉。破了再换，也不肯买件新的。袜子也是这样，出国时带上几双，没有一双不带补丁，好在袜子都是破在脚掌上，穿了皮鞋就看不出来。每次随他出国，工作人员都要带上针线，随时准备补袜子。晚上他上床了，工作人员将袜子拿去补，第二天早晨提着袜子进来再让他穿上。大家都猜不到他的擦脚布是什么做的。一般人都用毛巾吧，他不，他就用一块纱布，对折起来缝在一起。他说纱布比毛巾好用。

一次，周恩来的一个侄子看到邓颖超戴着老花镜在缝被子。他心里很不安，便问，"这样大的年纪，工作那么忙，怎么还处理这些家庭琐事？"便连忙找来针线，帮助伯母一起来缝。这条细针密线缝补了14块补丁的被子，就是周恩来"家风"和艰苦朴素生活的最好见证。

周恩来生活虽然艰苦朴素，但他的衣着从来都整齐清洁，合体合身，庄重洒脱，他的仪表风度是别人不能比的，他每时每刻都衣冠周正，待人接物很注重礼节。他对身边工作人员也是这样要求的。他身边工作人员是不能穿短裤、穿背心上班的。夏天无论天多热，大家都穿得整整齐齐，而且每个人的发型和胡须也要修剪得利利索索。有一次，周恩来在院里散步，见一位工作人员裤子的风纪扣没系，便专门停下来，指着他裤子的一个风纪扣说："你看，这里没系好。"

周恩来对自己乘坐的轿车没有什么特殊要求，后来他经常乘坐的专车是红旗轿车。他说："别人不坐我坐，我喜欢国产车。"

国家进口了一批高级奔驰车后，有关部门想给他换一辆。他不同意，严肃地说："那个奔驰车谁喜欢坐谁坐去，我不喜欢，我就坐红旗。"

周恩来 1976 年 1 月 8 日去世后，身边工作人员整理了周恩来和邓颖超两人的工资收入和支出账目。从有记载的 1958 年算起，截至 1976 年，周恩来和邓颖超两人 18 年间共收入工资161442 元。用于补助亲属 36645.51 元，补助工作人员和好友的共 10218.67 元，这两项支出占总收入的 1/4 多。给周恩来开车多年的司机钟步云，因"克什米尔公主"号飞机失事遇难，多年来，周恩来、邓颖超都关心着他的家人。得知他的女儿结婚，邓颖超给她送去 300 元作为结婚的费用。在 20 世纪 60 年代这 300 元可不是小数了。邓颖超经常这样讲，拿自己的钱补助同志，也就节约了国家的钱，这些同志就不会再向国家申请补助了。

周恩来的月薪 404.80 元和邓颖超的月薪 342.70 元，合起来是 747.50 元，在当时领导人的收入中，不算少。五位政治局常委的工资都是一个级别，而夫人们的收入就不等了。1984 年 4 月，邓颖超曾对亲属们说："定工资时，蔡大姐（蔡畅）是 3 级，我是 5 级，到他这儿就给划到 6 级……就因为我是他的妻子。"邓颖超讲这些事的用意，是在教育后辈。她深有感触地说："名人之妻难做。你们是名人侄儿侄女，也同样难。你们只有好好严格要求自己谦虚谨慎，做好本职工作。"

总理办公室有位工作人员，儿女较多，妻子有病，负债 170元人民币。总理办公室党支部知道后，研究对他的补助。那个时候，要一次性由公家补助这个数目有点多，准备一年内分两次补助，支部党员正在开会研究，邓颖超推门进来，问开什么会，大家都没想到邓颖超会进来，一下子给问呆了。当邓大姐听完讨论补助的情况后说：你们不要讨论了，拿我和恩来的钱一次性补助他，减轻这位同志的思想负担，也给公家节省开支。

周恩来去世后，两人合计积蓄 5709.80 元。这以后，邓颖超个人还交过 3000 元党费。20 世纪 80 年代，随着工资的调整，邓颖超收入增加，1992 年 7 月最高达到过 706.50 元，她仍然坚持艰苦朴素的生活，仍然帮助有困难的亲属和工作人员，对执勤部队进行生活补助，捐赠希望工程、亚运会等。1992 年，邓颖超去世后，工作人员遵照她的嘱托，把她所有的积蓄，包括已购买的国库券 550 元，共计 11146.95 元，全部交了党费。

周恩来身边的工作人员讲：周总理病重后期，我们仍然希望他能病愈出院，谁也没提出后事的准备，对总理 1 月 8 日病故仍感突然。遗体送进北京医院的当天，就要我们把衣服送去。我们去问邓大姐，她明确告诉我们，不给做新衣服，要选他平时最喜欢穿的，现有最好的衣服。我们选了他冬天穿的灰色凡拉绒中山装，这是一套较好的，虽说旧些，可没补丁，一件布衬衣，这是一件比较好的衬衣，也已穿过多年，不过没有换领子和袖子，一条布衬裤，一件西装背心，一双线袜子，一双皮鞋。这些衣服，有的穿过几年，有的穿过十几年。总之，没给总理赶做一件新衣服。邓大姐看后，含着眼泪对我们说，这是恩来的作风，你们最了解他，平时为他添一件衣服都很困难，他死后，咱们还是要尊重他，不为他而浪费人民的钱，新的旧的都一样，都会一把火烧掉，你们会理解吧？以后不会有人怪你们，如果有人不理解，也是暂时的。我们把准备好的衣服，用一块使用多年的紫色布包好，送到北京医院。当一位多年为周总理看病的老医生打开包时，看到的是一包旧衣服，马上气愤地冲着我们喊道，你们想干什么，怎么拿来这样的衣服，为什么不做新的，是来不及吗？我自己出钱给总理做。你们跟周总理那么多年，你们对得起他老人家吗？听着他的一番话，我们谁也没说什么。我们理解他。面对着他的训斥，我们不怪他，我们又何尝不是有同样的心情呢？只是我们更多地了解总理，铭记总理的身教言教，为他写下这廉洁奉公的最后一页。

周恩来严于解剖自己，富有高度的自我批评精神。人们从来听不到他讲自己对党的贡献，却经常听到他讲自己的不足。他常说：我一生不知道讲过多少话，怎么会不讲错话？只要做到基本正确，就了不起了。工作中有时出了差错，他总是首先承担责任，从不上推下卸。有些差错虽然是下边同志造成的，但是，他还是要说：我没有具体责任，也有领导责任。周恩来对同志们的工作一向要求很严，但坚决反对那种不允许人家犯错误，一犯错误就要抓住不放的形而上学。周恩来对自己说过的意见、看法，作过的批示，一旦发现不全面、不正确，不管是在什么场合什么情况下作出的决定，都会立即纠正。1970 年，国防科委给周恩来写了一份报告，有个试验生产项目，根据国际上的有关规定和外界的反应，准备停止。在一次研究核试验的专门会议上，国防科委的同志向周恩来汇报情况，碍于周恩来曾经批准过这个项目，不好直说需要停止生产，绕来绕去好几分钟也不提出明确意见。工作人员见此情景，就凑在周恩来的耳边说："总理，试验生产这个项目的报告是您批准同意了的。"周恩来听后，马上明白了国防科委同志的意见。他既严肃又亲切并郑重地说："当着我的面，你们不要不好意思提出来，不管谁批准的，不对的都可以改。我批准过的，不对的也可以改嘛！"

　　周恩来很欣赏"言必信，行必果""己所不欲，勿施于人"这两句中国古话，而且身体力行。国民党元老、著名书法家于右任曾经叹服地说过："周恩来的人格真是伟大！"英籍女作家韩素音曾经说，她之所以要写《周恩来与他的世纪》这本书，其中一个重要原因是："青年渴望英雄，渴望那些能够向他们揭示人生真谛的人物，而不是现在西方宣扬的那些被扭曲了的人生'价值'。"联合国第二任秘书长哈马舍尔德，深为周恩来的人格、风度、修养、神韵所折服，他深深感叹："在周总理面前，竟使我无法不感觉到自己是个'野蛮人'。"

　　常媛——这位周恩来总理的泰国养女、泰语名为西林·帕他诺泰的佛国女儿，在中泰建交 40 周年、万隆会议举办 60 周年之际，向《参考消息》记者讲述了帕他诺泰家族所亲历的中泰交往一甲子的风云际会，以及她个人与周恩来总理间的深厚情谊。她说："我在周总理身边长大，学习生活 14 年，比和父亲在一起的岁月还长。周总理对我说，你就是我们的孩子。""在当今世界，像我们家族这样领略过新中国第一代领导人风度、与中国有着持续 60 年渊源交往的，可能仅此一家。"

　　常媛的父亲桑·帕他诺泰当时是泰国总理銮披汶·颂堪的首席顾问和密友。桑到日内瓦参加国际职工会议时，在当地报纸上看到中国政府代表周恩来的儒雅风度，与原先认定的共产党野蛮粗鲁、破衣烂衫的刻板印象相去甚远，颇感意外。

　　常媛满怀深情地说："周总理是说话看你眼睛的人，他用真心与人交往。上世纪 50 年代时还没有'软实力'这个词。可实际上，周总理就是中国的软实力，周总理在万隆会议、在国际舞台代表着中国的形象，周总理让所有接触到他、领略过他风采的人折服，让不同意识形态的国家都能信服中国。"

1976 年 1 月 8 日，周恩来逝世时，设在美国纽约的联合国总部门前的联合国国旗降了半旗。一些国家感到不理解，他们的外交官聚集在联合国大门前的广场上，向联合国总部提问：我们的国家元首去世，联合国的大旗升得那么高，中国的总理去世，为什么要为他下半旗呢？当时的联合国秘书长瓦尔德海姆站出来，在联合国大厦门前的台阶上发表了一次极短的演讲，总共不过一分钟。他说："为了悼念周恩来，联合国下半旗，这是我决定的，原因有二：一是中国是一个文明古国，她的金银财宝多得不计其数，她使用的人民币多得我们数不过来。可是她的周总理没有一分钱存款！二是中国有 10 亿人口，占世界人口的 1/4，可是她的周总理没有一个孩子。你们任何国家的元首，如果能做到其中一条，在他逝世之日，总部将照样为他降半旗。"说完，他转身就走，广场上外交官个个哑口无言，随后响起雷鸣般的掌声。

周恩来曾同外国朋友讲过，"文化大革命"把我打败了。"文化大革命"极端复杂困难的局面，摧毁了周恩来的身体，但却锻造和完成了周恩来高尚完美的人生境界，在中国和世界树立了一座伟大的人格丰碑。周恩来的坚定信念、博大襟怀、高度智慧、卓越能力、渊博学识、深厚修养、严谨作风、高尚气质，为中国和世界所作出的巨大贡献，使他跻身于世界伟大政治家的行列，使他成为感动中国第一人，使他成为人类伟大人格的象征，而深受中国人民和世界人民的爱戴和景仰。人类群星闪烁，使历史充满了光辉。周恩来无疑是其中最灿烂、最夺目的一颗，而他的光辉，最本质、最本色的，是伟大人格的光辉。

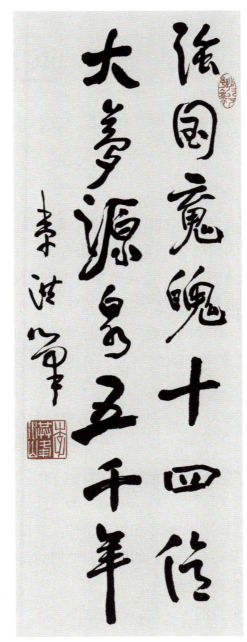

强国魂魄十四亿 大梦源泉五千年 李洪峰 书

# 感恩与期待

这是一部写给未来的书，祖国正走在强国路上，强大的国家，需要强大的精神支柱、强大的精神力量。

这部书完成的时候，适逢敬爱的周恩来同志诞辰 120 周年，我们内心充满敬意与喜悦，也充满感恩与期待。

感恩母亲。伟大的母爱，永远是激励我们前进的动力。

这部书是集体劳动的结晶，更多的人为她付出了辛劳与奉献。

感谢我的夫人丁淑波同志，她的鼓励和支持是令人感动的。感谢文化部办公厅刘宏志同志，我至今用笔写作，繁重的键盘敲击任务占去了他大部分业余时间。感谢人民出版社社长黄书元同志、总编辑辛广伟同志，政治编辑一部主任张振明同志，编辑安新文同志，他们的职业操守和负责精神，值得敬佩和尊重。感谢中央文献研究室等有关部门的同志，他们的指导和热情帮助，使这部书能站在较高的起点上。

周恩来是最美的人，我们希望这部书成为最美的书。周恩来是感动中国、感动世界的人，我们希望在新时代收获新的感动。

这是我们最大的期待。面对一个伟大的灵魂，千千万万人将洒下热泪。

李洪峰

二〇一八年一月三日

# 主要参考书目

1. 中共中央文献编辑委员会：《周恩来选集》（上、下卷），人民出版社 1980 年版。

2. 中共中央文献研究室：《周恩来文化文选》，中央文献出版社 1997 年版。

3. 中华人民共和国外交部、中共中央文献研究室：《周恩来外交文选》，中央文献出版社 1989 年版。

4. 中共中央文献研究室、中国人民解放军军事科学院：《周恩来军事文选》（4 卷本），人民出版社 1997 年版。

5. 金冲及主编，中共中央文献研究室：《周恩来传》（4 卷本），中央文献出版社 2008 年版。

6. 中共中央文献研究室：《周恩来年谱（1898—1949)》（修订本），中央文献出版社 1998 年版。

7. 中共中央文献研究室：《周恩来年谱（1949—1976)》，中央文献出版社 1997 年版。

8. 中共中央文献研究室、中央档案馆：《建国以来周恩来文稿》（3 卷本），中央文献出版社 2008 年版。

9. 中共中央文献研究室：《周恩来书信选集》，中央文献出版社 1988

年版。

10.《周恩来自述》，解放军文艺出版社 2007 年版。

11. 中共中央文献研究室：《周恩来答问录》，人民出版社 2015 年版。

12. 中共中央文献研究室：《毛泽东、周恩来、刘少奇、朱德、邓小平、陈云格言》，中央文献出版社 1997 年版。

13. 中共中央文献研究室周恩来研究组：《周恩来谈人生》，中国青年出版社 1995 年版。

14. 南开大学周恩来研究室：《中外学者论周恩来》，南开大学出版社 1990 年版。

15. 南开大学周恩来研究室：《中外学者再论周恩来》，中央文献出版社 1999 年版。

16.《周恩来和他的事业》，中共党史出版社 1990 年版。

17.《周恩来百年纪念》，中央文献出版社 1999 年版。

18.《周恩来研究学术讨论会论文集》，中央文献出版社 1988 年版。

19.《周恩来与外国首脑及政要会谈录》，台海出版社 2012 年版。

20. 新华社：《举世悼念周恩来总理》，人民出版社 1978 年版。

21. 中共中央文献研究室、中央电视台：《大型文献纪录片〈周恩来〉》，陕西人民出版社、珠海出版社 1998 年版。

22. 李新芝等：《周恩来纪事》，中央文献出版社 2011 年版。

23. 江明武：《周恩来生平全纪录》，中央文献出版社 2009 年版。

24. 邢贲思等：《读懂周恩来》，四川人民出版社 2010 年版。

25. 丁晓平等：《周恩来印象》，中国青年出版社 2011 年版。

26. 石仲泉等：《周恩来的故事》，红旗出版社 2011 年版。

27. 苏文捷：《周恩来的小故事》，黑龙江人民出版社 2007 年版。

28. 邓在军主编：《你是这样的人——回忆周恩来口述实录》，中央文献出版社 2013 年版。

29. 廖心文、李静：《情谊与事业——在周恩来心中》，中央文献出版社 1991 年版。

30. 邹研：《周恩来和他的卫士们》，中央文献出版社 2001 年版。

31. 李琦主编：《在周恩来身边的日子》，中央文献出版社 1998 年版。

32. 梁金安主编：《外国政要视野中的周恩来》，中央文献出版社 2013 年版。

33. 李新芝、刘晴主编：《周恩来纪事》（两卷本），中央文献出版社 2011 年版。

34. 康之国编著：《周恩来的青少年时代》，辽宁人民出版社 2013 年版。

35. 良石编著：《魅力口才周恩来》，台海出版社 2012 年版。

36. 曹应旺主编：《周恩来的智慧》，中共中央党校出版社 1994 年版。

37. 刘焱、米镇波：《周恩来研究文选》，南开大学出版社 1987 年版。

38. 李海文主编：《周恩来研究述评》，中央文献出版社 1997 年版。

39. 韩念龙主编：《当代中国外交》，中国社会科学出版社 1988 年版。

40. 安建设编著：《周恩来的最后岁月》，中央文献出版社 1995 年版。

41. 陈荒煤主编：《周恩来与艺术家们》，中央文献出版社 1992 年版。

42. 陈雪薇：《共和国的经济与周恩来》，中共党史出版社 1996 年版。

43. 王宣仁主编：《周恩来的领导艺术》，湖南出版社 1992 年版。

44. 权延赤：《走近周恩来》，人民日报出版社 2010 年版。

45. 甄小英：《周恩来精神风范》，中共中央党校出版社 2008 年版。

46. 尹家民：《共和国风云中的毛泽东与周恩来》，百花洲文艺出版社 2010 年版。

47. 吴珏：《向周恩来学沟通艺术》，当代中国出版社 2013 年版。

48.赵国付：《周恩来思想政治教育理论与实践》，东南大学出版社2013年版。

49.余玮：《红色书笺背后的周恩来》，西苑出版社2012年版。

50.方钜成、姜桂侬：《周恩来传略》，人民出版社、外文出版社1998年版。

51.熊华源、廖心文：《周恩来总理生涯》，人民出版社1997年版。

52.杨明伟、陈扬勇：《周恩来外交风云》，解放军文艺出版社2009年版。

53.陈敦德：《迈步：周恩来飞往万隆》，中国青年出版社2013年版。

54.王朝柱：《毛泽东周恩来与长征》，作家出版社2013年版。

55.袁小伦：《周恩来与蒋介石》，光明日报出版社1994年版。

56.方钜成、姜桂侬：《西方人看周恩来》，中国和平出版社1989年版。

57.徐行：《周恩来与中国现代化的奠基》，天津人民出版社2008年版。

58.阮柳红等：《情归周恩来》，中华书局2009年版。

59.郝建生：《西安事变前后的周恩来》，中央文献出版社2004年版。

60.马永顺：《周恩来组建与管理政府实录》，中央文献出版社1995年版。

61.吴庆彤：《周恩来在"文化大革命"中——回忆周总理同林彪、江青反革命集团的斗争》，中共党史出版社2002年版。

62.舒风：《周恩来与邵力子》，华文出版社2001年版。

63.孟庆春：《跟周恩来学处理矛盾》，中央文献出版社2003年版。

64.袁守芳、胡家模：《周恩来的风格》，中央文献出版社1995年版。

65.胡长明：《毛泽东与周恩来》，中共党史出版社2005年版。

66.聂月岩：《毛泽东与周恩来》，中央文献出版社 2005 年版。

67.力平：《开国总理周恩来》，中央党校出版社 1994 年版。

68.曹应旺：《中国的总管家周恩来》，中共党史出版社 1996 年版。

69.周毅之：《周恩来的行政哲学》，上海人民出版社 1991 年版。

70.石仲泉：《周恩来的卓越奉献》，中央党校出版社 1993 年版。

71.魏国禄：《随周恩来副主席长征》，中国青年出版社 1976 年版。

72.[美] 亨利·基辛格：《大外交》，顾淑馨、林添贵译，海南出版社 1998 年版。

73.[英] 韩素音：《周恩来与他的世纪 (1898—1998)》，中央文献出版社 1992 年版。

74.[英] 迪克·威尔逊：《周恩来传》，封长虹译，国际文化出版公司 2013 年版。

75.[加] 罗纳德·C.基思：《周恩来的大外交》，封长虹译，国际文化出版公司 2013 年版。

组　　稿：张振明
责任编辑：安新文
责任校对：曹楠楠

**图书在版编目（CIP）数据**

周恩来：永远的榜样 / 李洪峰 著 . —北京：人民出版社，2018.1（2025.7 重印）

ISBN 978－7－01－018842－3

I.①周… 　II.①李… 　III.①周恩来（1898—1976）-生平事迹 　IV.① K827=7

中国版本图书馆 CIP 数据核字（2018）第 008779 号

**周恩来：永远的榜样**

ZHOUENLAI YONGYUAN DE BANGYANG

李洪峰　著

人民出版社 出版发行

（100706　北京市东城区隆福寺街 99 号）

北京中科印刷有限公司印刷　新华书店经销

2018 年 1 月第 1 版　2025 年 7 月第 13 次印刷

开本：710 毫米 ×1000 毫米 1/16　印张：19　插页：6

字数：210 千字　印数：95,001–98,000 册

ISBN 978－7－01－018842－3　定价：78.00 元

邮购地址 100706　北京市东城区隆福寺街 99 号

人民东方图书销售中心　电话（010）65250042　65289539

书中部分图片，由于客观原因无法与著作权人取得联系，请相关权利人知悉后及时与我社联系，我们将努力确保权利人的相关合法权益。